LOCALIZAÇÃO (AINDA) É TUDO

Venda mais usando a influência do mundo real sobre os hábitos de compra na internet

David Bell

Especialista de e-commerce e mídia digital da Wharton School

LOCALIZAÇÃO (AINDA) É TUDO

Venda mais usando a influência do mundo real sobre os hábitos de compra na internet

Uma publicação da

hsm

EDUCAÇÃO EXECUTIVA

Produção: Casa Educação Soluções Educacionais Ltda.

Tradução: Bruno Alexander
Preparação de texto: Sandra Espilotro
Edição: Adriana Salles Gomes e Lizandra Magon de Almeida
Revisão: Ana Luísa Astiz, Cristina Fernandes,
Marcia Menin, Marleine Cohen
Diagramação: Carlos Borges Jr.
Capa: Hermes Ursini
Coordenação de produção: Cássia Bufolin

1ª edição

Dados Internacionais de Catalogação na Publicação (CIP)
Angélica Ilacqua CRB-8/7057

Bell, David
Localização (ainda) é tudo : como vender mais usando a influência do mundo real sobre o modo de os consumidores pesquisarem e comprarem na internet / David Bell ; tradução de Bruno Alexander. -- São Paulo : HSM do Brasil, 2016.
264 p. : il.

Bibliografia
ISBN 978-85-67389-77-6
Título original: Location is (still) everything[...]

1. Comércio eletrônico 2. Vendas 3. Marketing na internet 4. Comportamento do consumidor 5. Consumo I. Título II. Alexander, Bruno

16-1265 CDD 658.872

Índices para catálogo sistemático:

1. Comércio eletrônico

hsm
EDUCAÇÃO EXECUTIVA

Alameda Tocantins, 125 – 34º andar
Barueri-SP. 06455-020
Vendas Corporativas: (11) 3039-5605
ou atendimento@revistahsm.com.br

A Anne e Trevor, pais exemplares tanto no mundo real como no virtual.

PREFÁCIO À EDIÇÃO BRASILEIRA

Tenho uma ligação pessoal com o Brasil.

Minha primeira viagem ao país foi em 2007, quando visitei o Rio de Janeiro para dar uma aula sobre segmentação e branding. No voo de volta aos Estados Unidos, meu avião teve um problema mecânico no ar e fez um pouso de emergência em Manaus. Consequentemente, passei 24 horas lá como turista e fiz um passeio subindo o Amazonas (foi ótimo!). Desde essa primeira experiência, voltei para descer a Pedra Bonita de paraglider, e também para compromissos profissionais na HSM e no Google em São Paulo.

O resultado dessas experiências foi que comecei uma jornada de interesse pessoal e profissional nesta terra, e hoje tenho a sorte de ter muitos amigos brasileiros. Além disso, como cidadão da Nova Zelândia (apesar de residente permanente nos Estados Unidos), compartilho um laço esportivo com os brasileiros. O time de rúgbi neozelandês All Blacks foi considerado por muitos o melhor do planeta, e o que joga o estilo mais atraente do esporte – o que muitas vezes os leva a ser chamados de "o Brasil do Rúgbi"!

Vejo muitos desafios e oportunidades de e-commerce e de economia digital no Brasil, os quais detalho a seguir, além de compartilhar alguns estudos de caso locais. Também vou explicar como os brasileiros podem aproveitar ao máximo as ideias deste livro, e as relações que podem fazer entre exemplos norte-americanos e os locais.

A ECONOMIA DIGITAL E O BRASIL

Segundo a publicação norte-americana *eMarketer*, o Brasil tem tudo para ser uma potência do e-commerce. A previsão é de que, em 2018, será "o único país da América Latina a estar entre os dez maiores mercados de varejo e-commerce do mundo".[1]

Trata-se de uma conquista importante, uma vez que, até agora, o e-commerce representa apenas 3,3% da economia brasileira.[2] Além disso, o crescimento do e-commerce é vulnerável a qualquer tipo de instabilidade na macroeconomia. Entre os principais desafios para o e-commerce crescer no Brasil há o aumento do acesso à banda larga, especialmente no Nordeste, a consequente adoção da tecnologia móvel, a facilitação dos pagamentos e o desenvolvimento de uma infraestrutura de entregas.

Não tenho dúvidas, porém, de que a inventividade e o empreendedorismo brasileiros (ao lado de alguma participação do governo) superarão esses obstáculos potenciais e levarão o país a uma posição significativa na economia digital global.

É uma grande honra para mim apresentar as ideias deste livro a estudantes, empreendedores, investidores e executivos no Brasil. Seu cerne é uma estrutura e uma metáfora de como vencer no e-commerce e na economia digital – o modelo GRAVITY [reúne as iniciais dos seis conceitos detalhados nos capítulos deste livro e de *you* – você, em inglês]. Ele explica *por que* o mundo real importa muito para o e-commerce, e *como* uma empresa pode melhorar a compreensão dos fatores do mundo real a fim de construir uma demanda virtual mundial. Ao longo de meus anos de ensino, pesquisa, consultoria e investimentos pessoais, descobri que a maneira como pessoas de todo o planeta se envolvem com o e-commerce e obtêm informações online pode ser explicada, em grande parte, *pelo mundo físico no qual elas vivem*.

CONECTANDO ESTE LIVRO AO BRASIL

Os exemplos discutidos neste livro levaram a dois tipos de empresas. O primeiro são as conhecidas e bem estabelecidas "gigantes do e-commerce global", como Amazon e eBay, e o segundo, as startups norte-americanas que eu estudo e/ou nas quais já investi, incluindo Bonobos.com, Diapers.com, Harrys.com, Jet.com e WarbyParker.com, entre outras. No início do segundo semestre de 2016, três delas (Harrys, Jet e WarbyParker) tinham chegado ao status mágico de "unicórnios", ao atingirem um valor de mercado de US$ 1 bilhão ou mais.[3]

Não é difícil relacionar as ideias deste livro associadas a empresas dos EUA com o ecossistema de economia digital e e-commerce brasileiro. Porém, para ajudá-lo ainda mais nesse percurso, mostro alguns exemplos de como as ideias centrais deste livro se conectam ao Brasil, capítulo por capítulo. E, em seguida, apresento e discuto brevemente algumas startups brasileiras, como Basico.com, Glambox.com.br, Livo.com.br, Loggi.com.br e MensMarket.com.br.[4]

Capítulo por capítulo

No Capítulo 1, "Geografia", explico por que a estrutura das cidades e a distribuição da população em um país importa para o e-commerce. De particular interesse no Brasil é a ampla variação de poder de compra entre consumidores das classes A, B e C, assim como a tremenda diferença nas condições econômicas entre o sul e o norte. Em 2015, por exemplo, o e-commerce geral no Brasil cresceu; porém, isso se deve muito ao aumento das compras por consumidores de maior poder aquisitivo, enquanto as intenções de compra para os consumidores da classe C caíram de maneira significativa. Assim, a chamada "exclusão digital", observada em muitos países do mundo, também está presente no Brasil, já que consumidores online tendem a ser "desproporcionalmente" jovens, urbanos e com elevados níveis educacionais.[5]

O Capítulo 2, "Resistência", mostra como a economia digital pode acabar com as ineficiências e fricções da economia tradicional. Duas fontes muito importantes de "fricções" no Brasil são os pagamentos e a infraestrutura logística. É isso que torna uma empresa como a Loggi.com ("um Uber de entregas") tão importante para o ecossistema da economia digital de modo geral, assim como inovações em pagamento e crédito de negócios como Nubank.com e EBANX.com. Consumidores brasileiros, mais do que suas contrapartes globais, têm muita necessidade de tocar e sentir produtos antes de comprar. Isso cria uma tremenda oportunidade para a inovação em experiência de varejo offline, e também no uso da tecnologia para melhor representar "as características não digitais dos produtos"[6] e, igualmente, para criar novas experiências.

O Capítulo 3, "Adjacência", descreve como a informação e as ideias se espalham entre indivíduos que estão conectados geográfica ou socialmente. Quem já esteve no Brasil sabe que os brasileiros são muito sociais offline; essa sociabilidade se estende ao mundo online também, já que são os líderes globais em atividade nas mídias sociais.[7] Conforme a tecnologia móvel e sua adoção avançam, a combinação celular-social trará tremendas oportunidades para empresas estimularem o boca a boca e ganhar tração local com novos produtos e ideias.

O Capítulo 4, "Vizinhança", descreve como, na economia digital, os consumidores podem ser conectados por meio de suas ideias e preferências, em vez de simplesmente estarem próximos pela localização física. "F-commerce" é um termo que se aplica bem aos consumidores brasileiros, e se refere à capacidade dos vendedores de ligar consumidores por meio de plataformas como o Facebook, de onde vem o "F" (os brasileiros são especialmente ativos no FB).[8] Essas comunidades "orientadas pela preferência" sem dúvida exigirão pagamentos e infraestrutura logística a fim de realizarem seu potencial completo.

O Capítulo 5, "Isolamento", foca a razão pela qual as empresas de e-commerce podem se beneficiar do atendimento a consumidores que têm "gostos minoritários". Ou seja, clientes que querem produtos que seus vizinhos locais podem não querer; assim, o comércio local não os atende bem.

Um grande exemplo no Brasil é o "e-commerce transfronteiras" – quase a metade dos consumidores já se envolveu com compras online internacionais, motivadas por variedade e preços favoráveis. A AliExpress.com é o mais popular entre os sites transfronteiras. Eles também se beneficiam do fato de que os compradores podem manter fundos em carteiras digitais, além de pagar localmente por meio de empresas como o EBANX.com.[9]

O Capítulo 6, "Topografia", descreve como os mundos online e offline se conectam, além de sugerir como as empresas devem decidir o que fazer "offline" e o que fazer "online". O Brasil é um mercado sob medida para inovações online-a-offline (O2O). Em mercados desenvolvidos ocidentais, O2O se aplica principalmente a serviços como "compre online, pegue na loja". No Brasil, cobre muitas áreas adicionais da economia, incluindo viagens, serviços domésticos e alimentares. O2O é muito popular com consumidoras mais jovens, e será potencializado pela rápida expansão da comunicação móvel. Outros catalisadores de crescimento únicos no Brasil para O2O são congestionamento offline, questões de infraestrutura e, às vezes, um serviço ao consumidor abaixo do ideal.[10]

Estudos de caso brasileiros

Como eu disse, as "gigantes do e-commerce global" dos EUA e novas startups sediadas lá são as principais referências citadas neste livro. Acredito (espero!) que você vá considerá-las interessantes e que, mais importante, conseguirá criar conexões entre elas e a inovação brasileira, pois o modelo GRAVITY serve de base para compreender exemplos locais e para desenvolver suas ideias nesse campo.

Vale a pena repetir, no entanto, a obviedade de que "cada cultura afeta o e-commerce de uma forma diferente".[11] Com isso em mente, compartilharei cinco miniestudos de caso de startups brasileiras.

Muitos consumidores mundo afora têm familiaridade com a marca norte-americana Birchbox.com, fundada para enviar amostras de maquiagem a mulheres. A Glambox.com.br no Brasil faz algo similar, mas com o toque brasileiro singular, ao dar maior ênfase à descoberta e ao conteúdo. A Glambox criou um "clube de vantagens" e conecta mulheres de todo o Brasil em um mercado geral focado em bem-estar, saúde e descoberta de produtos. Esse exemplo ilustra bem algumas das ideias-chave do Capítulo 4, "Vizinhança".

A MensMarket.com.br se concentra em atender às necessidades dos homens em relação à aparência, necessidades essas que não são atendidas offline. Esse grupo de consumidores "isolados" em franco crescimento pode agora ser agregado em um mercado comum (veja o Capítulo 5, "Isolamento"). O mercado é nascente e potencialmente lucrativo – ele me lembra, de certa forma, a icônica marca DollarShaveClub.com, fundada pelo empreendedor Michael Dubin e adquirida em 2016 pela Unilever por US$ 1 bilhão.[12]

Como amigo e ex-professor de quatro fundadores da WarbyParker.com, a incrível empresa de óculos inicialmente digital, não resisti a pesquisar a Livo.com.br, que é a "Warby Parker do Brasil".[13] Alguns elementos brasileiros singulares da Livo incluem a fabricação local associada a uma ênfase na experiência offline. Os consumidores brasileiros querem fazer buscas online mas ainda exigem experiências táteis, por motivos que eu delineio no Capítulo 6, "Topografia". A Livo também aproveita o fato de que os consumidores brasileiros são os consumidores online mais socialmente ativos do mundo; assim, conteúdo constante e envolvente é crítico para o sucesso da Livo até agora.

A Loggi.com.br e empresas semelhantes não são apenas fundamentais para a infraestrutura de e-commerce brasileira, mas também funcionam de um jeito brasileiro. Entregas de e-commerce no Brasil sofriam de lentidão de processamento e algumas imprecisões. Isso cria uma resistência do consumidor que a Loggi supera não só com um serviço extraordinário, mas também com rastreamento e comunicação que reduzem muito a ansiedade do usuário. Essa atenção inteligente a "reduzir a fricção" se associa muito bem às ideias do Capítulo 2, "Resistência". Além disso, as cores e sinalização usada pelos motofretistas e funcionários de entregas ajudam a gerar o tipo de "contágio" que discuto no Capítulo 3, "Adjacência".

E então vem a Basico.com, uma empresa que, em sua missão e execução, reflete muitas das ideias centrais deste livro. A Basico, como a Livo, é uma Marca Vertical Digitalmente Nativa (Digitally Native Vertical Brand, DNVB, em inglês).[14] Ou seja, uma empresa que começa a vida online e aos poucos se expande para o offline, tendo como proposta de valor central oferecer aos consumidores uma precificação justa em produtos de qualidade superior. A Basico oferece ótimos produtos a preços justos, em uma das categorias mais compradas online no Brasil – vestuário. Assim, a empresa inverte o modelo de vestuário tradicional excluindo o intermediário para controlar preços e, mais importante, para controlar a experiência do consumidor.

A Basico.com também focou um "produto inconfundível" (a camiseta) no início, da mesma forma que a Bonobos.com fez nos EUA (lá, o produto inconfundível era uma "calça de melhor caimento" para homens). A fim de orientar seu crescimento, a Basico alavanca os consumidores atuais para gerar novos. No Capítulo 6, "Topografia", explico a importância de adquirir novos consumidores a partir dos já existentes: 1. eles têm um valor ao longo do tempo maior do que os clientes adquiridos por outros meios e 2. eles têm mais probabilidade de se envolver na divulgação boca a boca. A atenção especial prestada pela Basico a todos os "pontos de contato" do mundo real com os clientes (embalagem, logística, apoio ao consumidor e assim por diante) é uma aplicação direta dos princípios de adjacência para o crescimento local, discutidos no Capítulo 3.

Para qualquer empresa de e-commerce, mas especialmente para uma no Brasil, uma estratégia exemplar de conteúdo é crucial para o crescimento. As marcas precisam reunir consumidores em uma comunidade autossustentável e que reforce a si mesma. A Basico apresenta os princípios do Capítulo 4, "Vizinhança", por exemplo, destacando clientes reais como embaixadores autênticos por meio do programa "SouBasico". O humor e o envolvimento com a marca também são criados a partir de eventos offline de suas lojas físicas, as Guide Shops[15], e por meio de programas especiais como as sessões de cinema ao ar livre CineBasico.

Isso oferece um interessante contraste com a "velha economia" e um ponto ideal de conclusão para nossos minicasos. Na velha economia, a influência de uma localização física sobre o comportamento do comprador era bem limitada. As únicas pessoas que chegavam a experimentar sua marca eram aquelas que *visitavam fisicamente* a loja ou o local de seu negócio.

O efeito do espaço offline na economia digital é diferente.

Na economia digital, showrooms, *guide shops* e locais offline em geral são fundamentais por (pelo menos) duas razões.

A primeira é que, no mundo todo e no Brasil em particular, muitos clientes gostam de tocar, sentir e interagir com marcas e produtos antes de comprá-los. Isso é especialmente verdadeiro para a compra inicial. Meus coautores Santiago Gallino e Toni Moreno e eu temos fortes evidências resultantes da pesquisa da Bonobos.com que consumidores que fazem sua primeira compra *offline* acabam tendo *mais probabilidade* de voltar à marca, e eles compram mais *online* no futuro.

A segunda razão é que, na economia digital, "seu público tem um público" – e em lugar algum isso é mais verdadeiro do que no Brasil! Um cliente que tem uma ótima experiência em um lugar offline (por exemplo, da Basico, Livo etc.) pode compartilhar essa experiência pela mídia social, com potencialmente centenas (ou milhares) de outros consumidores em sua rede.

CONSIDERAÇÕES FINAIS

Essa breve conexão local aumentou seu apetite pelo livro? Espero que sim! Então, torço para que este livro dê a você, leitor brasileiro, uma sólida estrutura para entender o e-commerce e a economia digital, e desenvolver suas próprias ideias também. E, mais importante, espero que isso o inspire!

Como já contei, nasci na Nova Zelândia e também sou fã de esportes. Sendo assim, admiro muito dois homens, o neozelandês Edmund Hillary, que foi o primeiro estrangeiro a escalar o monte Everest, e Pelé, a lenda do futebol do Brasil. Hillary afirmou que "pessoas comuns, suficientemente motivadas, podem realizar grandes coisas" e Pelé disse "o sucesso não acontece por acaso. É trabalho duro, perseverança, aprendizado, estudo, sacrifício..."[16].

Naturalmente, os dois estão certos!

David Bell
San Francisco, outubro de 2016

SUMÁRIO

INTRODUÇÃO

A surpreendente influência do mundo real em nosso modo de pesquisar, comprar e vender no mundo virtual.

A TV está ligada.

"Ele não é o messias, é um menino muito travesso!", gritava a mãe de Brian, histérica, para a multidão que seguia seu filho e se aglomerava em frente a sua janela, pensando que ele era o redentor, no filme *A Vida de Brian*, do grupo de comediantes ingleses Monty Python.

Distraído, resolvi dar uma olhada na versão online do jornal *Daily Mail* em meu iPad.

O presidente dos Estados Unidos estava com um problema um pouco diferente. Barack Obama, diferentemente de Brian, é um líder real, mas havia sido coroado como "rei dos seguidores falsos do Twitter", com mais de 19,5 milhões de tuiteiros que não existiam.[1] Em 2013, eu mesmo comecei a seguir um outro Bryan (Cranston), acompanhando o perfil de Walter White, o personagem principal do *hit* da TV *Breaking Bad*. White foi mencionado no Twitter cerca de 200 mil vezes durante a exibição do último episódio da série no final de setembro, e um número desproporcional de tuítes vinha de locais no litoral dos Estados Unidos. Após a exibição na Costa Leste, os tuítes chegaram a 22 mil por minuto![2]

Olhei em volta no meu apartamento.

Precisava desembalar algumas caixas dos sites Soap.com e Harrys.com, com produtos para a casa e lâminas de barbear, respectivamente.

Eu as trouxera do meu escritório na Wharton School da University of Pennsylvania, onde foram entregues e ficaram alguns dias, no departamento de Marketing, e sei que lá agradaram aos meus colegas (talvez pelas embalagens chamativas), que também fizeram pedidos nesses sites. Esses produtos teriam o mesmo efeito dominó sobre seus amigos e vizinhos?

Em cinco dias eu viajaria para a cidade de Tyler, no Texas, e, se quisesse assistir à próxima partida de rúgbi dos All Blacks da Nova Zelândia, teria de contar com a transmissão ao vivo do site StreamHunter.eu e acompanhar os comentários no Rugby365.com. Como não há muitos fãs de rúgbi em Tyler, essas comunidades virtuais eram minha única saída. Naquele momento, um pensamento passou pela minha cabeça: será que toda essa conectividade com o mundo virtual está me isolando do mundo real? Que maravilhas de Tyler eu perderia por conta disso?

Já era tarde, mas eu ainda precisava escrever um pouco para o trabalho, refletindo sobre descobertas recentes em um fascinante projeto de pesquisa de marketing. Um dos pesquisadores que trabalha comigo, Jeonghye Choi, e eu descobrimos que o site Diapers.com, que vende produtos para bebês, tem uma demanda muito alta em locais onde, em termos percentuais, há poucas famílias com crianças pequenas. Nesses lugares, as lojas físicas (como os supermercados) não se preocupavam muito em atender a esses clientes "minoritários", mas um comércio eletrônico como a Diapers.com era uma dádiva de Deus para esses consumidores.

Outra descoberta curiosa, essa feita por mim e pelo parceiro de pesquisa Jae Young Lee, era que informações sobre a Bonobos.com, uma loja virtual especializada em moda masculina, tinham mais credibilidade entre clientes potenciais quando compartilhadas em comunidades do mundo real, onde havia altos níveis de confiança e interação (um conceito conhecido como "capital social"). Ou seja, a transmissão de informações no mundo real estava gerando muito mais vendas virtuais do que poderíamos imaginar.

Por fim, decidi ir para a cama, mas uma notícia no site do *The New York Times* chamou minha atenção: "Para se modernizar, o Walmart vai atuar mais nos territórios onde a Amazon se destaca".[3] A luz elétrica se apagou antes que eu pudesse desligar a *luz* da minha mente.

Pensei, empolgado: os mundos real e virtual estão se unindo de vez, e há uma história que ainda não foi contada sobre como e por que isso está acontecendo, pois grande parte dos fundamentos econômicos das relações comerciais sempre foi explicada pela localização. *Déjà vu!* A localização continua a ser um ingrediente-chave no mundo virtual, sem fronteiras e frequentemente anônimo.

Naquela noite, cheguei à conclusão de que as respostas não dependem somente de quem somos, mas também de onde estamos. Era essa a motivação das buscas e compras online. Além disso, os vendedores de produtos e conteúdo do mundo virtual têm padrões de demanda bastante previsíveis – se souberem onde os clientes-alvo estão.

O MUNDO REAL E O MUNDO VIRTUAL

A voz em *off* da abertura de *Star Trek* diz que o espaço é "a fronteira final". A resposta está lá fora, na imensidão, e é diferente de tudo o que fazemos aqui na Terra. De modo semelhante, a internet e as tecnologias relacionadas com ela nos dão acesso a mundos de produtos e informações novos. Há bem pouco tempo, tudo isso era inacessível e talvez até incompreensível.

Uma vez que a internet é uma tecnologia transformadora, obviamente vale a pena saber como tirar o máximo proveito de tudo o que tem a oferecer. Ela pode, por exemplo, nos ajudar a gastar nosso dinheiro de maneira mais inteligente, tornar nosso trabalho mais interessante (ou até eliminá-lo!), transformar setores inteiros e nos conectar com pessoas do outro lado do mundo. Em um sentido mais amplo, desempenha um papel central em todas as áreas, difundindo, entre outras iniciativas, o trabalho de excelentes artistas (como o da cantora neozelandesa de música pop Lorde, de Devonport) e a trajetória de importantes acontecimentos políticos, como a Primavera Árabe.

Portanto, uma coisa é usar a internet (como a maioria de nós a usa), outra é entender como ela pode ajudar, prejudicar ou modificar a vida pessoal e coletiva.

Aliás, o impacto que a internet tem sobre nosso dia a dia e sobre as relações comerciais no planeta inteiro supera tudo o que a precedeu, incluindo invenções como o motor de combustão interna e a prensa de tipos móveis de Gutenberg.

Os números do setor de e-commerce na economia nos dão uma boa ideia disso. De acordo com os relatórios norte-americanos mais recentes, cerca de US$ 5,5 trilhões já provêm de transações online – ante cerca de US$ 19 trilhões de transações feitas presencialmente – e o índice de crescimento do e-commerce durante a última década excedeu 125% (mais de quatro vezes o índice "nominal" do comércio offline). Entre os principais setores da economia – indústria, comércio (atacadista e varejista) e serviços –, o índice de crescimento do setor varejista é o mais proeminente, excedendo 220% na última década.

O que estamos descobrindo é que o modo como usamos a internet – para relações de comércio e informação – é ditado em grande medida pelo mundo físico em que vivemos. Essa influência é generalizada e, às vezes, contraintuitiva e com implicações nos dois mundos.

Eis uma implicação direta desse fato, que explorarei ao longo do livro: se você e eu vivemos sob circunstâncias físicas distintas e em ambientes físicos diferentes, usaremos o mundo virtual de maneira bem diferente também – mesmo que estejamos próximos em termos de idade, renda, escolaridade, e assim por diante. Nosso modo de pesquisar e comprar não será o mesmo, assim como não seremos igualmente atraentes para os vendedores.

Portanto, se quisermos entender como as pessoas usam o mundo virtual, precisaremos entender também as diferentes influências que os códigos postais, bairros, cidades e até países exercem sobre quem compra, pesquisa e vende na internet.

Outro ponto a levar em consideração é o que as pessoas desejam – e o que motiva os desejos delas. Algumas buscam agilidade, por exemplo; outras priorizam a credibilidade das informações, enquanto um terceiro grupo está focado em fazer um bom negócio. Às vezes, querem publicidade. Outras vezes, preferem o anonimato.

Se soubermos o que motiva tais comportamentos, entenderemos as condições necessárias para que o mundo virtual fortaleça ou substitua o que fazemos no mundo real.

Além de ser um assunto interessante (você pode aumentar sua popularidade em encontros informais fazendo comentários a respeito), esse conhecimento tem um cunho prático para quem deseja criar novos empreendimentos virtuais, turbinar negócios já existentes ou compreender melhor o significado das novas tecnologias para nós.

Jovens com dinheiro e uma boa formação são os mais ativos no mundo virtual, refletindo a chamada "divisão digital", ou seja, a discrepância existente entre aqueles que têm acesso à internet e os que não têm. Por exemplo, dentro de um mesmo país, indivíduos que vivem em áreas rurais ou pertencem a classes sociais mais baixas (com menor grau de instrução e renda), tendem a usar menos a internet. Além dessa desigualdade básica em termos de acesso, algumas pessoas se mostram muito mais propensas a fazer compras online, dependendo do lugar, usando o mundo virtual para compensar a falta de opções no mundo real.

Por que isso acontece?

O valor atribuído aos comentários e às informações depende muito do lugar de onde eles vêm, e não somente de quem os escreve. Alguns sites conseguem gerar quase todo o seu tráfego em locais específicos. Em sites de leilões online, os compradores preferem vendedores que vivem perto deles. Quando compramos offline, a distância que precisamos percorrer até o vendedor é sempre um fator decisivo para a decisão de onde comprar, mas, como explicarei adiante, tendemos ficar ainda menos propensos a percorrer longas distâncias quando, antes, pesquisamos os produtos em nossos smartphones.

O que está por trás dessas e de outras influências do mundo físico em nosso modo de pesquisar, comprar e vender no mundo virtual?

Este é o ponto central deste livro.

A localização (ainda) é tudo.

CADA COISA AO SEU TEMPO: A LOCALIZAÇÃO FÍSICA ANTES DA VIRTUAL

No dilema do ovo e da galinha, é difícil dizer o que veio primeiro. No caso dos mundos real e virtual, a resposta é óbvia: sabemos que o real em que vivemos precede o virtual. Você, inclusive, já deve ter pensado bastante a respeito da cidade e do bairro em que mora.

E é bom pensar mesmo, pois o lugar que ocupamos no mundo físico é, em grande parte, uma escolha.

A pessoa não acorda um dia, do nada, dentro de um apartamento ou de uma casa. Provavelmente, existe uma série de motivos que justifica sua opção em favor de determinado imóvel. O mesmo vale para a escolha da cidade[4], dos negócios, dos amigos e das pessoas que seguimos na internet.

Essas decisões não são como a "decisão" de comprar Colgate em vez de outra pasta de dente. Estamos falando de decisões criteriosas e ponderadas, que valem por muito tempo.

Boa notícia.

Isso significa que as relações entre a localização física e nosso comportamento no mundo virtual serão sólidas, estáveis e até mesmo bastante previsíveis. Aliás, a própria ideia de que as circunstâncias do mundo real determinam o nosso comportamento no virtual lhe parecerá óbvia depois que você entender por quê.

E esse é o meu objetivo com o presente livro. As grandes ideias sempre se tornam óbvias quando temos os meios para compreendê-las.

De qualquer maneira, o caminho exige esforço, porque grande parte das observações e nuances por trás da ideia central não é óbvia (como também não são óbvias as implicações disso para consumidores, empreendedores, investidores, reguladores e todos nós).

NEWTON E A MAÇÃ

Mesmo que não tenha prestado muita atenção nas aulas de ciências na escola, você já ouviu falar da maçã de Newton. O cientista estava deitado debaixo de uma árvore quando, junto com a famosa maçã, caiu a ficha do conceito de gravidade. Pois eu gostaria de apresentar um conceito paralelo, a "teoria da gravidade (comercial)", de suma importância para este livro.

Vejamos por quê.

A lei da gravidade é o que explica por que é aconselhável descer de elevador em vez de tentar um atalho e pular pela janela. Como diria o cantor John Mayer: "A gravidade está trabalhando contra mim, e ela quer me colocar para baixo". Do mesmo modo, o mundo real nos impõe forças gravitacionais e atritos na hora de pesquisar, comprar e vender.[5] Na prática, essas forças são um pouco diferentes daquelas exercidas pela gravidade física da Terra, mas o princípio em ação é bastante parecido.

Quer um exemplo simples para ilustrar esse ponto?

Digamos que eu queira uma cerveja gelada para aliviar o calor infernal da Filadélfia (boa ideia). Como não sou muito precavido (fato), a geladeira está vazia. Isso significa que vou ter de levantar da cadeira e ir comprar.

As lojas de bebidas que estão mais próximas exercem maior "atração gravitacional" sobre mim, enquanto as lojas mais distantes não me atraem.

Eu gosto de cerveja, mas não vou pegar o carro e dirigir 50 quilômetros para conseguir uma!

Antes de ir a qualquer uma das lojas com suficiente "atração gravitacional" para me fazer sair de casa, não sei exatamente o que elas têm no estoque, nem quanto terei de pagar. Em geral, só descobrirei isso quando estiver lá e começar a procurar nas prateleiras. Para piorar, se for domingo, todas as lojas de bebida da minha cidade estarão fechadas.

Eis o cenário: o mundo real colocando alguns obstáculos entre mim e aquela cervejinha gelada. Preciso me deslocar até uma loja; não sei quanto vou gastar (correndo o risco de pagar um valor exorbitante, mesmo na vendinha local); e se meu desejo coincidir com um dia específico da semana, lascou-se.

Por que levanto essas questões? Algumas pessoas dizem que a internet e as tecnologias relacionadas a ela "reduzem atritos", "tornando o mundo plano".[6] O mundo virtual localiza-se em um nível superior (ou talvez inferior), podendo ser acessado a qualquer hora, de qualquer lugar, por qualquer um. Uma ideia sedutora, sem dúvida, mas uma meia verdade.

A primeira parte, sem dúvida, é verdadeira. Os atritos são reduzidos e, em alguns casos, quase eliminados no mundo virtual (aprofundaremos essa questão no Capítulo 2). E é definitivamente verdade que a maioria de nós tem acesso a produtos e informações independentemente do lugar onde vivemos (se bem que o acesso à internet nas áreas rurais é mais limitado, conforme pude observar).

A segunda parte, porém, é falsa.

Embora a internet tenha o potencial de aplanar o mundo real,[7] isso nem sempre se concretiza, e por um motivo bastante lógico.

Enquanto vivermos no mundo físico, a gravidade e as forças friccionais dessa realidade impactarão as escolhas que fazemos neste plano. E, porque impactam nossas escolhas, também afetam a atração relativa das ofertas online.

Qualquer cidadão dos Estados Unidos (ou mesmo de outro país) poderia, por exemplo, entrar na página Bonobos.com e comprar uma calça bonita e confortável. (Aliás, recomendo a qualquer homem de 20 a 45 anos, mais ou menos, que faça uma visitinha ao site, se ainda não fez; calça nova, vida nova!) Porém, a chance de determinada pessoa visitar o site depende muito do lugar em que mora.

A presença de lojas físicas, além de vizinhos antenados que já experimentaram o produto e o recomendam, tem um papel de peso nessa decisão. Outros fatores que influenciam nossas escolhas são os preços cobrados pelas lojas locais, os produtos que elas vendem e se os impostos sobre as vendas são repassados ao consumidor, aumentando o preço final.

CONECTANDO O MUNDO REAL AO MUNDO VIRTUAL

O mundo virtual da internet – um mundo de produtos e informação – nos oferece todo tipo de coisa, (quase) independentemente do local onde vivemos. De modo geral, podemos conseguir o que queremos, de qualquer lugar. Em tese, produtos e informações podem atravessar o mundo, tornando-se acessíveis para todas as pessoas que tenham acesso à internet.

Posso seguir meu amigo Rob's @280vc no Twitter de qualquer lugar dos Estados Unidos (ou do mundo). Posso comprar um par de óculos Warby Parker por US$ 95, morando em Los Angeles ou Iowa City. Tenho acesso ininterrupto aos voos da United Airlines no aplicativo da companhia, e, onde quer que eu esteja, os preços das passagens e os voos disponíveis são sempre os mesmos.

Em suma, o mundo virtual não muda de acordo com o lugar onde estou. O mundo real, em contrapartida, muda completamente de um lugar para o outro, em termos de disponibilidade física de produtos, de informações e de entretenimento. O tempo que eu tenho para gastar em sites de mídia social ou até mesmo a probabilidade de usá-los dependem, em grande parte, do lugar onde eu moro, assim como a necessidade de utilizar a internet para fazer compras e a disposição de interagir com os outros.

Além disso, minhas opções locais de óticas (e até a necessidade de ter óculos de uma determinada marca) mudam de Iowa City para Los Angeles. Portanto, voltemos ao que é plano e ao que não é. O próprio desejo de viajar de vez em quando, o que me faz comprar uma passagem de avião para sair um pouco da minha cidade, depende do lugar que eu chamo de casa.

O mundo virtual *é* plano em termos de oportunidades oferecidas a todos, mas *não é* plano no modo como aproveitamos essas oportunidades.

E a razão é simples.

Porque nosso modo de pesquisar, comprar e vender depende do lugar onde moramos no mundo real.

A própria jornada pelo mundo real define minha forma de pensar a respeito do virtual. E o lugar onde vivo a maior parte do tempo (Filadélfia) me faz usar a internet de uma determinada maneira, que não seria a mesma se eu morasse em outro lugar, como Los Angeles ou Nova York, por exemplo.

AVENTURAS NOS MUNDOS REAL E VIRTUAL

Fui criado em um lugar famoso, entre outras razões, pela desproporção entre o número de ovelhas e de habitantes. Em Invercargill, Nova Zelândia, entre o final da década de 1970 e o início da de 1980, o mundo real era simples e bastante agradável, mas um pouco limitado em termos de ofertas.

Eu ficava fascinado pela aparente infinidade de variações do mundo real que eu percebia não só no meu país – nas férias em Christchurch, na mudança para Auckland –, mas também na televisão. Foi lá que eu vi o céu cinzento de Londres no seriado britânico *EastEnders*, as estradas ensolaradas de Los Angeles em *L.A. Law* e a complexidade urbana da Bay Area em *The Streets of San Francisco*. Naquela época, eu não podia imaginar que conheceria todos aqueles lugares e até usaria a internet para pesquisar e comprar em cada um deles. (Ainda não vendi nada ali.)

Em meados da década de 1990, eu estava fazendo doutorado na Stanford Graduate School of Business e me interessei pelo estudo de duas atividades humanas básicas: compra e consumo. (Infelizmente, como estudante de pós-graduação, eu não tinha nem tempo nem dinheiro para nenhuma das duas!)

Foi em Stanford que aprendi as leis de Reilly, sobre gravitação do varejo – que descrevem, em termos simples, como as pessoas escolhem o local onde vão comprar os produtos e serviços de que precisam. Quando William J. Reilly publicou esse trabalho em 1931, evidentemente não havia internet. Mas a ideia – de que a escolha do "lugar A" em detrimento do "lugar B" depende da população relativa da área em que a loja se encontra e a distância a ser percorrida pelos clientes – continua sendo bastante contundente.[8] Quanto maior o lugar, mais atraente ele é (por oferecer maior variedade de produtos e preços mais favoráveis). Quanto mais longe ele fica, menos atraente ele é (por exercer menos força de atração).

Esse esquema básico é um ótimo ponto de partida para tentar descobrir como as opções reais de compra, venda e pesquisa impactam as opções virtuais. Se você estiver longe de "megalojas" (com muita variedade e preços atraentes), o mundo físico exercerá pouca atração sobre você, tornando o mundo online muito mais interessante.

Como eu já havia estudado os hábitos de compra e consumo do mundo real, não tive dificuldade para relacionar o que havia aprendido no doutorado ao incipiente e promissor mundo da internet, alguns anos mais tarde, já como membro do corpo docente da Wharton School da University of Pennsylvania.

Era a época da "internet 1.0". No final da década de 1990 e início da década de 2000, acompanhei, com grande assombro, o processo de ascensão e queda de novos empreendimentos, como o Pets.com (produtos veterinários), o Webvan.com (alimentos) e o Kozmo.com (serviço de entrega). Bastante intrigado, resolvi investigar o assunto para tentar compreender o que havia por trás daqueles estrondosos sucessos e fracassos igualmente barulhentos.[9]

Foi com um senso de otimismo, e não de alegria com a desgraça alheia, que me apresentei na comemoração do décimo aniversário da Wharton San Francisco, mais de dez anos depois. Minha palestra intitulava-se "Da Webvan à Wag: por que os novos empreendimentos virtuais dão certo?". Àquela altura, eu já tinha visto muita coisa interessante – como o Netgrocer.com "desafiar" a lei da gravidade ao atrair clientes de 18 mil códigos postais diferentes nos três primeiros anos de atividade.[10] (Quando começou, em maio de 1997, a empresa tinha clientes de apenas 34 códigos postais.)

Vi Marc Lore e Vinnie Bharara fundarem o site Diapers.com em 2005, inaugurando vários outros sites sob o guarda-chuva da empresa Quidsi.com, desde o Soap.com (produtos para a casa) até o Yoyo.com (brinquedos). Em 2011, eles venderam o negócio para a Amazon por US$ 545 milhões.[11]

Em outubro de 2007, Andy Dunn e Brian Spaly, ambos formados pela Stanford Graduate School of Business, lançaram o Bonobos.com, primeira marca de roupa voltada somente para o público masculino e exclusivamente online. No início, a Bonobos estava presente apenas no mundo virtual, mas, com o tempo, passou a atuar também no mundo real, graças a uma parceria com a Nordstrom e lojas físicas próprias, uma espécie de showroom chamado "guide shop". Andy e Brian tiveram a visão de levar um produto que os consumidores precisam tocar e sentir (roupas) para um meio inadequado a isso.

Em fevereiro de 2010, no último semestre de aulas da Wharton School, Neil Blumenthal, David Gilboa, Andrew Hunt e Jeffrey Raider lançaram o WarbyParker.com, visando uma categoria que eles consideravam "corrompida", no sentido de que existe uma grande disparidade entre o preço final de um produto (algumas centenas de dólares) e seu preço de custo (talvez US$ 25). Naquela época (e até hoje), um par de óculos produzido na China por US$ 25, digamos, com etiqueta de marcas famosas como Gucci ou Oakley, por exemplo, chegava a custar mais caro do que um iPhone.

Ao dar início ao empreendimento, a equipe estimou um mercado mundial de cerca de US$ 65 bilhões anuais, observando que apenas 2% do mercado norte-americano de óculos, avaliado em US$ 22 bilhões, era conduzido online. Para os fundadores da Warby Parker, isso representava uma tremenda oportunidade, e não um indicativo de que quase ninguém compra óculos pela internet. Desde então, a empresa abriu diversas lojas e showrooms, inclusive uma loja-conceito em

Manhattan, e vendeu mais de 500 mil pares de óculos, a maioria pelo site WarbyParker.com. Voltarei a essa incrível história no epílogo para ilustrar as ideias-chave deste livro.

Em suma, passei a última década na Wharton School tentando compreender como essas e inúmeras outras empresas do mundo virtual começaram, e por que algumas tiveram sucesso e outras não. No processo, descobri que grande parte das respostas gira em torno do lugar em que os clientes moram no mundo real.

Evidentemente, esse não é o único motivo pelo qual algumas empresas de e-commerce deram certo e outras não, mas a localização, sem dúvida, constitui uma peça fundamental do quebra-cabeça, porque o mundo real e as opções físicas disponíveis ajudam a definir a atratividade de ofertas específicas do mundo virtual.

De certa forma, algumas coisas parecem ter voltado ao ponto de partida desde que comecei a estudar e trabalhar com empresas virtuais. No dia 16 de junho de 2013, a agência noticiosa Reuters, em uma matéria sobre a incursão da Amazon pelo setor de gêneros alimentícios, dizia que "a Webvan talvez tenha sido o fiasco mais caro da era ponto.com, torrando mais de US$ 800 milhões em capital de risco e procedimentos de abertura de capital em apenas três anos, até fechar as portas em 2001".[12] Só o tempo dirá se a Amazon Fresh terá sucesso onde as outras empresas fracassaram.

Como a vida não se resume a comprar comida – passeamos, nos relacionamos, estudamos e compramos uma infinidade de produtos –, nossos exemplos não se limitam a esse setor. De qualquer maneira, este livro não fala tanto em tendências ou modelos de negócios específicos, mas do nosso comportamento diário: nossa maneira de interagir com amigos e colegas de trabalho, de buscar informações e comprar, tanto pela internet quanto em lojas físicas, mostrando como tudo isso é influenciado pelo lugar onde escolhemos viver no mundo real.

O QUE ESTE LIVRO TEM A OFERECER?

Este livro se destina a qualquer pessoa que tenha curiosidade em saber por que usamos a internet para comprar, vender e pesquisar. E mais: a qualquer pessoa interessada em entender como e por que nossos padrões e motivações de uso da internet estão inevitavelmente atrelados a nossa localização e outras circunstâncias físicas, e como esses padrões vão evoluir.

Esse grupo de leitores inclui gestores de e-commerce, atuais e futuros empreendedores, estudantes de administração e economia, investidores profissionais e outros, como agentes reguladores e os responsáveis por fazer as leis de um país.

Enfim, se você quer aumentar seu conhecimento sobre como o mundo virtual funciona, este livro é para você.

Com a contribuição de amigos e pesquisadores que trabalham comigo, realizei pessoalmente a maior parte das pesquisas para este livro, procurando responder às seguintes questões:

- Por que os padrões de venda das empresas virtuais costumam desenvolver-se em blocos?
- Por que lugares afastados, às vezes, respondem igualmente a novas empresas virtuais e por que a "semelhança" de localização vai além da proximidade física?
- Por que as pessoas "diferentes" (em gostos e preferências) são aquelas que mais precisam do mundo virtual?
- Como a confiança e a troca de informações nas comunidades locais contribuem para o crescimento das empresas virtuais?
- Por que a localização é importante para que uma informação seja considerada confiável por quem a acessa?

Para responder a essas perguntas, analisamos dados de dezenas de milhares de códigos postais norte-americanos e examinamos milhões de transações de consumidores de todo o país. Refletimos bastante a respeito de teorias que explicam como e por que uma localização difere de outra. E passamos incontáveis horas rodando modelos estatísticos no computador. Não posso deixar de citar o trabalho de colegas, escritores e analistas, que me ajudou muito também, embora eu não tenha trabalhado com eles diretamente. Utilizo todas essas fontes neste livro.

Apesar dessa variedade de fontes, as descobertas das pesquisas acadêmicas são a base. Decidi seguir esse caminho por dois motivos (no mínimo). Primeiro, os artigos acadêmicos muitas vezes são de difícil compreensão e acesso. Aqui, fiz o trabalho de traduzi-los. A expressão "é apenas acadêmico" existe por uma razão: alguns trabalhos acadêmicos são bastante herméticos e, se me permitem a sinceridade, um pouco óbvios também. Felizmente, há também muitos trabalhos criativos e transformadores. Para este livro, é evidente, escolhi o que há de melhor.

Segundo, os estudos que dão respaldo aos artigos acadêmicos são realizados com grande rigor, e o artigo final é submetido à avaliação criteriosa de especialistas (revisão por pares). Isso significa que as descobertas que fizermos juntos vão estar baseadas em informações sólidas. Um exemplo de livro baseado em pesquisa, um dos meus favoritos, é *Por Que Comemos Tanto?*, do meu amigo Brian Wansink. Ao descrever a influência do meio sobre o nosso comportamento, Wansink utiliza, de maneira magistral, as principais ideias de seu trabalho acadêmico, tornando-as acessíveis, divertidas e interessantes.

Tentei escrever este livro do mesmo modo.

Entre 2012 e 2013, desenvolvi um novo curso na Wharton School chamado "Marketing digital e comércio eletrônico", e muitas ideias que desenvolvo aqui surgiram e foram testadas lá. Como era de se esperar, os alunos do curso foram uma fonte inestimável de inspiração e incentivo. Embora tenha sido um prazer realizar a pesquisa necessária para a preparação do curso, fiquei um pouco frustrado com a falta de alguma fonte de consulta unificada sobre os fatores do mundo real que motivam o uso e as inovações do mundo virtual.

Quando os alunos me faziam perguntas a esse respeito, eu tinha que recorrer a trabalhos puramente acadêmicos (nem sempre o material de leitura preferido de MBAs ou alunos de graduação, diga-se de passagem) ou a histórias publicadas nos jornais e revistas especializadas, que, embora sejam fontes confiáveis e de leitura agradável, seriam mais bem compreendidos se vistos por meio das lentes de pesquisas.

Eis o objetivo das próximas páginas: integrar e explicar o que se sabe a partir de princípios sólidos. Ao terminar o livro, você terá uma boa compreensão dos seis elementos-chave da interação entre o mundo real e o virtual, além de uma base firme para entender que tipo de empresa virtual faz sucesso no mundo físico e uma fórmula prática para testar suas próprias ideias.

Quem sabe você não possa fundar o próximo Diapers.com?![13]

"*GRAVITY*": AS SEIS ALAVANCAS DA LOCALIZAÇÃO

Este livro explica exatamente como e por que o mundo real tem tanta influência sobre o virtual. O "mundo real" se caracteriza pelo lugar onde moramos, as pessoas que vivem perto de nós e os produtos e serviços a que temos acesso. Embora os seis capítulos sejam independentes, os conceitos apresentados em cada um se baseiam um pouco nas ideias desenvolvidas antes. Portanto, é melhor ler os capítulos na ordem.

Na verdade, existe uma lógica por trás da estrutura deste livro. Os dois primeiros capítulos constituem a base. Os três seguintes abordam aspectos fundamentais de como o mundo real influencia o virtual. E o último é um resumo de tudo, com foco no futuro.

No capítulo "Geografia", apresento alguns princípios-chave que explicam como escolhemos o lugar onde moramos e, por conseguinte, como o mundo real se organiza espacialmente. Sabendo isso, temos uma base para entender como as pessoas utilizam o mundo virtual.

O capítulo "Resistência" é uma introdução à maneira como o mundo real e o virtual interagem entre si – em termos de consumo de produtos e serviços, assim como informação e conteúdo. No mundo real, existem obstáculos entre nós e o que queremos, e o virtual nos ajuda a removê-los.

O capítulo "Adjacência" explica por que faz diferença quem está a nossa volta. Para ser mais específico, examinaremos como o consumo de produtos adquiridos no mundo virtual (as calças do Bonobos.com e os artigos para bebês do Diapers.com, por exemplo) se dissemina de modo sistemático de uma localização física para outra.

O capítulo "Vizinhança"demonstra que existem outros fatores de agrupamento no mundo virtual, além da adjacência ou do compartilhamento de localização. Os grupos formados no mundo virtual, seja em torno da obtenção de conteúdo ou do consumo de produtos, são compostos por pessoas que moram longe umas das outras. O curioso é que elas, mesmo distantes, têm interesses comuns ou vivem em circunstâncias semelhantes no mundo real, o que as aproxima em termos de comportamento.

O capítulo "Isolamento descreve a relação que temos com as pessoas que moram perto de nós no mundo real e como isso influencia o que fazemos no mundo virtual. De modo geral (gostemos ou não!), somos muito parecidos com os nossos vizinhos sob diversos aspectos, mas em situações nas quais temos diferentes interesses por produtos e informação, o mundo virtual pode ser a salvação.

O capítulo "Topografia" encerra o livro com foco no futuro, explicando como produtos, informações e pessoas transitam pelo mundo real e virtual. Mostro também o que acontece, por exemplo, quando o universo virtual se torna móvel e como a compreensão das variações do mundo real pode ajudar a prever o comportamento dos compradores e vendedores no virtual.

"Você" (*you*, em inglês) é o epílogo. Esse pós-escrito oferece alguns princípios básicos para construir uma empresa ou marca de sucesso no mundo virtual com base no conhecimento do mundo real.

Reuni as iniciais das sete alavancas no acrônimo "*gravity*"[13] – gravidade, em inglês –, para ajudar o leitor a organizar e processar mais facilmente o conteúdo.

Repasso a seguir a correspondência das letras:

G = Geografia.
R = Resistência.
A = Adjacência.
V = Vizinhança.
I = Isolamento.
T = Topografia.
Y = Você (y é a inicial de "*you*", em inglês).

Vale a pena observar que a aplicação do termo "gravidade" faz todo o sentido no contexto em que o utilizamos. Afinal de contas, a ideia de "gravitação comercial" é central para que possamos compreender as decisões de compra, as de venda e a pesquisa online.

Capítulo 1: Geografia

A importância da geografia

O Capítulo 1 é a base deste livro. Não temos como entender o funcionamento do mundo virtual sem algumas noções básicas de GEOGRAFIA. Por exemplo, a ideia de que o mundo físico é organizado em torno de alguns princípios simples e surpreendentemente sólidos. Os cinco capítulos seguintes exploram as implicações disso em nossas decisões no mundo virtual, isto é, como compramos, vendemos e pesquisamos online.

Primeiro, mostro como a escolha do lugar onde moramos (a cidade e o bairro) influencia a nossa relação com a internet. Assim como temos diferentes preferências de ambiente – algumas pessoas preferem praia; outras, montanha; alguns preferem morar na cidade; outros, no campo –, o que vai determinar se vamos gostar ou não de um lugar específico para morar, entre outros fatores, é o tipo de produtos e serviços que ele oferece. Isso significa que nossa localização determina, em grande parte, o quanto "precisamos" da internet e para que propósito.

Começo o Capítulo 1 explicando uma de minhas descobertas favoritas: o lugar em que moramos define nossa preferência por uma marca em detrimento de outra, e, quando nos mudamos, nossas preferências vão se ajustando, de acordo com o gosto da maioria dos habitantes locais. Em seguida, examino como os bairros são formados, como as pessoas decidem morar junto e qual o significado disso para os hábitos de compra, venda e pesquisa na internet. Apresento, brevemente, a Lei de Zipf e a Teoria do Lugar Central (TLC), duas ideias brilhantes que ilustram como o mundo físico é organizado. Com essa base estabelecida, temos um ótimo ponto de partida para relacionar nossa localização física com o nosso comportamento online.

Capítulo 2: Resistência

Os princípios básicos dos mundos real e virtual: lições sobre atrito e gravidade

O Capítulo 2 é um compêndio sobre a relação entre o mundo real e o virtual, estabelecendo a ideia central de "Resistência". Se você já desejou tomar uma cerveja em um dia de calor ou tentou comprar uma televisão nova para assistir à final do campeonato (de qualquer um), já conhece os dois principais obstáculos que o mundo real coloca entre nós e a realização do nosso objetivo: *atritos de busca/pesquisa e atritos geográficos.*

Explicando melhor, ninguém gosta de ficar muito tempo procurando por produtos, serviços e preços melhores. Em essência, a escolha do lugar onde moramos nos torna prisioneiros das opções locais. No Capítulo 2, mostro como as limitações e condições de um lugar influenciam as atividades que acontecem no mundo real, e como a internet ajuda a superar essas barreiras.

O tamanho de uma cidade e seus fatores demográficos têm uma grande influência sobre o uso da internet pelos habitantes locais, determinando se ela será usada como ferramenta de compra ou de pesquisa. Explico por que, com todas as outras condições iguais, os habitantes de cidades menores, mais distantes e mais homogêneas, tendem a usar mais a internet para compras do que os moradores de cidades maiores. Em lugares mais populosos e heterogêneos, a probabilidade de uso da internet como fonte de informação é maior do que em lugares menores.

Embora, em tese, tudo no mundo virtual esteja a um clique de distância, na prática, a localização no mundo real restringe o alcance ao mundo virtual. Explico por que os amantes de rúgbi da Filadélfia preferem ler blogs de rúgbi da África do Sul em vez de blogs da Austrália, e por que a maioria dos consumidores de pornografia norte-americanos procura material do Canadá e não da Inglaterra.

Capítulo 3: Adjacência

Interação individual, a mecânica da adjacência e os efeitos do bairro

No Capítulo 3, descrevo os padrões que surgem com o advento de novas empresas virtuais, explicando por que eles assumem determinada forma. Apresento também o padrão mais comum resultante da adjacência. Antes de experimentar novos produtos, em geral conversamos com amigos ou buscamos informações na internet. Em situações novas, simplesmente copiamos os outros. Fazemos o que todo mundo está fazendo. Demonstro como esses dois hábitos enraizados no ser humano – pedir informações para as pessoas e imitá-las – estão por trás do contágio geográfico, isto é, levando em consideração a geografia e a realidade das opções locais, existem bons motivos para explicar por que as vendas se movem de modo sistemático de um lugar para o outro.

Evidentemente, dentro de um mesmo país ou estado, as cidades e bairros podem ser muito diferentes uns dos outros. Levando em consideração uma série de opções disponíveis, a maioria das pessoas decide morar em lugares cujos vizinhos sejam parecidos com elas em alguns aspectos fundamentais. Pássaros da mesma espécie realmente voam juntos, e essa revoada exerce profundos efeitos no comportamento desses indivíduos em relação ao mundo virtual. O termo formal utilizado para a união entre pessoas afins é "homofilia", um conceito que vale a pena conhecer, porque é muito usado neste livro.

As duas forças vitais de comunicação e imitação, além do agrupamento de pessoas com interesses afins, contribuem para gerar os padrões específicos de compra, venda e pesquisa online. Por mais que não saibamos, somos tão parecidos com as pessoas que nos cercam que nosso comportamento chega a ser previsível. A conclusão é que os clientes não descobrem as empresas virtuais por acaso. Na verdade, os vendedores virtuais vão encontrar novos clientes em lugares físicos adjacentes a outras localizações com clientes semelhantes.

Capítulo 4: Vizinhança

Laços que unem: distância física, distância social e a Cauda Longa Espacial

Aqui eu faço um importante acréscimo à discussão proposta no Capítulo 3 ao introduzir a noção de "semelhança" entre localizações. Este capítulo mostra as várias possibilidades de relação entre localizações, além dos fatores mais óbvios de proximidade e geografia, e conta por que o significado de "vizinhança" muda para uma empresa virtual, ao longo do tempo.

No início, os clientes surgem em "lugares badalados" – e tendem a ser agrupados geograficamente. Depois, o padrão de aquisição de clientes deixa de depender da proximidade. A empresa começa a atrair clientes de lugares mais distantes, embora ainda *semelhantes* (em termos de preferências pessoais e aspectos demográficos).

Como exemplo, conto a história de uma nova empresa virtual, que começou com alguns poucos clientes na Filadélfia e em Pittsburgh e chegou a lugares mais afastados dentro do estado da Pensilvânia – distantes, mas semelhantes em pontos fundamentais. Eis a questão.

Por exemplo, embora a Filadélfia esteja mais perto de Harrisburg (a cerca de 100 quilômetros de distância) do que de Boston (que fica a quase 500 quilômetros), boa parte dos habitantes da Filadélfia tem gostos e características mais parecidos com os de Boston, do que com os que vivem em Harrisburg.

Aqui eu também explico como as empresas virtuais devem "semear" mercados para aproveitar ao máximo os efeitos da proximidade e da semelhança. Para encerrar o capítulo, esclareço um conceito que batizei de Cauda Longa Espacial (CLE).[14] Na CLE, as vendas iniciais surgem da proximidade entre bairros vizinhos em grandes mercados ou "lugares badalados" e as vendas finais surgem da semelhança entre bairros menores, distantes, mas comparáveis.

O conceito de Cauda Longa Espacial mostra que a demanda costuma vir primeiro de clientes de localizações adjacentes e, depois, de clientes semelhantes, que moram distantes uns dos outros.

Capítulo 5: Isolamento

Por que o isolamento offline significa libertação online: como o mundo virtual empodera as minorias (em preferências)?

O Capítulo 5 explora uma das principais influências da localização física sobre os padrões de compra, venda e pesquisa online. Este é o terceiro capítulo da sequência A-V-I – o centro de GR-AVI-TY –, e aqui detalharemos como o mundo real define as atividades do mundo virtual.

Nos Capítulos 3 e 4, explico por que as pessoas se concentram em determinados lugares de acordo com uma série de fatores (incluindo renda, educação, etnia, preferências por certos tipos de produto e serviço) e o que isso significa em termos de padrões de demanda.

Evidentemente, não podemos ser iguais a nossos vizinhos em todos os aspectos. Eu adoro saborear um pernil de cordeiro, enquanto meu vizinho é vegetariano. Eu gosto de malhar no jardim de casa, fazendo as séries TapoutXT[15] do meu amigo Mike Karpenko, mas meu vizinho prefere ir à academia. Essas diferenças de gosto, necessidades e preferências criam certos tipos de ISOLAMENTO para os consumidores individuais.

O isolamento pelas preferências é resultado de uma forma extrema de atrito geográfico: o sujeito não consegue o que quer na internet porque seu gosto difere da maioria das pessoas daquela localização e as lojas físicas locais o ignoram.

Quase todos os supermercados, lojas de roupas e restaurantes estão voltados para as preferências da maioria local. Se não fizessem isso, faliriam. Consequentemente, quem faz parte da minoria (em termos de preferências), acaba tendo bastante dificuldade para encontrar o que precisa.

Um exemplo simples para esclarecer o ponto central: por mais que eu tenha procurado, jamais encontrei Vegemite[16] nos supermercados da Filadélfia. Talvez seja melhor parar de procurar e comprar pela internet mesmo!

A principal ideia do Capítulo 5 é a de que certas empresas virtuais têm demandas desproporcionalmente maiores em lugares onde seus clientes fazem parte de uma minoria em termos de preferências. Explico também nesse capítulo por que o isolamento pelas preferências faz com que os clientes fiquem menos sensíveis ao preço e por que seu impacto em grandes marcas (como as fraldas Pampers) é diferente do impacto em marcas menores (como as fraldas da Seventh Generation).

Capítulo 6: Topografia

A evolução do mundo real e virtual: pessoas, produtos e informações em progresso

O Capítulo 6 é um apanhado geral de tudo o que vimos nos cinco capítulos anteriores, só que com foco no futuro. Explico como os produtos e informações são deslocados, terminando onde precisam estar – em suma, o que caracteriza a "Topografia" quando o mundo real e o virtual começam a se fundir.

Começo definindo *quem* exatamente faz parte do mundo virtual. Em seguida, apresento a ideia de divisão digital, analisando as dramáticas mudanças decorrentes da migração de um mundo fixo para um móvel. Quando carregamos o mundo virtual conosco, num aparelho como o iPhone ou Galaxy (em vez de um laptop), a localização física passa a exercer uma influência ainda maior sobre nós.

O "capital social", compreendido como o grau de interação e confiança entre os membros de uma comunidade local, tem uma grande influência sobre as novidades que nos chegam por meio de amigos e vizinhos.[17] Além disso, o capital social melhora a transmissão de informações a respeito do comércio virtual, contribuindo para o aumento das vendas.

A localização física determina a eficácia da propaganda boca a boca ou algum outro método para atrair clientes (busca online, por exemplo). Exemplifico com a ideia de "equivalência de benefícios" por localização, isto é, quando você e eu moramos perto um do outro no mundo físico, os vendedores do mundo virtual nos oferecem o mesmo conjunto de opções. Por isso, se eu lhe recomendar determinada loja, é muito provável que você siga minha sugestão.

A disposição do mundo real é importante não só para a busca e disponibilidade de informações no mundo virtual, mas também para a distribuição dos produtos físicos. A "topografia" local (alíquotas de imposto, prazos de entrega, contexto comercial) varia de acordo com a região, e essa diferença determina se teremos facilidade ou não em conseguir o que queremos, servindo como incentivos para transações comerciais.

Nesse novo cenário, é fundamental fazer melhorias contínuas na disponibilização de informações e cumprir o que foi prometido. Empresas como a Bonobos.com e a WarbyParker.com, que vendem marcas próprias, concentram-se na disponibilização de informações e na expansão de suas ofertas em lojas físicas, enquanto vendedores de commodities, como a Amazon, privilegiam o aperfeiçoamento das condições das ofertas e a velocidade de entrega.[18]

Epílogo: Você *(You)*

Fazendo o modelo GRAVITY trabalhar para você

O epílogo é um pequeno guia para todos aqueles que estão tentando obter o merecido reconhecimento no mundo virtual.

Ou no mundo real.

Seja para desenvolver um negócio com base em conteúdo/produtos específicos ou só para fortalecer sua marca na internet, você terá mais sucesso se compreender as implicações dos seis capítulos anteriores, definindo a melhor maneira de proceder.

Para ajudar a fixar as ideias apresentadas, relato no epílogo a inspiradora história da empresa de óculos Warby Parker.

CAPÍTULO 1

GEOGRAFIA

A importância da geografia: decisões individuais, composição da vizinhança e padrões nacionais

GE.O.GRA.FI.A sf.

Estudo científico da Terra, de suas características físicas, climas, solos e vegetações, das relações entre o meio natural e os grupos, da distribuição da vida sobre o espaço geográfico, incluindo a vida humana e os efeitos das atividades do homem.

Na introdução, assinalei que os dois primeiros capítulos deste livro, "Geografia" e "Resistência", constituem a base de todos os outros. Este capítulo ajuda a entender por que o mundo real é do jeito que é.

Vamos começar.

DECISÕES INDIVIDUAIS

Circunstâncias e preferências

Neste livro, defendo a tese de que a maneira como usamos a internet – para pesquisar, comprar e vender – está íntima e sistematicamente ligada a nossas circunstâncias físicas, como o lugar onde moramos, o tipo de imóvel que habitamos, as pessoas com quem convivemos e os produtos e serviços que estão disponíveis no mercado local.

Prestar atenção a esses aspectos físicos nos ajuda a compreender que tipos de produtos e serviços online vão interessar a diferentes grupos de pessoas, além de esclarecer como encontramos novidades e de que maneira as empresas virtuais crescem ao longo do tempo, expandindo-se para outras localidades.

Evidentemente, existem outros fatores além desses. Não é só porque meu amigo Lee e eu moramos no mesmo apartamento que lidamos com o mundo virtual da mesma forma. Nossas características demográficas (idade, renda, nível educacional e status socioeconômico) e psicográficas (personalidade, estilo de vida e comportamento) também são fatores importantes.

De qualquer modo, a vida no mundo físico exerce uma enorme influência na vida virtual. Este capítulo é a base para que se entendam as nuances desse conceito, apresentando alguns pontos-chave do comportamento no mundo real.

Ao longo de todo o livro, refiro-me a essa interação entre o mundo real e o virtual, expondo argumentos sob três pontos de vista. Priorizo o dos tomadores de decisões. Afinal de contas, compreender o "consumidor" costuma ser o começo do desenvolvimento de um negócio bem-sucedido. Em seguida, examino a questão do ponto de vista local. Por fim, abordo a interação do mundo real com o virtual de modo mais amplo, abrangendo grandes áreas geográficas, como um país inteiro, por exemplo.

O comportamento individual – as escolhas que fazemos e as decisões que tomamos – está por trás de tudo que este livro trata, e por isso é o início. Além disso, nosso comportamento no mundo real tem impactos no bairro onde vivemos. É lá que passamos o tempo, em companhia de amigos e familiares, satisfeitos (ou frustrados) com o lugar onde moramos e com as ofertas locais de produtos e serviços. A observação de decisões individuais em um contexto regional pode ser ampliada para padrões de comportamento mais abrangentes, envolvendo diferentes cidades e até um país inteiro.

Portanto, para ter uma visão mais completa de como o mundo físico influencia o virtual, precisamos analisar essa influência sob três ângulos diferentes, embora relacionados: decisões individuais, composição da vizinhança e padrões nacionais.

O comportamento individual é necessariamente influenciado por nossas preferências e circunstâncias de vida. Aprofundando essa linha de raciocínio, descobrimos uma interação sutil e inusitada: nossos gostos por muitas atividades, inclusive compras e pesquisas online, também são influenciados por circunstâncias. Um exemplo simples de compra pela internet ilustra bem esse ponto.

O caso das fraldas

Vejamos o caso da Diapers.com, a bem-sucedida startup fundada por Marc Lore e Vinnie Bharara em 2005 e, conforme mencionado na introdução, vendida como parte de um conjunto de sites para a Amazon, cerca de cinco anos depois, por US$ 545 milhões.[1] Esse é um dos muitos exemplos impressionantes que mostram como o mundo mudou (e está mudando) graças à internet e às tecnologias relacionadas a ela. Essa história incrível é um exemplo contundente de como a internet cria novos mercados agregando clientes geograficamente isolados, mas com as mesmas necessidades básicas.

As circunstâncias referentes ao lugar onde vivemos no mundo real influenciam o uso do mundo virtual. Morando no subúrbio de Houston, Texas, Taylor vai usar o site Diapers.com de maneira diferente de Paige, que vive no centro da Filadélfia, bem em frente a uma farmácia. Isso porque, mesmo que nossas duas clientes hipotéticas tenham a mesma idade, número de filhos, renda e estilo de vida, os valores das compras podem ser bem diferentes.

Esses valores, ditados pelo mundo real, influenciam o comportamento de Taylor e Paige no universo virtual. Isso porque os moradores do centro da Filadélfia e os moradores da periferia de Houston encontram diferentes opções de produtos, com diferentes preços, e, claro, diferentes graus de disponibilidade de fraldas e outros itens para bebês. Podemos afirmar que um fator imutável em relação ao mundo real é a grande variação de preço, sortimento e disponibilidade que existe de um lugar para o outro!

Sei disso por experiência própria. Munido de fita métrica e caderno de anotações, visitei diversas lojas na Filadélfia, verificando preços e o espaço físico reservado para diferentes marcas e produtos. (Contarei mais detalhes a respeito dessa aventura um tanto quanto constrangedora no Capítulo 5, "Isolamento".)

O que é interessante e importante para nosso propósito aqui é saber que o site Diapers.com oferece os mesmos preços, produtos e disponibilidade (prazo de entrega: um dia útil, para pedidos acima de US$ 50) para ambas as clientes. Em outras palavras, o mundo virtual é completamente plano, oferecendo o mesmo "pacote" para as duas localizações no mundo real.[2] No entanto, como as localizações físicas de Taylor e Paige são diferentes, a *atratividade relativa* do site Diapers.com em cada localização depende das opções disponíveis offline.

Paige, da Filadélfia, mora muito perto de uma loja física. A farmácia do outro lado da rua é um lugar de fácil acesso, e ainda fica aberta 24 horas. A "atração gravitacional" dessa opção é muito forte.

Não é o caso de Taylor, em Houston. A loja física mais próxima (ou seja, a loja com maior atração gravitacional) fica a cerca de 3 quilômetros de distância, e Taylor levaria 30 minutos para ir e voltar, incluindo o tempo para estacionar e o tempo gasto na loja.

Além disso, Paige, na Pensilvânia, não paga impostos extras na compra das fraldas em uma loja física, e Taylor, no Texas, sim. Em contrapartida, nenhuma das duas teria de pagar impostos na compra online.[3] Em suma, vemos que Paige sofre uma forte atração por parte de pelo menos uma loja física, encontrando preços bastante acessíveis, já que não incidem impostos sobre eles. Ou seja, seus "custos de compra offline" são relativamente baixos.[4]

Taylor, por outro lado, sofre uma atração muito mais branda em relação às lojas físicas, encontrando preços menos vantajosos (sobretudo quando contabilizados os impostos). Seus custos de compra offline são relativamente altos e, portanto, a probabilidade de Taylor comprar no site Diapers.com é maior do que a de Paige.

Quando levamos em conta essas escolhas individuais em toda uma região, começamos a notar diferenças entre as localizações, culminando em um padrão sistemático de difusão por estado e no país inteiro.

A força da localização no comportamento offline

Mesmo antes do advento da internet, nossa localização já exercia uma forte influência sobre o nosso comportamento, fôssemos conscientes disso ou não. Não falo de preferências por determinados produtos (é óbvio que os moradores de Boston estão mais interessados em máquinas para remover neve do que os moradores de Los Angeles). Existem grandes evidências de que as preferências por determinadas marcas também dependem do lugar onde vivemos.

Sei que isso pode ser um pouco difícil de aceitar. Vamos às pesquisas, então.

Para começar, vejamos alguns fatos interessantes relacionados à variação geográfica de padrões de venda do mundo real no caso de produtos indiferenciados. O termo "indiferenciado" é importante. Refiro-me aqui a produtos praticamente idênticos, impossíveis de serem identificados em testes cegos ou comparações similares.

Se voltarmos a uma época bem anterior à internet, ficaremos surpresos com o poder das circunstâncias do mundo real sobre nosso comportamento e preferências.

É de se esperar que encontremos diferenças regionais em relação a produtos diferenciados – os texanos, por exemplo, gostam de molhos bem picantes, enquanto os californianos preferem opções mais suaves –, mas nosso foco aqui são os produtos idênticos, que batizei de indiferenciados.

Se as marcas A e B são indiferenciadas, por que a marca A tem, digamos, o dobro de market share da marca B num mercado específico? Antes que você responda que é porque a marca A gasta duas vezes mais em propaganda – o que é uma boa tentativa de explicação –, por favor, continue lendo.

Suponhamos que as duas marcas gastem o mesmo em marketing. Agora, tente imaginar por que os consumidores de Los Angeles preferem a marca A, enquanto os consumidores da Filadélfia preferem a B. A resposta à pergunta sobre produtos indiferenciados ilustra a influência da geografia sobre os nossos gostos e as nossas preferências.

Cerveja Budweiser em St. Louis, café Folgers em San Francisco

O que veremos agora pode parecer um pouco ilógico no início. Na verdade, trata-se de uma revelação fascinante! O ponto principal é: nossas preferências em relação aos *produtos em si* são influenciadas pelas circunstâncias físicas do lugar onde moramos.

Para entender isso, imagine o seguinte: (a) você toma muito refrigerante (ignoremos por um instante as recomendações médicas) e (b) você mora em Atlanta.

Qual das duas maiores marcas de refrigerante, Coca ou Pepsi, você consome? Se você respondeu Coca, parabéns. Agora repita a mesma pergunta em se tratando de cerveja (Budweiser ou Coors), imaginando que você more em St. Louis. Se você respondeu Budweiser, está de parabéns de novo. Veja por quê.

O motivo dessa preferência pode ser encontrado nos interessantes estudos realizados por pesquisadores norte-americanos e holandeses, que demonstram o incrível poder da localização e das circunstâncias físicas sobre os padrões de venda de produtos básicos.[5] Segundo as pesquisas, o market share das principais marcas de produtos bastante consumidos, como cerveja, café, maionese, refrigerante etc., varia consideravelmente de um lugar para o outro nos EUA. Esse fato em si já é surpreendente. Por que diferentes marcas de café, como a Folgers e a Maxwell House, registram diferentes números de market share conforme a região do país?[6] A razão está relacionada com a marca que entrou primeiro naquele mercado.

O market share da Folgers é muito maior em San Francisco porque foi lá que a marca foi introduzida, em 1872. Pelo mesmo motivo, a Maxwell House faz muito mais sucesso na região Nordeste do país (a marca foi lançada em Nashville, em 1892), onde a Folgers tem o menor market share.[7]

E isso vale não só para café: as principais marcas de uma série de produtos têm o maior market share nos mercados em que entraram primeiro – mesmo que isso tenha acontecido há mais de cem anos. Às vezes, bastar ser o primeiro a entrar em determinado mercado para gozar da primazia por décadas, por mais que surjam novas marcas.

Isso é que é poder de localização!

Acadêmicos e consultores referem-se a essa persistência de fidelidade à marca como uma "vantagem do primeiro proponente". Isso significa que as marcas que entram primeiro em um mercado têm a oportunidade de moldar as preferências dos consumidores e construir melhores relacionamentos com os distribuidores, em comparação com os futuros concorrentes.

O que nos interessa aqui é que as vantagens do primeiro proponente podem conter um forte viés geográfico, criando um ciclo virtuoso para as marcas em questão – por entrar primeiro no mercado, elas têm um market share inicial maior, o que por sua vez melhora a distribuição local, aumentando o market share.

Os leitores mais céticos devem estar pensando: "Consigo entender que isso se aplique a decisões maiores, como minha escolha de telefone [iPhone] e companhia aérea [Virgin America sempre que possível, senão United], mas não em relação a produtos básicos que compro no supermercado".

Boa questão. Telefones e passagens aéreas são itens caros, e as próprias escolhas criam "custos de troca". Depois que você tem um iPhone e começa a usar vários aplicativos, dificilmente abandona a plataforma da Apple para utilizar um Galaxy. Da mesma forma, quanto mais tempo você viaja por uma companhia aérea, mais pontos e status acumula, e não é tão fácil assim abrir mão de tudo isso. Se a pessoa viaja muito, pode acabar vinculada a determinada companhia aérea, não porque goste especificamente dela, mas por causa dos benefícios a que tem direito.

Se o iPhone entrou em determinado mercado antes da concorrência, não é de se espantar que a marca tenha grandes vantagens nesse local – pelo menos até surgir uma alternativa superior. Mas no caso dos produtos básicos que estamos discutindo aqui, as diferenças relacionadas à localização devem-se ao modo como as marcas indiferenciadas entram no mercado, gerando persistência nos hábitos de consumo dos clientes locais.

Isso explica por que é mais provável que o morador de Atlanta tome Coca (e não Pepsi) e o morador de St. Louis prefira Budweiser (à Coors).

Considere a sutileza dessa descoberta. Não é que, de alguma forma, todas as pessoas que gostam de Coca *resolveram* morar em Atlanta ou que os apreciadores de Budweiser *decidiram* concentrar-se em St. Louis. As escolhas desses consumidores não são moldadas por preferências inerentes. Na verdade, suas preferências foram influenciadas pelas circunstâncias do lugar onde vivem.

Mude de lugar e você vai mudar de café!

Por favor, não venha me dizer que você sempre tomou Budweiser e que saberia na hora diferenciá-la de uma Coors. Segundo as pesquisas baseadas em testes cegos com cervejas e refrigerantes, ninguém consegue diferenciar uma bebida da outra quando a marca está oculta.[8]

Nem as pessoas que dizem ter forte preferência por determinada marca em detrimento de outra conseguem identificar a diferença entre elas. Até agora vimos que nossas preferências por diversos produtos, em princípio, são ditadas por nossa localização física. Se isso for realmente verdade, então conseguiremos relacionar o efeito à causa. Um estudo da *American Economic Review* revela as consequências da localização sobre nossas preferências, examinando o comportamento de pessoas que cresceram em determinada região dos Estados Unidos e depois se mudaram.[9]

Para continuar com nosso exemplo do café, imagine que você tenha sido criado em Boston e mais tarde tenha se mudado para San Francisco. Os dados mostram que quando a pessoa se muda de um mercado "liderado pela Maxwell House" (Boston) para um mercado "liderado pela Folgers" (San Francisco), suas preferências adaptam-se de acordo com as do novo mercado.

Grande parte dessa adaptação (cerca de 60%) acontece quase imediatamente, mas a restante leva mais tempo, como explicarei em breve. Para entender melhor os cálculos e esse processo de adaptação, vamos supor que o market share da Folgers seja de 20% em Boston (isto é, um consumidor comum compra Folgers uma em cada cinco vezes) e de 50% em San Francisco (isto é, um consumidor comum compra Folgers na metade das vezes).

Um indivíduo que se muda de Boston para San Francisco passa a destinar 38% de seus gastos com café à Folgers logo após a mudança.[10] Muito mais do que destinava à marca em Boston (20%), mas ainda menos do que os moradores de San Francisco (50%). Segundo os pesquisadores que realizaram o estudo, a adaptação dos 12% restantes (50% menos 38%) acontece de maneira muito lenta. Em cerca de 20 anos, apenas metade desse market share (6%) vai migrar para a nova marca.

Qual a conclusão de tudo isso? É que a localização influencia nossas escolhas e que, por isso, nos adaptamos rapidamente a novos meios, mas apenas em parte. A "localização do passado" permanece presente, exercendo uma grande influência por muito, muito tempo!

De volta ao mercado de fraldas

Voltemos ao mercado de fraldas para fazer uma observação adicional. Com base no que sabemos agora sobre café e cerveja, seria natural pensar que uma jovem mãe, criada em Cincinnati (cidade natal da Procter & Gamble, onde as fraldas Pampers foram lançadas), tem maior probabilidade de comprar Pampers do que outra marca (como a Huggies, por exemplo, da Kimberly-Clark, empresa fundada em 1872 em Neenah, Wisconsin).

Imagine se essa moça morar num bairro em que outras mulheres com filhos pequenos também compram Pampers e que todas elas sejam próximas. A propósito, todos nós, em algum nível, além de conversarmos sobre produtos e serviços que recomendamos ou não, também temos oportunidades de observar o que os outros compram (falaremos mais a respeito no Capítulo 3, "Adjacência").

Agora, como a localização influencia nossas preferências em relação a produtos básicos vendidos em supermercados e em geral consumidos em casa (como café), essa influência deve ser ainda mais forte no caso de produtos "socialmente observáveis". Por exemplo, as marcas de óculos ou de roupa que meus amigos e vizinhos usam, e também os carros, podem me impelir a comprar marcas iguais, ou pelo menos a falar sobre elas.

Dois aspectos da geografia

Temos, então, dois efeitos notáveis das *circunstâncias* sobre as *preferências*. O primeiro é que o lugar onde moramos influencia nosso modo de utilizar a internet, tanto para adquirir produtos e serviços quanto para nos conectar com os outros, e essa influência se dá pela força das opções físicas que temos. (Não nos aprofundamos aqui no motivo disso, mas abordaremos a questão nos próximos capítulos.)

Se refletirmos um pouco, veremos que isso é bastante lógico. Você certamente se lembra de ocasiões em que comprou algo pela internet, ou porque não encontrou o que queria numa loja física, ou porque não tinha acesso à loja. Só esse fato já é uma poderosa alavanca para o sucesso de lojistas online e outras empresas de e-commerce.

O segundo efeito é mais sutil, mas ainda bastante poderoso. As preferências que desenvolvemos em relação a determinadas marcas que acabamos consumindo também são influenciadas por nossa localização. Se o indivíduo foi criado na cidade da Maxwell House (Boston), vai preferir Maxwell House a Folgers, mas ao se mudar para a cidade da Folgers (San Francisco), pode apostar que sua preferência vai pender para esta.

Existem diversos fatores por trás disso. Um dos principais é o fato de o café da Folgers provavelmente ser mais conhecido naquela localidade (mais disponível, mais acessível em termos de preço, mais consumido e assim por diante).

Uma grande observação em relação a esse segundo ponto é que ele vale para produtos indiferenciados. Ou seja, não importa quanto você diga que aprecia determinadas marcas de cerveja, de refrigerante, de café etc. Suas preferências são resultado do lugar onde você cresceu.

Por um lado, essa informação pode ser um pouco deprimente. Somos mero resultado daquilo a que somos expostos. No entanto, em outras categorias de produtos, esse efeito é muito mais fácil de aceitar. Qualquer um vai concordar que os produtos mais vinculados à cultura, como os programas de comédia da TV, por exemplo, são fortemente influenciados pela localização. O que tem graça e faz sentido numa cultura, pode não ter graça alguma em outra.

Se você foi criado em Manchester, na Inglaterra, a série *The Office* significa Ricky Gervais. Os habitantes da outra Manchester, em New Hampshire, EUA, provavelmente preferem Steve Carell. Portanto, a força da localização atua em todos os tipos de produtos, tanto naqueles em que esperamos encontrá-la, como os culturais, quanto naqueles em que não esperamos encontrá-la, como os indiferenciados.

As vendas de produtos que se enquadram numa categoria intermediária – como os bens de consumo mais avançados (roupas, sapatos etc.) e os bens de consumo duráveis (produtos eletrônicos, por exemplo) – também dependem da localização, tanto pela questão da "observação social" como pela tendência das pessoas de fazerem comentários sobre e compartilharem informações sobre esses produtos.

COMPOSIÇÃO DA VIZINHANÇA

Aglomeração e agrupamento

Uma vez que as circunstâncias físicas influenciam nosso modo de usar a internet e nossas preferências por produtos e marcas, deveríamos procurar saber como é que fomos parar em determinado lugar. Por que algumas pessoas moram na Filadélfia, enquanto outras decidem morar em San Francisco?

Embora exista uma série de fatores para explicar isso, a melhor forma de entender essa questão é a que apresento no próximo tópico.

A escolha de onde morar

Há pelo menos três conjuntos de fatores que determinam a escolha do lugar que vamos chamar de lar.

Primeiro, há a força da inércia e dos laços familiares. Muitos de nós escolhemos morar perto de onde fomos criados. Existem fortes motivos culturais e pessoais para isso, claro, e essa tendência varia de país para país. "Acredita-se que as taxas de migração interna nos Estados Unidos, isto é, a população que transita entre estados e cidades do país, sejam maiores do que as de outros lugares", afirmam pesquisadores do Federal Reserve em Washington, D.C., e da University of Indiana.[11] Os dados dão respaldo à informação. Os pesquisadores verificaram que o deslocamento interno norte-americano é duas vezes maior do que o registrado em países da Europa Ocidental.

Segundo, há barreiras e incentivos econômicos. Por exemplo, ainda que eu quisesse morar perto do Central Park em Manhattan, não teria como me sustentar com o salário de professor. O efeito desses fatores econômicos é bastante óbvio, gerando um tipo específico de agrupamento. Moradores de uma mesma vizinhança costumam ter níveis similares de renda e formação.

Terceiro, há o velho ditado: "Pássaros da mesma plumagem voam juntos". Na introdução, apresentei o termo formal para isso: homofilia. Significa o agrupamento com base em características culturais e étnicas. Em um passeio de carro por uma cidade grande e diversificada como Los Angeles, vemos placas indicando lugares como Little Tokyo, Koreatown e Little Armenia. Mesmo sendo bairros relativamente comerciais – onde se vendem comida típica e outros artigos do país em questão –, eles também têm moradores que se identificam com aquela cultura específica.

Outro fator de agrupamento tão poderoso quanto a etnia é a filiação política. Se você sair de Koreatown em direção à região Oeste de Los Angeles, vai passar por West Hollywood – uma região conhecida pelos políticos liberais e cidadãos com inclinações artísticas.

Medindo e compreendendo dois componentes: "quem" e "onde"

Felizmente, os governos e os pesquisadores de mercado se esforçam bastante para coletar dados sobre quem mora onde – outro grande benefício subestimado da influência que as características do mundo real exercem sobre o comportamento do mundo virtual. Podemos medir uma série de fatores do mundo real e, dessa forma, prever o que vai acontecer no virtual (apresento mais exemplos no Capítulo 2, "Resistência").

O censo dos Estados Unidos, por exemplo, fornece detalhes consideráveis sobre renda, etnia, educação etc., de cada localidade. Alguns pesquisadores de mercado sintetizam e interpretam os dados fornecidos pelo governo e os perfis demográficos e psicográficos[12] dos códigos postais.[13] Com esses dados, podemos saber muita coisa, inclusive quem está usando o mundo virtual. Um estudo realizado por pesquisadores da University of Chicago revelou que domicílios com renda baixa (inferior a US$ 20.000 por ano) têm 20% menos chances de usar a internet do que domicílios com renda alta (superior a US$ 150.000 por ano).[14] O mesmo estudo também demonstrou a importância da educação no uso do mundo virtual. Pessoas que terminaram a faculdade têm 15% mais chances de usar a internet do que aquelas que não se formaram. Esse fenômeno, do uso da internet ligado a fatores socioeconômicos e demográficos, ficou conhecido como a "divisão digital".

Existe também uma evidência muito interessante de "risco duplo". Pessoas mais velhas têm menor probabilidade de usar a internet, e, quando usam, raramente compram alguma coisa.

E aqui vai um resultado curioso que relaciona a localização não só à pesquisa e compra por parte dos consumidores, mas também ao comportamento dos vendedores.

Os pesquisadores resolveram verificar se havia alguma relação entre a localização física dos vendedores online e o número de pessoas que compravam deles. Se a geografia fosse irrelevante para o e-commerce, não haveria nenhuma relação.

O que os pesquisadores descobriram foi surpreendente.

Quando o número de compradores online de determinado mercado aumenta 10%, mais duas lojas virtuais abrem naquela localização. Ou seja, existe uma relação estatística entre as compras online em um lugar específico e a propensão dos vendedores de se estabelecerem fisicamente nessa região.

Os dados coletados não explicam esse fato intrigante, mas a informação não deixa de ser interessante. E fortalece a tese deste livro.

Os mundos real e virtual estão conectados.

Preferências, localização e mobilidade

Até agora, falamos sobre quem mora onde e qual a relação entre a localização e o comportamento virtual. Vamos aprofundar um pouco. Além das pessoas que vivem em determinado lugar, existem outros fatores importantes, embora menos óbvios, que devemos levar em consideração ao examinar as forças do mundo real que influenciam o comportamento no mundo virtual.

Uma das principais é o conjunto de preferências individuais por produtos e serviços que as próprias localizações oferecem. Vejamos um exemplo.

Imagine que eu more em Nova York e goste muito de ir ao cinema, ao teatro, a bares e restaurantes. Esse conjunto de preferências pode me levar a morar no Lower East Side, em Manhattan. Se, por outro lado, eu tiver filhos pequenos e priorizar escolas públicas de qualidade e a vida ao ar livre, a melhor opção talvez seja Main Line, na Filadélfia. Evidentemente, só posso agir de acordo com o meu desejo se tiver os meios para isso.

Aqui cabe uma observação pertinente.

Embora a renda, a educação e outros fatores do gênero determinem a probabilidade de os moradores de uma localidade específica usarem a internet para fazer compras e pesquisas online, os produtos e serviços que essa localidade oferece nos ajudam a descobrir as preferências de quem mora ali.

É claro que o que as pessoas querem numa localização também pode estar, de alguma forma, relacionado com suas características pessoais, mas não necessariamente. Por enquanto, concentremo-nos em três pontos: (1) fatores econômicos, (2) fatores culturais e (3) preferências por produtos e serviços locais.

Seleção: quem mora onde

Muitos estudos foram realizados com o intuito de descobrir por que as pessoas moram no lugar onde moram. As respostas abrangem desde a política governamental até as condições gerais da economia. Entre as ideias mais influentes, podemos destacar as de Charles Tiebout, que, em 1956, publicou uma teoria de mobilidade, mais tarde ficou como a "seleção de Tiebout".[15]

Segundo Tiebout, os indivíduos se mudam para lugares que maximizam sua utilidade ou felicidade, levando em consideração os produtos e serviços disponíveis no local (escolas, igrejas e restaurantes, por exemplo) e os custos de morar ali (impostos etc.).

O argumento é, sem dúvida, bastante calcado na economia, partindo do princípio de que os indivíduos têm total mobilidade, sabem tudo o que precisam sobre o custo-benefício de morar em determinado lugar e fazem escolhas de maneira racional. Embora sejam premissas questionáveis (não é à toa que a economia muitas vezes é chamada de "ciência sombria"), a teoria apresenta uma ideia de fato importante.

Pense nisso por um momento: você está onde está no momento (se estiver em casa) provavelmente por conta de um processo mental, conforme descreveu Tiebout.

O lugar em que moramos é, na maioria dos casos, resultado de uma escolha – atrelada a uma avaliação prévia da relação custo-benefício das opções disponíveis, mesmo que esta seja sujeita a certas limitações. Além disso, uma vez feita essa escolha, ela exercerá uma enorme influência sobre nosso modo de utilizar a internet para pesquisar, vender e comprar.

Um abrangente estudo das cidades norte-americanas revelou que a internet serve como um substituto para as lojas físicas em localidades onde os consumidores contam com menos opções offline e como complemento de informação em grandes centros urbanos, onde a principal necessidade é saber "o que está acontecendo".[16]

Abordarei essas questões no capítulo "Resistência".

Contribuindo e sendo um bom cidadão

A última peça do quebra-cabeça é o comportamento das pessoas em relação aos vizinhos depois que elas decidem onde morar.

Uma vez instalados em determinado lugar, além de consumir os produtos e serviços oferecidos, temos o potencial de contribuir com a comunidade local. Cumprimentamos as pessoas na rua, frequentamos os cafés do bairro, envolvemo-nos em assuntos de interesse comum.

Esse tipo de reciprocidade social não só é bastante comum, mas, sem ela, os bairros seriam lugares. Os laços que unem os moradores de uma região e a confiança desenvolvida entre eles são chamados de "capital social local".[17] Do nosso ponto de vista, essa é apenas mais uma forma de explicar as diferenças entre localizações físicas, mas o conceito é muito importante.

Alguns lugares têm pouco capital social, enquanto outros têm muito. Na Filadélfia, fiz amizade com a atendente da cafeteria local, a Christina, e, às vezes, até ganho uma cerveja ou um expresso de graça. Meu vizinho Lee cuida do meu apartamento e do meu carro quando estou viajando.

O conceito de capital social local é importante por diversos outros motivos para este livro. Porque quando alguém começa a fazer alguma coisa em determinado lugar, seja comprar um par de óculos escuros no site WarbyParker.com, seja usar o aplicativo Yelp ou obter informações de viagem no TripAdvisor.com, há sempre a chance de que ele comente a respeito com um vizinho.

E, pela lógica, as chances dessa informação se espalhar e influenciar os outros são muito maiores em lugares onde há mais capital social. Colocarei essa ideia à prova no Capítulo 6, "Topografia".

Capital social e proprietários x inquilinos

Se um bairro possui mais residências próprias, tem movimentação menor de moradores, o que traz benefícios para o lugar em termos de estabilidade. Christian Hilber, da London School of Economics, interessou-se pelo tema e resolveu investigar se os proprietários de imóveis são melhores cidadãos do que os inquilinos. Se você achar a expressão "melhores cidadãos" abstrata demais, tenha um pouco de paciência comigo por um momento.

Uma iniciativa da The John F. Kennedy School, da Harvard University, chamada Saguaro Seminar, reuniu dados sobre confiança e interação em comunidades locais.[19] Um grande trabalho de coleta de dados dessa iniciativa é a Social Capital Community Benchmark Survey (SCCBS), uma pesquisa com mais de 30 mil indivíduos e domicílios em todo os Estados Unidos, com perguntas como: "Quanto você confia nos seus vizinhos?" e "Com que frequência você saiu com amigos para lugares públicos nos últimos 12 meses?".

Após compilar todas as respostas, os pesquisadores puderam medir o nível de capital social de diferentes lugares. E Christian Hilber verificou algo intrigante quando comparou os resultados relativos ao capital social apresentados pela SCCBS com outros dados da American Housing Survey: a aquisição de imóveis, em si, não aumenta o capital social local.

Portanto, se for um inquilino, você não é assim tão nocivo para o seu bairro, afinal de contas.

A aquisição de imóveis aumenta o capital social em lugares onde a oferta de imóveis é relativamente inelástica, mas não aumenta o capital social em lugares onde a oferta de imóveis é elástica. Em outras palavras, ter mais proprietários (em vez de inquilinos) não influencia o capital social local em áreas recém-criadas, com espaço de sobra para construir mais prédios e acrescentar mais gente, mas influencia nos lugares em que há pouco espaço para novas construções.[20]

Além disso, quando um bairro já está "configurado", é menos provável que um novo morador influencie os relacionamentos ali existentes, ao menos não tanto quanto o faria em bairros mais novos. No Capítulo 6, "Topografia", apresento os resultados da minha pesquisa pessoal, mostrando que em locais com grande capital social, as informações compartilhadas entre vizinhos têm maior credibilidade, o que pode ajudar a aumentar as vendas das empresas virtuais.

Padrões nacionais

Para concluir, é importante entendermos como o mundo real é organizado em nível nacional. Para não tornar o assunto muito abstrato, concentremo-nos em um país específico – os Estados Unidos – como mercado para quem pesquisa, compra e vende na internet, observando os padrões de comportamento e aglomeração dentro desse mercado.

Você já comparou sua cidade com outras cidades do país onde mora? Se já, continue lendo.

Como as cidades se organizam (involuntariamente) dentro de um país

Já vimos como decisões individuais, baseadas em nossas características e preferências, acabam influenciando o lugar onde escolhemos viver. O resultado disso, vimos também, é que os bairros são formados por pessoas com características e preferências semelhantes.

A pergunta final a responder neste capítulo é a seguinte: como as cidades são organizadas dentro de um país? Ou seja, existe algum tipo de padrão sistemático que explique essa organização?

A resposta a essa pergunta configura outro importante alicerce para grande parte do que vamos abordar nos próximos capítulos. A relação lógica entre essa questão e as ideias apresentadas no restante do livro é que, se soubermos por que existem diferenças nos padrões de compra, venda e pesquisa entre uma cidade e outra, e soubermos como as cidades estão distribuídas dentro de um país, compreenderemos automaticamente os padrões do mundo virtual em nível nacional.[21]

Queremos conhecer o "padrão" de organização das cidades para entender questões relacionadas aos padrões de compra, venda e pesquisa online. A ideia é que, se as pessoas se agrupam no mundo real, talvez suas atividades virtuais também estejam agrupadas de acordo com o padrão do mundo físico.

Examinemos, portanto, essa questão do agrupamento físico.

Leis de potência e a Lei de Zipf[22] para cidades

Uma lei empírica estabelecida e realmente incrível é um bom começo. A primeira é a Lei de Zipf para cidades (chamada, às vezes, de distribuição por tamanho). A distribuição por tamanho dos Estados Unidos está representada na figura 1.1 (se você estiver interessado em dados mais atualizados, basta procurar por Lei de Zipf na internet).

Observe que o gráfico apresenta uma linha reta, classificando as cidades dos Estados Unidos de acordo com o tamanho de sua população. Nos próximos parágrafos, vou explicar como esse quadro e os números dos eixos x e y surgiram.

Embora seja uma explicação um pouco técnica, o padrão resultante é bastante útil. Para podermos aplicar a Lei de Zipf, precisamos de dois dados: a população de cada cidade dos Estados Unidos e a classificação da cidade em termos de densidade demográfica.

A cidade de Nova York tem 8,3 milhões de habitantes, ocupando o primeiro lugar da lista. Los Angeles está em segundo, com 4,1 milhões, e assim por diante. De posse, digamos, das 50 principais cidades em termos de número de habitantes, precisamos transformar um pouco os dados. Como? Pegamos os logaritmos naturais da população e da classificação na lista. O motivo disso está na matemática dos logaritmos naturais e funções exponenciais, um assunto fascinante, mas, infelizmente, além do escopo deste livro.

A intuição necessária para compreender a Lei de Zipf se baseia no fato de que o logaritmo natural de um número pode ser usado para nos dizer algo sobre a quantidade de tempo necessária para alcançar crescimento num âmbito de interesse, que pode ser dinheiro, população, número de bactérias em uma vasilha etc. Para simplificar os cálculos, determinaremos uma acumulação contínua de 100%.[23]

Comecemos com o caso mais simples.

Imagine que você tenha US$ 1.000 na conta. Quanto tempo levaria para ter "1 x US$ 1.000 na conta", considerando uma taxa contínua de juros compostos de 100%?

Parece uma pergunta capciosa, mas não é.

Evidentemente, "US$ 1.000" e "1 x US$ 1.000" são idênticos. Não é de surpreender, portanto, que o "logaritmo natural de 1" ou "ln[1]" seja igual a zero. Em outras palavras, não levaria nenhum tempo para "aumentar por um fator de 1" (isto é, não aumentar) os US$ 1.000 que você tem na conta.

Quanto tempo levaria para dobrar suas economias (novamente, considerando uma taxa de juros compostos bastante generosa de 100%)? Levaria ln[2], ou seja, 0,693 (anos), ou cerca de 36 semanas. Para triplicar o valor, levaria mais tempo, a saber: ln[3] = 1,098 (anos), 57 semanas.

Esse mesmo raciocínio pode ser aplicado à população das cidades. Só precisamos substituir "dólares" por "número de habitantes" e inverter um pouco o processo. A maior cidade de um país obviamente encabeça a lista de concentração populacional.

Como sabemos, ln[1] = 0. Ou seja, a cidade de Nova York não precisa de tempo para ter a população que tem. Com essa informação em mãos, porém, podemos começar a calcular quanto tempo cidades menores que Nova York levariam para alcançar seu tamanho em termos de número de habitantes.

A Lei de Zipf na prática: cidades norte-americanas

Para ver como funciona a Lei de Zipf na prática, vamos usar dados reais das cidades dos Estados Unidos.

O logaritmo natural da população da cidade de Nova York, a maior cidade dos Estados Unidos em termos de densidade demográfica, é ln[8,3m] = 15,9. Os logaritmos naturais da população de Los Angeles, a segunda maior dos Estados Unidos, e da população de Chicago, a terceira maior, são ln[4,1m] = 15,2 e ln[2,7m] = 14,8, respectivamente.

Anteriormente, observamos que ln[1] = 0,ln[2] = 0,693 e ln[3] = 1,098.

Se Los Angeles estivesse crescendo a uma taxa composta contínua de 100%, a cidade levaria apenas 0,693 anos, ou 36 semanas, para dobrar de tamanho e chegar a 8,2 milhões de habitantes.

Se Chicago estivesse crescendo a uma taxa composta contínua de 100%, a cidade levaria apenas 1,098 anos, ou 57 semanas, para triplicar de tamanho e chegar a 8,1 milhões de habitantes.

Notou um padrão aqui? (Dica: com uma taxa composta contínua de crescimento, tanto Los Angeles quanto Chicago terminariam do mesmo tamanho de Nova York, alcançando mais de 8 milhões de habitantes).

Resposta: a duplicação da segunda maior cidade dos Estados Unidos e a triplicação da terceira maior atingem um número pró-

Figura 1.1

Nova York	7333253	7333,253	1	0	15,8
Los Angeles	3448613	3448,613	2	6,693147	15,1
Chicago	2731743	2731,743	3	1,098612	14,8
Houston	1702086	1702,086	4	1,386294	14,3
Filadélfia	1524249	1524,249	5	1,609438	14,2
San Diego	1151977	1151,977	6	1,791759	14,0
Phoenix	1048949	1048,949	7	1,94591	13,9
Dallas	1022830	1022,83	8	2,079442	13,8
San Antonio	998905	998,905	9	2,197225	13,8
Detroit	992038	992,038	10	2,302585	13,8
Indianópolis	752279	752,279	11	2,397895	13,5
San Francisco	734676	734,676	12	2,484907	13,5
Baltimore	702979	702,979	13	2,564949	13,5
Jacksonville (Fl.)	665070	665,07	14	2,639057	13,4
Columbus (Oh.)	635913	635,913	15	2,70805	13,4
Milwaukee	617044	617,044	16	2,772589	13,3
San Jose	616884	616,884	17	2,833213	13,3
Memphis	614289	614,289	18	2,890372	13,3
El Paso	579307	579,307	19	2,944439	13,3
Washington (D.C.)	567094	567,094	20	2,995732	13,2
Boston	547725	547,725	21	3,044532	13,2
Seattle	520947	520,947	22	3,091042	13,2
Austin	514013	514,013	23	3,135494	13,2
Nashville-Davidson	504505	504,505	24	3,175084	13,1
Denver	493559	493,559	25	3,218876	13,1
Cleveland	492901	492,901	26	3,258097	13,1

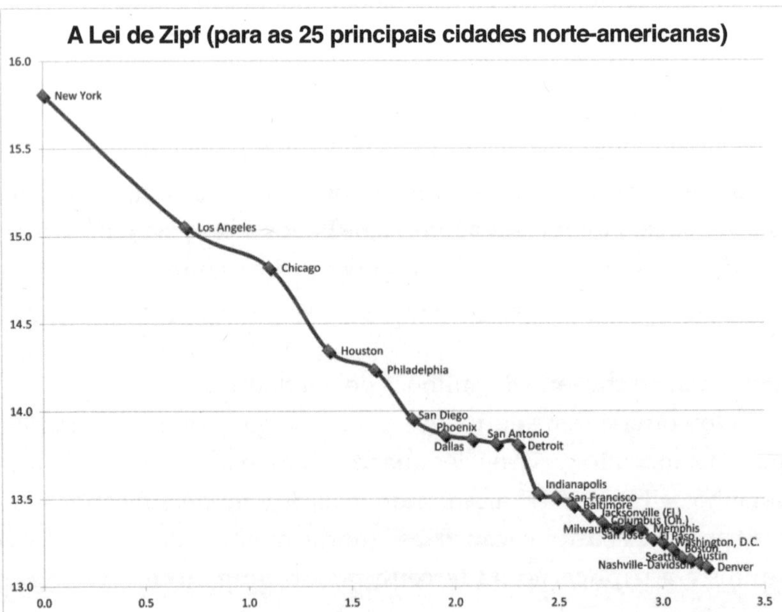

ximo da população da maior cidade. Evidentemente, o tempo para uma cidade posicionada mais baixo na lista atingir o tamanho da primeira cidade é maior. Ou seja, Los Angeles levaria cerca de 9 meses e Chicago mais de 1 ano para se equiparar a Nova York em termos de população.

Conclusão: à medida que o número de habitantes entre as cidades maiores e as menores diminui, o tempo necessário para alcançar o tamanho da maior cidade aumenta.

Até aí, nada novo.

A novidade é que obtemos um padrão linear ao registrar o logaritmo do número de habitantes das cidades no eixo vertical (y) e o logaritmo da posição da cidade na lista de tamanho da população no eixo horizontal (x).

A figura 1.1 mostra essa relação no caso dos Estados Unidos: uma linha quase reta. Outra observação importante: o ponto 0 do eixo x corresponde à população da maior cidade no eixo y, e "tempo nulo" para alcançar "1x" seu tamanho atual. De fato, como sabemos agora, ln[1] = 0.[24]

Essa relação linear entre o logaritmo da classificação da cidade por tamanho de população (primeiro, segundo, terceiro lugar e assim por diante) e o logaritmo do número de habitantes em si, por incrível que pareça, é praticamente igual no mundo inteiro. Portanto, as cidades se desenvolvem em um país de maneira sistemática, segundo seu tamanho relativo!

Conforme observado por Steven Strogatz, do *The New York Times*:[25]

> [...] a abrangência da Lei de Zipf é impressionante. Não se esqueça de que esse padrão surgiu espontaneamente, sem nenhuma imposição ou interferência de urbanistas ou qualquer outra pessoa. Algo sustenta essa lei invisível, mas ainda não sabemos direito o que é.

Uma informação bastante útil, que você pode usar para entreter seus amigos na próxima reuniãozinha informal que tiver.

Você vai me agradecer depois.

Implicações nos padrões de compra, venda e pesquisa

Se as cidades de um país se "organizam" de acordo com a Lei de Zipf, as atividades comerciais offline que acontecem dentro das cidades também podem apresentar algum tipo de padrão sistemático.

Para verificar essa hipótese, abordaremos brevemente a Teoria do Lugar Central (TLC).[26] Segundo a TLC, tanto no mundo real quanto no virtual, os consumidores procuram os produtos e serviços que precisam nos "lugares centrais" mais próximos a eles, visando minimizar a distância de deslocamento. A ideia remete ao princípio de "gravitação do varejo", formalizada na década de 1930 por William J. Reilly (conforme mencionado na introdução).

O que tem por perto

Dois conceitos fundamentam a TLC. Antes de mais nada, deve existir um mercado mínimo para que um produto ou serviço possa ser fornecido. Se não houver público suficiente, alguns tipos de estabelecimentos comerciais não vão sequer ser construídos.

Em segundo lugar, há uma distância máxima que os consumidores estão dispostos a percorrer para obter determinado produto ou serviço. Se o trajeto ultrapassar essa distância, o custo da viagem excede o valor que o consumidor está disposto a pagar pelo que deseja. A essa altura, esse segundo ponto já deve estar bem claro. Afinal de contas, sabemos que a gravidade determina a força de atração que uma loja específica exerce sobre nós.

Com base nesses princípios, podemos prever que tipos de produtos e serviços serão oferecidos numa cidade de acordo com o seu tamanho. Cidades maiores, por exemplo, oferecem mais produtos de qualidade e especializados do que cidades menores (compare o que está disponível em Manhattan com o que está disponível em Iowa).

Conclusão: as cidades são organizadas sistematicamente segundo a Lei de Zipf e as atividades comerciais offline são organizadas segundo a TLC. Portanto, podemos afirmar que a variação geográfica das atividades online, seja de compra, venda ou pesquisa, será influenciada por essas forças também.

Dos Capítulos 2 ao 6, apresento diversas teorias e exemplos relacionados a essa questão.

EM SÍNTESE

No nível individual, todos nós fazemos escolhas em relação ao lugar onde queremos morar. Elas são influenciadas não só por fatores limitadores, como o dinheiro para gastar com moradia, mas também por preferências relacionadas à vizinhança e à disponibilidade local de produtos e serviços. Essa é a essência da seleção de Tiebout.

Uma vez decidido onde morar, nossas escolhas costumam ser bastante "conservadoras". Mesmo em sociedades dinâmicas como a dos Estados Unidos, a maioria das pessoas tende a medir sua permanência num lugar em anos ou décadas. Mudar dá muito trabalho e é uma chatice que em geral envolve algum tipo de "choque" (um novo emprego, uma nova faculdade ou casamento). Todo esse cenário é importante para nosso estudo, porque, como veremos, essas escolhas do mundo real influenciam nosso comportamento virtual.

O primeiro motivo é muito simples. Tudo o que fazemos na internet, em essência, complementa ou substitui o que fazemos no mundo real. Se meu contexto offline é diferente do seu, é provável que meu comportamento online também será, ainda que sejamos pessoas muito parecidas.

Eis uma regra empírica interessante. Nossas ações no mundo virtual resultam de uma combinação do contexto em que vivemos com as nossas preferências.

Em seguida, vimos que até nossa "escolha" por determinados produtos e marcas depende do lugar onde moramos. Gostaríamos de achar que temos total livre-arbítrio em relação a esse tipo de decisão, mas não é verdade. Nossas escolhas são influenciadas, em grande parte, pelas circunstâncias físicas do mundo real.

A nível coletivo, as comunidades se formam em torno de características comuns e afinidades entre as pessoas, que compartilham informações sobre produtos e serviços e observam umas às outras. (Por exemplo, depois de ver o Green Eggs Café da Second Street, na Filadélfia, sempre lotado no café da manhã, resolvi dar um pulo até lá para experimentar.)

Algumas comunidades são mais fecundas do que outras em termos de disseminação de informações. As notícias circulam em maior velocidade onde há bastante capital social – ou seja, onde há elevados níveis de confiança e interação entre os habitantes. A necessidade de comprar, vender e pesquisar no mundo virtual, e as chances de os moradores incentivarem o uso da internet, provavelmente serão muito diferentes de um lugar para o outro.

Por fim, a nível nacional, as cidades são formadas de acordo com um padrão chamado Lei de Zipf. Ninguém planejou isso. Foi algo que aconteceu, o que é incrível! Além da Lei de Zipf, a Teoria do Lugar Central ajuda a explicar a disposição física de estabelecimentos comerciais dentro das cidades.

Espero que depois de ter lido o Capítulo 1, você esteja convencido de pelo menos uma premissa básica: a relação de pessoas, produtos e serviços no mundo real está necessariamente vinculada ao comportamento no mundo virtual.

Ainda não expliquei direito como isso acontece.

O que importa é que agora temos uma sólida base teórica e empírica para a ideia de que o mundo real influencia nossas atividades virtuais.

Os próximos capítulos, "Resistência", "Adjacência", "Vizinhança", "Isolamento" e "Topografia", explicam como isso acontece, concluindo com o significado disso tudo para VOCÊ.

Sem mais delongas, vamos em frente!

CAPÍTULO 2

RESISTÊNCIA

Os princípios básicos do mundo real e do virtual: lições sobre atrito e gravidade

RE.SIS.TÊN.CIA sf.

Força que se opõe ao movimento.

No capítulo anterior, vimos como o mundo real se organiza de modo estruturado. Os indivíduos escolhem onde e como viver, e essas escolhas produzem agrupamentos específicos. Ou seja, os bairros costumam ser formados por pessoas com características demográficas, estilo de vida e preferências semelhantes. Pássaros da mesma espécie realmente voam juntos.

Além disso, pessoas que vivem próximas (fisicamente) umas das outras, em geral, consomem produtos e serviços similares e compartilham informações sobre o que gostam. Meu amigo e vizinho Lee muitas vezes me fala de novos bares e restaurantes em Filadélfia. Companheiros de trabalho conversam sobre novidades tecnológicas.

Neste capítulo, mostrarei como cada um de nós transita pelo mundo real e o que isso significa em termos de uso do mundo virtual. Em suma, examinaremos como essas duas realidades – a do mundo real e a do virtual – interagem.

ATRITOS DO MUNDO REAL

A dificuldade da busca

No mundo real, todos nós enfrentamos dificuldades para encontrar o que queremos. Os mercados nem sempre fornecem as informações necessárias para que possamos fazer escolhas conscientes, os produtos de que precisamos e preços justos.

Esses obstáculos sempre existiram e sempre existirão. Vamos chamá-los de "atritos", um termo bastante adequado, porque os obstáculos não nos impedem completamente de fazer o que é necessário, mas dificultam nossa vida. Você já deve ter enfrentado esse tipo de situação e talvez tenha até conseguido superá-la (ou pelo menos tentado).

Exemplos de atrito

Focarei os dois tipos mais comuns de atrito, embora talvez mencione alguns outros ao longo do livro.

O primeiro é o "atrito de busca", ou a incapacidade de encontrar as informações que gostaríamos de ter antes de tomar uma decisão. É sempre melhor se pudermos ter informações sobre os preços que teremos de pagar em determinadas lojas, a qualidade da comida nos restaurantes e as experiências de outras pessoas em relação a comerciantes locais e prestadores de serviços.

Não é de se surpreender que os economistas estudem o assunto da "busca" há bastante tempo e, graças a isso, temos alguma base. Para entender como o atrito funciona na prática, imagine que você está em 1987 e quer comprar uma TV grande para assistir à abertura da Copa Mundial de Rúgbi da Nova Zelândia, em Auckland.[1]

Como você está em 1987, a internet não pode ajudá-lo.[2]

Você vai a uma loja local e começa a se informar sobre preço e qualidade dos aparelhos disponíveis. A televisão que você gostou custa US$ 1.995, mas você sabe que existe outra loja do outro lado da cidade que talvez tenha preços melhores. Nesse momento, você tem duas opções: ou compra a TV que está na sua frente, ou pega o carro e vai à outra loja.

Evidentemente, nessa segunda opção você gastará tempo e dinheiro com gasolina – ou seja, arcará com custos para buscar um produto melhor ou ou mais barato A outra loja pode ter preços mais altos ou mais baixos e produtos melhores ou piores do que a loja em que está. Além disso, não dá para saber se eles terão exatamente o aparelho que você escolheu. Por isso, se decidir largar o garantido e ir até a outra loja do outro lado da cidade, não sabe o que vai encontrar.

Quando disse que o estudo de temas relacionados à busca era um dos focos dos economistas, não estava brincando. Hoje em dia (2013), uma pesquisa no Google com os termos em inglês *economics of search*"apresenta mais de 500 milhões de resultados!

Fora o número astronômico, a principal descoberta do meio acadêmico é reveladora: continuamos buscando informações extras até que os custos de busca excedam os ganhos esperados.[3]

Pesquisa formal: procurando uma TV no mundo real

Continuemos com o exemplo da TV. Imagine o seguinte: você está na loja do seu bairro, olhando, indeciso, para o preço da televisão, US$ 1.995, e daqui a pouco começa o jogo. Pelas suas contas, você leva cerca de 30 minutos para chegar à outra loja e, com base em outras experiências, há uma pequena chance de que o preço lá seja melhor, mas a diferença não ultrapassará US$ 100.

Depois de muito ponderar, você chega à conclusão de que não vale a pena ir até a outra loja e por isso saca seu cartão de crédito e paga, feliz, US$ 1.995 pela sua nova Sony.

Nesse exemplo, como os custos esperados da busca adicional excederam os benefícios, você parou de buscar e comprou. Há pouco mais de 50 anos, o vencedor do Prêmio Nobel de Economia George Joseph Stigler formalizou essa ideia no artigo "A economia da informação".[4] Se o benefício esperado para continuar buscando excedesse o custo, você iria até a outra loja.

Além disso, vale a pena frisar que, como cada um tem uma relação diferente com o tempo e o dinheiro, é muito provável que outra pessoa, na mesma situação, decidisse ir até a outra loja.

O que isso nos mostra?

O mundo real tem um atrito considerável. Temos que fazer esforço – incorrer em custos de busca – para tomar as melhores decisões. Isso inclui procurar melhores preços em lojas de produtos eletrônicos ou supermercados, ou até fazer uma pesquisa de mercado para encontrar o parceiro ideal. Como estou escrevendo este livro em 2013, uma visita ao Milo.com, ao SaveOn! e ao OkCupid resolveria os três problemas.

Na verdade, existem milhares de novas empresas e inovações na internet que surgiram para mitigar o que chamamos, em termos gerais, de problemas de busca – o que não é de se espantar, levando em consideração a importância que os consumidores dão para a solução de seus problemas de "busca".

Mais à frente, veremos o caso do TripAdvisor.com – um negócio avaliado em mais de US$ 6 bilhões. O TripAdvisor.com começou como uma pequena startup e existe, graças a pessoas como *você* e *eu*, que fornecemos todo o seu conteúdo... de graça.

Suspeito, então, que existam ainda centenas (ou até milhares) de possibilidades para novos negócios que eliminem alguns dos atritos de busca do nosso dia a dia.

Talvez você mesmo crie um desses negócios.

Mais atrito: a tirania da localização

Dê uma olhada na cidade ou no bairro onde você mora. Quando falamos em localização, o tamanho de um lugar importa por dois motivos. Primeiro, mercados maiores (como os de Nova York, Los Angeles ou Chicago, por exemplo) têm mais pessoas e, portanto, mais demanda e necessidades/possibilidades de consumo do que mercados menores (como os de Sioux Falls, Iowa ou Durham).

Consequentemente, encontramos mais "coisas" em lugares maiores. Para algumas pessoas, essa variedade, ou pelo menos a possibilidade de poder contar com várias opções, faz com que as grandes cidades sejam um lugar atraente. E se você quiser sair para ver um show de comédia *stand up* e comer um crepe depois?

Ainda que nunca saia, ter essa possibilidade é importante para você.

Segundo, há mais chances de encontrarmos pessoas parecidas *conosco* quando moramos numa cidade maior. Deixando o ego de lado, o que isso importa? Abordarei esse assunto com mais detalhes no

Capítulo 5, "Isolamento", mas quando existem mais pessoas com interesses afins a nossa volta, a probabilidade de encontrarmos o que queremos é maior.

Aqui vai uma prévia.

Digamos que você adora omelete de queijo (quem não gosta?). Se o cozinheiro do café local acreditar que existe público suficiente para a omelete, ele pode colocá-la no cardápio como opção de café da manhã. Por mais gente boa que você seja, ele não vai preparar um prato só para você.

Jeans descolados em Iowa e fraldas (de novo)

A internet é uma mão na roda para quem mora em mercados menores, porque poupa os moradores da "tirania da localização". Qualquer um pode entrar num site e comprar o que deseja. Se você quiser uma calça jeans descolada que não vende na sua cidade, basta entrar em Bluefly.com e comprá-la.

E assim a internet soluciona o que chamo de atrito geográfico número um: você pode morar em Sioux City (um mercado pequeno), mas ter acesso à variedade de Nova York (um mercado grande).

O atrito geográfico número dois é um pouco mais sutil. Mesmo as pessoas da cidade de Nova York podem não conseguir o que querem se tiverem desejos mais específicos e não houver gente suficiente com interesses similares. Quando o mercado é pequeno demais, nenhum comerciante, alguém que busca lucro, vai se aventurar a atendê-lo.

Evidentemente, no caso de alguns tipos de produtos e serviços, o governo se envolve, garantindo que haja internet de banda larga em áreas rurais e bibliotecas em cidades pequenas, por exemplo.[5]

A internet liberta agregando pessoas, seja qual for sua localização, e criando um mercado grande e atraente. Falaremos mais a respeito desse assunto nos três próximos capítulos, mas aqui vai uma pequena ideia de como a agregação funciona na prática.

No caso da Diapers.com, será que Marc e Vinnie teriam tido o mesmo sucesso (ou algum sucesso, pelo menos) se tivessem aberto lojas físicas em todo os Estados Unidos?

Provavelmente não.

Por quê? Ora, por mais que existam muitas pessoas com filhos pequenos em um determinado local, dificilmente esse número será suficiente para sustentar um negócio que venda só fraldas. Em contrapartida, ainda que haja poucos consumidores de fraldas e produtos para bebês em cada localidade, a soma delas dá um monte de gente! Nesse exemplo, a internet libertou aqueles que são "diferentes" das pessoas ao seu redor (mesmo numa cidade grande).

Portanto, em essência, a internet cria mercados de pessoas "semelhantes", independentemente de onde elas moram.

Pense nisso por um instante. É uma ideia poderosíssima. Temos somente um mundo físico, que se mantém, em grande parte, inalterado (mudanças de placas tectônicas à parte). Agora, com a internet, podemos criar quantos mundos virtuais quisermos. Um espaço para pessoas que gostam de ler e discutir sobre rúgbi? Pois não: Rugby365.com. Um universo de pessoas que precisam de fraldas para o filho recém-nascido e que não querem sair para comprar? É pra já: Diapers.com.

O segredo é que cada mundo virtual é influenciado de modo diferente pelo mesmo mundo real relativamente constante.

SUPERANDO OS ATRITOS DE BUSCA E LOCALIZAÇÃO

Conseguindo o que queremos

A internet elimina (ou, em muitos casos, consegue mitigar substancialmente) os dois atritos de mercado mais resistentes. Com ela, podemos descobrir o preço de quase qualquer coisa sem sair de casa. Além disso, podemos encontrar quase todo mundo e comprar quase tudo, independentemente de onde moramos – desde que haja alguém disposto a vender.

E mais: agora podemos fazer isso de qualquer lugar, se tivermos um smartphone no bolso. Mais à frente, no Capítulo 6, trato sobre as mudanças nos atritos quando deixamos de usar somente laptops e computadores de mesa e passamos aos dispositivos móveis, como tablets e smartphones.

Comprando e saindo

Embora a internet diminua os atritos em geral, existem padrões específicos relacionados a nossa forma de utilizar a internet para superar atritos em função do lugar onde moramos. Discutiremos esse assunto tanto no âmbito dos produtos quanto das informações, mas começaremos com os produtos, já que é mais fácil de entender.

Se você mora em Nova York e eu moro em Iowa, a internet para mim compensa a falta de variedade de produtos locais. Posso conseguir calças descoladas, material de limpeza orgânico, quase tudo graças ao milagre da internet. Em suma, ela atua como um substituto para a falta de variedade das lojas locais.

Você, como mora em Nova York, compra roupa no Soho e encontra produtos para casa (até orgânicos) em quase qualquer loja da cidade. Claro que você também pode comprar pela internet, mas, no seu caso, isso não é tão crucial, porque o mercado local supre a maior parte de suas necessidades.

Agora que vimos os produtos, vejamos o que acontece com as informações. Na cidade de Nova York, existe uma infinidade de bares, restaurantes, eventos e outras atividades para fazer. Mesmo que você quisesse, jamais conseguiria dar conta de tudo. Impossível, por exemplo, conhecer todos os restaurantes da cidade. Por conta disso, a programação sobre o que está rolando e o que vale a pena conferir é de suma importância para você.

Ou seja, os indivíduos que moram em cidades grandes, de modo geral, costumam consumir mais informações locais. A internet atua apenas como um complemento ao grande número de ofertas de produtos e serviços – oferecendo aos habitantes dos grandes centros urbanos informações que lhes permitem filtrar as opções.

Evidentemente, tanto os moradores de Nova York quanto os moradores de Iowa compram produtos online e utilizam a internet como fonte de informações. Nosso ponto aqui é a ênfase relativa. Pessoas que moram em áreas que carecem de variedade de produtos usarão mais a internet para esse fim. Aquelas que vivem em lugares onde a variedade de ofertas não é problema, podem recorrer à internet para buscar informações sobre como aproveitá-las melhor.

Estudos acadêmicos revelam a importância qualitativa e quantitativa desses efeitos.

Dólares por quilômetro

A Teoria do Lugar Central (TLC), conforme apresentada e discutida no Capítulo 1, formaliza a ideia de que os mercados maiores fornecem maior variedade de produtos e serviços do que os menores. Além disso, segundo a TLC, existem algumas condições básicas para algo ser oferecido – se o indivíduo morar numa cidade pequena, talvez tenha acesso a apenas um supermercado e um posto de gasolina. Se a cidade crescer um pouquinho, é possível que surjam mais um supermercado e um posto de gasolina, de modo a suprir o aumento da demanda.

Essa ideia de condições básicas e de "mais coisas em lugares maiores" é fácil de entender quando pensamos em produtos e serviços, mas em breve mostrarei como a mesma ideia também vale para as informações (ou "conteúdo").

Como a falta de opções físicas nos leva a buscar o mundo virtual?

Se todos os outros fatores forem iguais, quanto mais longe estivermos de uma loja física, menos dinheiro gastaremos lá. Se a loja for "longe demais", nem cogitaremos a possibilidade de ir até ela.

É a gravitação do varejo novamente.

Da mesma forma, quanto maior a distância para chegar em determinada loja física, maior a probabilidade de que compremos online. O Walmart é longe? Você comprará o material de limpeza no Soap.com.

Cada quilômetro extra que temos de percorrer para ir a uma loja aumenta a probabilidade de comprarmos o que precisamos pela internet. Um estudo realizado por pesquisadores da University of Pennsylvania revelou que se o indivíduo que mora a 1,5 quilômetro de distância da loja mais próxima mudar-se para um lugar a 8 quilômetros de distância, a diferença entre os gastos online e offline aumentam em 3%.[6] Uma diferença e tanto!

Uma observação final sobre a diferença entre cidades pequenas e grandes.

Por causa da seleção de Tiebout, apresentada no Capítulo 1,[7] é provável que as pessoas que escolheram morar em lugares menores tenham necessidades de consumo menores também. Normalmente é assim.

A explicação de Tiebout é bastante sutil. Pessoas que moram em lugares menores, resolveram viver ali por algum motivo. Talvez necessitem de menor variedade em termos de produtos e serviços, talvez tenham uma renda menor, ou mesmo a soma dos dois fatores. De qualquer maneira, morar longe de lojas físicas aumenta a probabilidade de comprar online, sobretudo em cidades pequenas.

Sites por milhão e padrões de tráfego

Percorrer longas distâncias para comprar alguma coisa é algo que todos gostamos de evitar. Queremos tudo perto. Eis a essência da gravidade. Surpreendentemente, também existem padrões relacionados a quão longe estamos dispostos a ir em busca de informações.

No caso dos sites bastante populares nos Estados Unidos, como o ESPN.com ou o CNN.com, você já se perguntou de onde vêm todos os seus usuários? Em certo sentido, não há "distância" ou "gravidade" envolvida na visita a uma localização virtual. O site está a um mesmo número de cliques para qualquer indivíduo, esteja ele em Iowa ou em Los Angeles. Por conseguinte, sites como o ESPN.com e o CNN.com atraem usuários de localizações físicas aproximadamente proporcionais ao tamanho da população dessas cidades.

Los Angeles tem cerca de 3,8 milhões de habitantes, e Iowa, 70 mil. Ou seja, Los Angeles é 55 vezes maior do que Iowa. É de se esperar, portanto, que os sites SI.com (de esportes) e CNN.com (de notícias) tenham em Los Angeles um tráfego 50 vezes maior do que o de Iowa.

No entanto, além dos sites nacionais citados acima, existe uma série de sites locais, como o PhillyToDo.com e o LATourist.com, além de outros menos conhecidos e mais específicos, como o NorthernLiberties.org (com a programação do Northern Liberties, um bairro da Filadélfia) ou o Weho.com (para moradores de West Hollywood, Los Angeles). A quantidade de sites como esses e seus padrões de tráfego também se explicam pela localização física de seus usuários.

Para entender como isso acontece, vamos falar primeiro da quantidade de sites locais.

Pesquisas mostram que quanto maior a cidade, maior a quantidade de sites locais com conteúdo voltado para as pessoas, lugares e atividades dessa cidade. Um estudo revelou que o acréscimo de 1 milhão de habitantes numa área metropolitana norte-americana (MSA, do inglês Metropolitan Statistical Area, uma área que abrange mais de uma cidade) gera cerca de 50 a 60 sites com conteúdo exclusivo para esse local.[8]

Na década de 1930, muito antes de existir o mundo virtual, a Teoria do Lugar Central nos dizia que, no mundo real, a oferta de produtos e serviços cresce de acordo com a população. Ademais, segundo o modelo de gravitação do varejo de Reilly, as lojas físicas têm áreas de atuação fixas, além das quais não exercem influência sobre os clientes. É fascinante constatar, mais de 80 anos depois, como essas ideias se assemelham às noções de produção e consumo de informação no mundo virtual.

Cidades maiores têm um maior número de sites dedicados a elas, e o volume de tráfego de um site nacional como o ESPN.com é proporcional à população relativa de cada localidade. Os padrões dos sites locais, no entanto, são diferentes. (Dica: lembre-se do princípio gravitacional – quanto mais longe estivermos de determinado produto ou serviço, menor a probabilidade de que o usemos.)

Quase todo o tráfego do site PhillyToDo se deve a moradores da Grande Filadélfia. Por isso, um site local de informações é um pouco como uma loja física de produtos. A gravidade desempenha um papel importante, mais para as lojas físicas do que para as virtuais – ninguém sai de carro da Filadélfia para comprar comida em um supermercado de West Hollywood, mas alguns moradores de West Hollywood podem considerar a possibilidade de "ir" ao PhillyToDo.com se estiverem planejando uma viagem à "cidade do amor fraterno" (Filadélfia).

Comprando cafeteiras online

Algumas coisas fascinantes e ilógicas acontecem quando o mundo real e o virtual se unem como opção de compra para os consumidores. Vejamos um exemplo.

Para ser mais específico, vejamos o que acontece quando uma loja lhe oferece a opção de comprar online e retirar no local. Você entra na internet, compra uma máquina de expresso ou um edredom, por exemplo, e vai até a loja retirar a mercadoria.

Parece uma ótima ideia, não? Analisemos os benefícios dessa opção. Você reduz o atrito de busca, porque sabe o preço da máquina de expresso e também que a loja tem o produto disponível em estoque (caso contrário, eles não lhe dariam a opção de retirar pessoalmente). Além de tudo isso, você não precisa lidar com um dos maiores problemas das compras online: o prazo de entrega.

Como essa é uma questão essencial, vejamos o que dizem alguns estudos. George Lowenstein, da Carnegie Mellon University, realizou uma série de experiências para medir o quão irritante é esperar.[9]

Os participantes do teste tinham de comprar videocassetes hipotéticos (lembra?), recebiam vales para restaurantes e para lojas de discos locais (lembra?). O prazo de entrega estipulado variava, mas, para facilitar, digamos que fosse de três dias (mais ou menos o mesmo nas compras online).

Em seguida, os compradores na condição de "atraso" eram informados que, em vez de três dias, seu pedido demoraria cinco dias para chegar. A loja, então, perguntava o que poderia fazer para compensar o inconveniente de dois dias de atraso.

Outro grupo de compradores recebia a informação de que o produto poderia ser entregue antes do prazo, se eles quisessem – digamos, em um dia, em vez de três. Esses compradores tinham, então, de responder quanto a mais eles estavam dispostos a pagar pela agilidade da entrega. Ou seja, um grupo seria recompensado por um atraso de dois dias e o outro pagaria por uma melhora de dois dias no prazo.

Em todas as experiências realizadas, o grupo vítima do atraso exigia uma compensação maior do que o valor que os compradores do outro grupo estavam dispostos a pagar para receber o produto antes, embora a diferença de tempo fosse exatamente igual para ambos. Esse fenômeno foi batizado de "bônus do atraso". Em outras palavras, queremos receber pela espera mais do que estamos dispostos a pagar por uma entrega mais rápida.

Então, em certo sentido, a opção de comprar online e retirar na loja nos dá o melhor dos dois mundos (todas as informações antes da compra, sem ter de esperar para receber o pedido, embora tenhamos de ir até a loja). Um aparte: o atrito geográfico não se aplica nesse caso, desde que a loja nos ofereça uma boa seleção de máquinas de café e outros produtos de interesse.[10]

Santiago Gallino, da Dartmouth College, e Toni Moreno, da Northwestern University, estudaram o efeito da opção "comprar online e retirar na loja", analisando os dados de vendas de uma grande cadeia varejista norte-americana (que vende utensílios domésticos, acessórios para casa etc.) em mais de 80 lojas.[11] Um aspecto muito interessante do estudo é que essa cadeia tinha lojas tanto nos Estados Unidos quanto no Canadá, e a opção de comprar online e retirar na loja era oferecida somente para os compradores do Canadá. Gallino e Moreno puderam, então, comparar o que acontecia com as vendas nos dois países.[12]

Quando a opção de comprar online e retirar na loja foi oferecida para os consumidores norte-americanos, Moreno e Gallino esperavam que o número de vendas virtuais nos Estados Unidos fosse aumentar, pois as pessoas agora poderiam comprar na internet sem o aborrecimento de esperar pelo pedido.

Não foi o que aconteceu.

Por incrível que pareça, o número de vendas online diminuiu.

Isso mesmo! As vendas diminuíram, mesmo com um aumento do tráfego no site.

O que aconteceu? A explicação para esse paradoxo nos remete a um último "atrito" que se aplica a certos tipos de produtos disponíveis online.

Já darei mais detalhes, mas antes, um pouco de história.

Em 1994, Jeff Bezos fundou a Amazon – sem dúvida uma das mais brilhantes inovações do mundo varejista (e não estou dizendo isso porque a Amazon está vendendo este livro!). Em 1994, não havia muita coisa sendo vendida na internet, e, no entanto, um grande negócio de venda por catálogo já completava mais de cem anos de existência nos Estados Unidos.

Qual era o principal produto vendido por catálogo no país em 1994? (Uma pista: não era livro.)

Roupa.

Por que Jeff Bezos não começou a vender roupas online na Amazon logo de cara? Porque ele chegou à conclusão de que talvez não fosse o melhor negócio para a internet.

Por que não?

A maioria de nós prefere experimentar as roupas antes de comprá-las. As roupas têm textura, caimento, atributos difíceis de serem transmitidos pelo computador. Bezos reconheceu que isso seria uma barreira e decidiu comercializar o vigésimo quinto produto da lista dos mais vendidos por catálogo até aquele momento – livros –, perfeito para o meio eletrônico. Ninguém precisa tocar num livro antes de comprá-lo. Basta saber o preço, o autor, a sinopse e talvez algumas outras informações, como resenhas e avaliações.

Voltando ao presente.

Em sua pesquisa, Moreno e Gallino perceberam que estava acontecendo o mesmo com a opção de comprar online e retirar na loja, uma vez que a maioria dos produtos vendidos pela cadeia varejista estudada – utensílios domésticos, artigos para o lar, móveis etc. – também tinha a questão sensorial.[13]

O tráfego no site aumentou porque os compradores podiam obter informações sobre disponibilidade e preço antes de comprar (a internet reduziu o atrito de busca), mas ainda queriam ligar a máquina de expresso, sentar no sofá ou sentir o edredom antes de fechar a compra.

No final, eles não compravam pela internet. Depois de confirmar o preço e a disponibilidade de estoque, eles iam até a loja experimentar o produto. Isso explica o aumento das vendas nas lojas físicas.

O ponto interessante aqui é que o mundo virtual eliminou alguns atritos (informações sobre preço e disponibilidade de produto), mas não todos, porque as pessoas queriam experimentar os produtos antes de comprá-los. É a força do mundo real.

De qualquer maneira, a opção de comprar online e retirar na loja foi um sucesso, porque levou ao surgimento de outra modalidade de compra: pesquisar online e comprar na loja.

Amazon no mundo virtual x livrarias no mundo real

O que acontece rotineiramente também pode nos ajudar a entender como o mundo real e o virtual interagem. A maioria de nós já comprou um livro na Amazon, mas nem todo mundo comprou em livrarias físicas.

Imagine que você está comprando seus livros na Amazon porque não existe nenhuma livraria física perto de onde mora. Vejamos o que aconteceria se abrisse uma livraria a poucos metros da sua casa.

Será que o acesso a essa nova livraria pode de mudar seu hábito de comprar na Amazon.com?

Para início de conversa, agora você pode satisfazer de imediato seu desejo de ler. (Sabemos que ninguém gosta de esperar.) Basta sair e comprar o livro.

Pesquisadores dos Estados Unidos e do Canadá descobriram o que acontece.[14]

Digamos que você queira o livro *Harry Potter e a Pedra Filosofal* para ler nas férias. Agora você pode ir direto à livraria e comprar um exemplar. As vendas de *Harry Potter* na Amazon.com, então, começam a diminuir na área em que abriu a livraria. Novamente, como as vendas em lojas físicas estão sujeitas à gravidade, o número de vendas da Amazon.com em localidades distantes da nova livraria não será afetado, já que elas não são atendidas pela livraria física.

Se os seus gostos literários forem um pouquinho mais ecléticos – digamos que você queira ler o livro *Richie McCaw: The Open Side*, sobre o jogador de rúgbi neozelandês Richie McCaw –, a Amazon.com dificilmente terá alguma perda. Isso porque você pensa duas vezes antes de levantar do sofá para ir até a livraria comprar o livro.

Por que a diferença?

Quando um produto é popular como um livro do Harry Potter, uma livraria física – ou seja, uma loja com espaço limitado – com certeza terá uma boa quantidade desse produto em estoque. Isso significa que você pode ir à livraria que sairá de lá com o livro nas mãos.

Quando o produto é mais raro ou específico (como sou neozelandês, jamais diria que um livro sobre o capitão da nossa seleção de rúgbi All Blacks não é popular), a escolha será diferente. Você concluirá (acertadamente) que a livraria não terá um livro tão pouco conhecido em estoque e vai adquiri-lo, com um simples clique, na Amazon.com.

Por causa dessas forças, as vendas de itens populares na Amazon.com diminuirão na área que a nova livraria abrange, mas o mesmo não acontecerá no caso de itens menos populares. Além disso, os descontos da Amazon serão menos eficazes – ela tem de fazer mais para conseguir superar um novo concorrente físico no mercado. Novamente, as características do mundo real exercem uma grande influência nos hábitos de compra e venda no mundo virtual.[15]

GRAVIDADE E TRANSAÇÕES ALÉM DAS FRONTEIRAS

Paul Krugman, vencedor do Prêmio Nobel de Economia e colunista do *The New York Times*, é um pioneiro no campo da geografia econômica, e suas principais ideias são bastante relevantes para a nossa discussão. Segundo os acadêmicos dessa área, o comércio internacional é influenciado por princípios gravitacionais (olha a gravidade aí de novo!).

Sendo mais específico, dois países distantes entre si e com economias de tamanhos diferentes têm menos chances de estabelecer relações comerciais do que dois países geograficamente próximos e similares em termos econômicos.

Isso acontece, sobretudo, por causa dos atritos – a Nova Zelândia e os Estados Unidos não só estão distantes um do outro, como têm economias de porte distinto (os Estados Unidos têm a maior economia do mundo e a Nova Zelândia está bem abaixo nessa lista).[16]

Há um significativo atrito de viagem entre os dois países, e a disparidade em termos de tamanho da economia pode dificultar as relações comerciais por outros motivos também, inclusive aqueles relacionados a diferentes culturas de negócios. Uma aplicação simples da lógica da gravidade comercial sugere que haverá mais transações entre Austrália e Nova Zelândia e entre Estados Unidos e Canadá do que entre Estados Unidos e Nova Zelândia.

Gravidade no mundo virtual

É bastante óbvio que as transações comerciais de produtos físicos, que precisam ser deslocados de um lugar para o outro, são limitadas pela distância entre as partes envolvidas na transação. E isso vale principalmente para produtos pesados, volumosos, caros ou simplesmente difíceis de transportar. Pesquisadores da University of Chicago descobriram um paralelo interessante ao estudarem as vendas online,[17] verificando que os produtos com uma relação valor/peso maior eram os principais candidatos a serem vendidos por meio de e-commerce.

Agora, vamos usar um pouco a intuição e tentar imaginar se produtos vendidos no mundo virtual seriam igualmente afetados por grandes distâncias.

Por que os norte-americanos leem notícias sobre rúgbi da África do Sul e consomem pornografia do Canadá?

Imagine que você mora na Filadélfia e está interessado em esportes "intensos". (Se você mora na Filadélfia, provavelmente gosta desse tipo de esporte, em razão da alta qualidade dos times profissionais locais.)

O RugbyHeaven.com (hospedado pelo *The Sydney Morning Herald*) é uma opção de conteúdo, assim como o Rugby365, com base na Cidade do Cabo, África do Sul. Os dois sites estão a um clique de distância, mas a Austrália é um pouco mais distante dos Estados Unidos que a África. Então, qual site você, nosso intrépido amante de rúgbi, escolheria?

Acredite se quiser, o *conteúdo da internet também está sujeito às leis da gravidade,* mesmo não havendo "custos de viagem" aparentes. Evidentemente, há que se levar em consideração a questão do idioma. Ainda que você more em San Diego, dificilmente vai visitar sites de língua espanhola, como o *El Sol de Tijuana,* se tudo o que você sabe falar for "*Yo no hablo español*".

Pesquisadores do Canadá decidiram estudar o assunto observando o país de origem de mais de 9 mil sites visitados por usuários norte-americanos. O estudo resultou numa lista de 37 países abrangendo uma ampla gama de conteúdo, de softwares e jogos a música.

Talvez não seja nenhuma novidade que em 14 dos 37 países, o conteúdo mais acessado pelos norte-americanos foi pornografia! Aliás, da Hungria, Indonésia e Luxemburgo, foi o *único* conteúdo que esse grupo de navegadores consumiu.

A novidade (e contrariando a nossa lógica, que diria que a distância física não faz diferença no consumo de conteúdo) foi a descoberta de que, em média, para cada 1% de aumento na distância entre o país em que moramos e um país estrangeiro qualquer, há uma diminuição correspondente de 2% na probabilidade de visitarmos algum site dessa localidade.[18] Esse efeito da distância foi observado, excluindo a questão da diferença de idiomas.

O fenômeno apresenta algumas nuances interessantes. Quando os consumidores têm de pagar pelo conteúdo ou produto, o efeito desmotivador da "distância" para navegar em um site mais longínquo em busca de conteúdo aumenta para 2,7%. Quando é de graça, o efeito desmotivador cai para 1,1%. Mas talvez o detalhe mais curioso seja a diferença entre categorias que dependem de gosto (jogos, música e pornografia) e categorias que não dependem de gosto (enciclopédias, software, tecnologia e finanças).

No caso das categorias que não dependem de gosto, a distância não faz diferença. Ou seja, não há um efeito estatisticamente significativo da distância sobre o comportamento dos usuários. Para o americano, tanto faz ler artigos financeiros de sites da Austrália ou da África do Sul.

O mesmo não acontece com as categorias que dependem de gosto. Os pesquisadores observaram que, nesse caso, o efeito desmotivador da distância para navegar em um site remoto disparou para 3,5%! Por uma questão de gosto, deixarei de lado a pornografia (a categoria mais popular em termos de conteúdo estrangeiro consumido por norte-americanos) e considerarei o "bate-papo sobre rúgbi" como uma categoria cultural que depende de gosto, para poder explicar, com um exemplo, a ideia que acabei de apresentar.

A distância entre a Filadélfia e Sydney é de aproximadamente 15 mil quilômetros e a distância entre a Filadélfia e a Cidade do Cabo é de cerca de 13 mil quilômetros. Ou seja, uma viagem até Sydney é 17% mais longa que uma viagem à Cidade do Cabo. Portanto, nosso querido torcedor de rúgbi da Filadélfia, seja qual for a probabilidade de visitar o site Rugby365 (da Cidade do Cabo, África do Sul), tem 51,5% menos chances de visitar o RugbyHeaven (de Sydney, Austrália)! Isso porque a distância até Sydney é 17% maior, e cada ponto percentual diminui a probabilidade em 3,5%, o que dá exatamente 51,5%.

O interessante disso tudo é que não faz diferença alguma, em termos de custo ou de tempo, clicar num site sul-africano ou num australiano. E o assunto é o mesmo!

A teoria que fundamenta essa descoberta é que, quanto mais próximos os criadores e usuários de conteúdo estiverem uns dos outros no mundo real, maior a probabilidade de terem gostos e interesses similares. Isso significa que os consumidores de conteúdo – pessoas como você e eu – se sentem mais à vontade em sites hospedados em lugares fisicamente mais próximos a eles. A distância atua como representante da semelhança cultural.

Existe um paralelo interessante aqui com a nossa história do café Folgers em San Francisco e da cerveja Budweiser em St. Louis, apresentada no capítulo anterior. Na ocasião, vimos que a localização influencia bastante nossa escolha de produtos indiferenciados. Pelo visto, influencia também a escolha de conteúdo mais genérico. Vai por mim, não existe tanta diferença entre as notícias do Rugby Heaven (www.smh.com.au/rugby-union) e as do Rugby365 (www.rugby365.com).

Embora atualmente o mundo virtual seja acessível a qualquer pessoa que tenha internet, ainda somos diferentes em diversos aspectos, e isso está muito ligado ao lugar onde moramos. Ou seja, a cultura influencia nossa maneira de usar o mundo virtual. Fato!

Eis o poder da localização e da gravidade online, apesar de o custo da viagem (neste caso, alguns cliques) ser quase nulo.

Máquinas de lavar, cerveja e o preço do mesotelioma

Já vimos que aquilo que buscamos online e nossa frequência de uso da internet dependem, em grande medida, do lugar onde moramos. Pois o valor que os vendedores estão dispostos a pagar para que reparemos neles quando fazemos essas buscas também depende muito do mundo real.

Para se ter uma ideia do que estou falando, vamos refletir um pouco mais sobre o mundo real. Muitos de nós estamos acostumados com os efeitos das leis locais sobre nosso comportamento. A "lei seca", por exemplo, pode fazer com que você pegue um táxi em vez de ir de carro para um aniversário onde pretende tomar alguma bebida alcoólica.

Se você, como eu, mora numa cidade como a Filadélfia, que cobra impostos sobre as vendas de eletrodomésticos, talvez vá a outro lugar (Wilmington, Delaware, no meu caso) se quiser comprar uma máquina de lavar ou uma geladeira. Você economiza dinheiro e ainda se sente feliz por ter driblado a receita.

Há anos que as pessoas fazem isso nos Estados Unidos (e no mundo inteiro, atravessando fronteiras entre países, inclusive) para conseguir os mais diversos produtos. Cerveja é um deles. Os moradores de Clarksville, Indiana, costumam atravessar o rio Ohio no domingo para comprar cerveja gelada em Louisville, Kentucky.[19] Da mesma forma, o site Diapers.com tem um número muito maior de vendas em lugares com altos impostos sobre produtos de lojas físicas. Por quê? Até pouco tempo atrás, os compradores de muitos estados conseguiam evitar esses impostos comprando online. O resultado é que as pessoas que moravam em lugares com muitos impostos sobre as vendas físicas acabavam comprando mais pela internet.[20]

Esses exemplos mostram que, às vezes, conseguimos nos libertar dos limites de nossa localização física. Embora o foco esteja nos produtos físicos, vemos padrões similares no caso de conteúdo também. Quem pegou a rodovia Interstate 95 depois de maio de 2013, deve ter notado o outdoor da firma de advocacia Philly Legal Eagles, com a seguinte mensagem: "Você pode processar!" – e o telefone da empresa.[21]

E se a Legal Eagles não pudesse anunciar na I95? (Alguns diriam que seria até bom.) Digamos que as leis locais não permitissem que firmas de advocacia fizessem propagandas desse tipo. Se eles fossem impedidos de divulgar seus serviços no mundo real, teriam de pagar mais no mundo virtual para que os possíveis clientes encontrassem a empresa numa busca do Google?

A resposta é: sim, teriam.

Catherine Tucker, do MIT, e Avi Goldfarb, da University of Toronto, resolveram estudar o assunto e verificar quanto os vendedores de diferentes estados (no caso, advogados) estavam dispostos a pagar por palavra-chave para anunciar suas empresas na internet. Acontece que alguns estados não permitem que os advogados "persigam ambulâncias", isto é, que entrem em contato com pessoas que tiveram um caso recente de lesão corporal ou morte de um familiar por negligência médica.

Tucker e Goldfarb analisaram os valores oferecidos por palavra-chave em estados onde a solicitação direta (por correio, por exemplo) feita por advogados em casos de lesão corporal ou morte por negligência era proibida.[22] Em seguida, os pesquisadores compararam os valores desses lugares com os valores oferecidos em estados onde a solicitação direta era permitida.

Como poderíamos esperar, nos estados em que havia restrições no mundo real, os advogados tinham de pagar muito mais por termos como "acidente de carro", "negligência médica" e, o meu preferido, "mesotelioma".[23]

A diferença de valor online nesses estados restritos variava de 5% a 10%, o que é bastante. Ou seja, os advogados teriam de pagar um valor de 5% a 10% maior do que em locais onde os outdoors são permitidos.

Intempéries, redes sociais e windsurf na Suíça

A criatividade acadêmica estava rolando solta quando pesquisadores da Columbia University e da Stanford University se uniram a um parceiro em St. Gallen, Suíça, para tentar compreender como um fenômeno do mundo real – mudanças climáticas – influenciava as atividades virtuais (postagem em blogs e redes sociais), agregando valor para os vendedores.[24]

Os pesquisadores coletaram dados do Soulrider.com, um site suíço sobre *windsurf* e *snowboarding*, com mais de 10 milhões de membros.[25] Descobriram que a maioria das postagens ocorria em horários e lugares nos quais havia maior variação na velocidade do vento – ou seja, um fenômeno do mundo real influenciando uma atividade virtual. Quanto maior a velocidade do vento, maior o número de postagens naquele local. A disposição geográfica das postagens e a velocidade do vento estavam relacionadas. E mais: os autores verificaram que as redes sociais estão sujeitas a "efeitos de rede na geração de conteúdo".

O que isso significa exatamente?

Isso significa que descobriram que os pesquisadores observaram que o aumento no número de postagens também levava a um aumento do número de solicitações de amizade, o que, por sua vez, provocava mais postagens. Portanto, se determinado usuário tem mais conexões sociais, ele também vai gerar mais conteúdo, criando um ciclo virtuoso de produção de conteúdo e reciprocidade, o que acaba aumentando o valor de um site de rede social (SRS).

Embora os criadores de sites de rede social não tenham como controlar o vento, essa descoberta é bastante benéfica para os vendedores (neste caso, o criador do SRS e os diversos clientes que talvez queiram anunciar no site), porque mostra claramente que os acontecimentos do mundo real geram conteúdo no virtual.

O que é interessante para o nosso estudo é que o fator que deu início a todo o processo – a velocidade do vento – é um fenômeno do mundo real.

EM SÍNTESE

O mundo real coloca obstáculos entre nós e a realização do nosso objetivo, o que os economistas chamam de "atritos". Muitas vezes, necessitamos de informações importantes sobre o preço de produtos e serviços ou sobre a qualidade deles, e não as conseguimos (ou elas nos custam caro). Além disso, nem todos os produtos e serviços são oferecidos em todos os lugares.

A internet nos ajuda a superar alguns atritos, mas não os elimina por completo. Além disso, a internet cria alguns atritos próprios – por exemplo, o prazo de entrega e a dificuldade de experimentar um produto. Portanto, o mundo real e o virtual competem entre si e se complementam de maneira sistemática.

No mundo virtual, podemos obter todas as informações de que precisamos sobre uma incrível máquina de café expresso para o nosso novo apartamento – podemos verificar o preço e a disponibilidade do produto –, mas, mesmo assim, queremos ir à loja "sentir o cheiro do café" antes de fechar a compra. Nesse caso, usamos o mundo virtual no início da jornada, que só se completa no mundo real.

Quem mora na Filadélfia pode ler as últimas notícias do rúgbi tanto num site da Cidade do Cabo quanto em um de Sydney. Embora o "custo de viagem" a qualquer um dos sites seja nulo, a pessoa dá preferência a este último, porque o conteúdo é produzido num país mais próximo.

Entre todas os achados que vimos neste capítulo, esta me parece a mais intrigante. A gravidade influencia até nosso modo de consumir *conteúdo e informações no mundo virtual*!

Afirmamos, então, que preferimos consumir conteúdo produzido por pessoas que estão fisicamente próximas a nós. Aqui, não estou falando de pessoas que moram do outro lado da rua (abordaremos esse caso no próximo capítulo, "Adjacência"), mas em cidades ou países próximos.

Nos Capítulos 1 ("Geografia") e 2 ("Resistência"), expliquei por que o mundo real é tão importante e como ele interage e compete com o virtual para oferecer produtos, serviços e informação.

Uma das principais ideias desse capítulo é que, embora o mundo virtual elimine atritos, ele também está sujeito a alguns. Quando os pesquisadores começaram a estudar o mundo virtual, muitos presumiram que os atritos comuns do mundo real desapareceriam nesse novo meio. Não foi o que aconteceu.

Esses atritos ainda existem, muitos apenas esperando por uma forma criativa de mitigá-los. Na próxima parte do livro – a sequência A-V-I, adjacência, vizinhança e isolamento –, veremos como sabemos o que está disponível no mundo virtual, como nos conectamos com os outros por meio da internet e como superamos as carências do lugar onde moramos.

CAPÍTULO 3

ADJACÊNCIA

A importância da proximidade: interação individual, a mecânica da adjacência e os efeitos do bairro

AD.JA.CÊN.CIA sf.

Estado do que é adjacente a um lugar, próximo, contíguo.

No Capítulo 2, "Resistência", analisamos os atritos que o mundo real coloca entre nós e a obtenção do que queremos. Expliquei como o mundo virtual, às vezes, nos ajuda a superar esses atritos. Algumas vezes os dois mundos se complementam. Por exemplo, você visita o site de uma loja física para verificar se eles têm (em estoque) a máquina de café que você quer comprar e quanto custa.

Já ciente do preço e da disponibilidade, você vai até a loja e fecha a compra.

Outras vezes, o mundo virtual atua como um substituto melhor do mundo real, diante das opções disponíveis neste. Se, por exemplo, você quiser um livro específico, como *Richie McCaw: The Open Side*, para começar a ler quanto antes, o melhor a fazer é comprá-lo na Amazon e não se dar ao trabalho de ir até a nova livraria que abriram na sua rua. Isso porque, como as lojas físicas têm limitações de espaço e abrangência, elas dificilmente vendem produtos de baixa rotatividade.

A Amazon.com, portanto, compensa a falta de variedade local de livros sobre rúgbi.

Além desse tipo de interação econômica entre o mundo real e o virtual, existem importantes interações entre indivíduos motivadas pela proximidade. Isso inclui o relacionamento entre vizinhos, tanto no mundo real quanto no virtual, e o comportamento resultante dessa interação. Neste capítulo, mostro como a adjacência influencia o relacionamento entre as pessoas, o que dá certo, o que é percebido e o que é ignorado.

Em suma, veremos como a adjacência influi no que acontece no mundo real e no virtual e como esses dois mundos interagem. Vou começar explicando alguns princípios básicos da interação entre indivíduos adjacentes e, em seguida, apresento um modo mais formal de pensar em adjacência, em relação tanto a indivíduos quanto a lugares. Com essa base, analiso algumas pesquisas a respeito dos chamados efeitos do bairro e os padrões de comportamento resultantes da adjacência.

ADJACÊNCIA E INTERAÇÃO INDIVIDUAL

Antes de começar, preciso ressaltar uma importante conexão entre este capítulo ("Adjacência") e o próximo ("Vizinhança"). Neste capítulo, veremos o que acontece no mundo virtual como resultado da aproximação de indivíduos em termos de localização física. No capítulo seguinte, o foco é o que acontece quando indivíduos têm as mesmas características ou preferências, *independentemente do lugar onde eles moram.*

No Capítulo 1 ("Geografia"), vimos que, segundo Tiebout, indivíduos que moram numa mesma localidade muitas vezes têm as mesmas características e preferências. É verdade. Os dois próximos capítulos podem servir, então, como material complementar. Decidi começar com adjacência por dois motivos. Primeiro, a letra A vem antes da letra V na sequência do acrônimo GRAVITY, e segundo, o conceito de adjacência constitui uma base lógica para o conceito de vizinhança.

Comunicação entre indivíduos adjacentes

"O que tem de bom para o café da manhã?" e os quatro pilares da comunicação

Como você pode imaginar, a interação social é um assunto vastíssimo, com muitos componentes interessantes. Não vou entrar em todos os detalhes, mencionando apenas o que é relevante para o nosso propósito. Por exemplo, já sabemos há muito tempo que a propaganda boca a boca (um motivador comum de influência social) em geral é muito mais eficaz do que formas comerciais de comunicação, como anúncios publicitários.[1] Aqui, basta saber por que isso acontece e qual o papel vital da adjacência.

Estar próximo de alguém já pode ser bom, porque facilita a troca de informações. A proximidade também pode ser prejudicial, se as informações forem negativas ou inverídicas – voltaremos a este assunto em breve. O importante é lembrar – já darei exemplos – que a veracidade e a utilidade das informações no mundo virtual têm muito a ver com a localização física dos emissores e receptores.

Além disso, embora as informações sejam passadas de uma pessoa para outra, uma de cada vez, elas não precisam parar aí. Quem me falou a respeito do Café La Maude na Filadélfia foi o meu amigo Roland,[2] e, como adorei o lugar, eu o recomendei ao meu vizinho e amigo Lee.

Lee, por sua vez, deve ter recomendado o Café La Maude para alguns amigos também.

É natural que esse processo, facilitado pela adjacência, seja muitas vezes chamado de "contágio social". "Social" porque são pessoas interagindo e trocando informações, ou pelo menos observando o que os outros estão fazendo. E "contágio" porque a disseminação de ideias, hábitos etc. requer alguma forma de contato.[3]

Pense em informações trocadas entre vizinhos ou amigos que moram perto e que se comunicam diretamente. Quando entendemos essas ideias básicas, fica fácil compreender como o contágio social é influenciado pela tecnologia – por meio de avaliações online, mídia social etc. – e como isso acontece entre pessoas "adjacentes" em algum outro sentido (exploro melhor essa ideia no Capítulo 4, "Vizinhança"). O principal é que vamos entender como dois indivíduos que nunca se encontraram nem conversaram pessoalmente conseguem estabelecer uma relação. E, o que é mais importante, compreender como a milenar troca de informações no mundo real influencia o que está acontecendo no virtual (e vice-versa, até certo ponto).

Existem quatro ingredientes principais em um processo de contágio social por adjacência: *quem, onde, como* e *o quê*.

Só para ter uma ideia, "quem" se refere aos amigos e pessoas conhecidas que encontramos na rua; "onde" remete à localização; "como" diz respeito à forma, isto é, à comunicação direta (uma conversa cara a cara) ou à observação direta; e "o quê" se refere ao conteúdo. O elemento que une todos os outros em nossa análise é a localização física, o ingrediente que chamamos de "onde".

É muito fácil pensar em exemplos de contágio social em grande escala com pessoas completamente desconhecidas também. As mais de 2,6 bilhões de visualizações de "Gangnam Style", vídeo do artista Psy no YouTube que viralizou na internet no início de 2012, não são todas de familiares e amigos do cantor em Seul. Esse exemplo mostra que o contágio também pode ocorrer a grandes distâncias, mas agora quero me concentrar em distâncias menores, deixando a discussão da interação a longa distância para o Capítulo 4, "Vizinhança".[4]

O ingrediente "o quê" se refere à informação em si, e temos que prestar atenção em dois elementos relacionados a ele, começando pela riqueza da mensagem. Eu não disse simplesmente ao meu vizinho: "Vá ao Café La Maude!" Falei sobre alguns dos meus pratos preferidos no cardápio, o melhor horário do dia para ir até lá etc. No final, tivemos uma longa conversa sobre comida. Como o Lee e eu moramos na mesma localização física (o mesmo prédio) e o assunto da conversa (o restaurante) era local, minhas informações foram úteis para ele.

Em seguida, devemos levar em consideração se a informação foi positiva ou negativa. Nesse exemplo, foi muito positiva. Mas poderia ter sido negativa: "Não vá, em hipótese alguma, ao restaurante que fica na esquina da Walnut com a Broad!" Agora temos todos os ingredientes para definir o processo de contágio social: os participantes, sua localização, seu método de comunicação e o assunto tratado.

Elogios e críticas: as avaliações de nossos vizinhos (reais e virtuais)

Os atritos que impedem o fácil acesso a informações sobre produtos e serviços estão sendo rapidamente eliminados pela comunicação virtual. O que não falta na internet são avaliações e resenhas sobre todo tipo de coisa, desde a escolha do restaurante e do lugar para ir nas férias até modelos de carro. Um dos primeiros produtos a contar com avaliações online foram os livros. A propósito, Harriet Klausner, bibliotecária e prolífica crítica literária, avaliou mais de 25 mil livros sozinha![5]

A maioria de nós já comprou um livro online. (Talvez você tenha comprado este livro assim.) As pesquisas revelam que as avaliações são consultadas em 75% das compras realizadas, não só no caso de livros, mas de máquinas de lavar, fones de ouvido, carros, hotéis etc. Seja qual for o produto, haverá pelo menos uma avaliação que vai interessar a alguém. Em 2009, os norte-americanos fizeram mais de 170 bilhões de buscas relacionadas a decisões econômicas (de compra), um fato surpreendente sobre o qual falarei mais no Capítulo 6, "Topografia".[6]

Quem não quer saber o que é bom, o que é ruim e aquilo que nos parece indiferente? Não é de se espantar, portanto, que prestemos tanta atenção às avaliações dos leitores na hora de comprar um livro. Existem até sites que classificam possíveis parceiros e advertem contra determinados indivíduos! O DontDateHimGirl.com é um site onde a mulher pode encontrar "perfis de homens com fama de traidor", além de "artigos sobre encontros e relacionamentos, com conselhos para ajudá-las a tomar as melhores decisões na hora de buscar o homem certo".[7] Está disponível, então, um grande número de informações, tanto negativas quanto positivas. Detalhe: a avaliação média para os livros vendidos na Amazon é de 4,1 estrelas, quando a pontuação máxima é 5. Não somos todos bonzinhos?

Por algum motivo, as pessoas que avaliam os livros da Barnes And Noble são ainda mais generosas. A média lá é de 4,5 estrelas, e mais de dois terços das avaliações do site são cinco estrelas.[8]

De modo geral, parece que há mais informações positivas na internet do que negativas. Entre no Yelp, no TripAdvisor, no Expedia e em sites e aplicativos similares e descobrirá que quase tudo o que se diz nesses lugares é positivo. Ainda assim, as informações negativas têm um grande poder de destruição. Pesquisadores da Yale University verificaram que uma avaliação negativa não só afeta as vendas de um produto, mas também reduz o número de avaliações positivas.[9]

Se levarmos em consideração essas descobertas, lembrando que em geral há mais informações positivas, podemos afirmar que a propaganda boca a boca é tão eficaz quanto as críticas negativas, se não for mais.

Embora não faltem avaliações no mundo virtual, a questão de quais avaliações são lidas e quais são eficazes depende muito da localização física de quem escreve e de quem lê. Quando os avaliadores revelam suas informações, inclusive o local onde moram, os leitores passam a confiar mais no que está escrito.

Prestamos mais atenção em avaliações (e avaliadores) da nossa própria área do que em avaliações provenientes de outros lugares.[10]

Por quê?

A resposta reside em uma das nossas palavras-chave preferidas (e mais importantes) neste livro: homofilia. Como pássaros da mesma plumagem voam juntos no mundo real, concluímos que as pessoas que moram perto têm os mesmos gostos e preferências. Portanto, as informações do mundo virtual que mais valorizamos são aquelas produzidas por vizinhos do mundo real.

O mesmo princípio vale também para a compra e venda na internet: sentimo-nos mais à vontade negociando online com alguém que esteja próximo de nós no mundo real. Você deve entender bem o que estou falando, porque a maioria de nós já comprou ou vendeu alguma coisa no MercadoLivre. O ponto principal é que ficamos um pouco mais felizes quando a pessoa com quem estamos negociando mora na mesma cidade que nós.[11]

Informações do mundo virtual e o concorrente da frente

Acho que é isso é fácil de entender. Damos mais atenção às avaliações virtuais escritas por vizinhos no mundo real e preferimos negociar, seja comprar ou vender, com pessoas que moram perto de nós. Sentimo-nos mais próximas delas por conta disso.

Mas e se a avaliação não for confiável, mesmo (supostamente) vindo de perto?

O *The New York Times* publicou em 2012 que de cada três avaliações online, uma é falsa – uma informação determinada pelo especialista em mineração de dados Bing Liu. E outro grande empreendedor, Todd Rutherford, membro da Câmara dos Representantes dos Estados

Unidos, foi pego faturando cerca de US$ 30.000 por mês com a venda de avaliações falsas na internet![12]

Além desse tipo de falsificação no mundo virtual, existem certos vizinhos no mundo real que também não são flor que se cheire.

Vamos nos concentrar em como o mundo real pode nos dar pistas sobre a confiabilidade das informações. Imagine que você é dono de um hotel. Com base no que sabemos até agora, esse é um negócio que vai atrair avaliações. E, segundo as pesquisas, é bom você prestar atenção não só nas avaliações dos hotéis que ficam perto do seu, mas também em quem as escreve (explico o porquê em breve). Da mesma forma, se você estiver pensando em se hospedar em determinado hotel, provavelmente vai querer saber um pouco sobre outros hotéis da região.

Um brilhante estudo realizado por pesquisadores da University of Southern California e Yale University focou avaliações de dois sites, o TripAdvisor e o Expedia, revelando que certos tipos de falsificação virtual estavam atrelados à localização física dos avaliadores e do público-alvo das avaliações.[13] Os pesquisadores também descobriram que um dos dois sites têm mais avaliações falsas do que o outro. Aqui vai uma pista de qual: embora os avaliadores do Expedia possam escrever o que quiserem sobre determinado hotel, essa opção só aparece para eles se seu número de cartão de crédito estiver vinculado a uma reserva feita nesse hotel nos últimos seis meses.

Isso mesmo: eles só podem fazer uma avaliação se tiverem se hospedado no hotel recentemente. No TripAdvisor, basta o sujeito concordar com uma espécie de "código de honra".[14]

Como se diz por aí, falar é fácil.

Os pesquisadores, então, concluíram que as avaliações do Expedia devem ser mais próximas da "verdade", em comparação com as do TripAdvisor, já que o Expedia pode, de certa forma, verificar a procedência do avaliador, e o TripAdvisor não. E esse é o ponto principal da pesquisa, que vale também para outros sites: devemos confiar mais nos sites que têm algum tipo de mecanismo de verificação embutido.

Em seguida, os pesquisadores analisaram os famosos gráficos de barras de milhares de hotéis nos dois sites, concentrando-se nas avaliações extremas: positivas (cinco estrelas) e negativas (uma estrela). O que eles queriam verificar é se um hotel, como o Le Méridien em San Francisco, tinha mais avaliações de uma estrela em um site do que no outro.

A desonestidade faz parte da natureza humana, como os próprios pesquisadores observaram.

> As avaliações online poderiam, em princípio, ajudar bastante os consumidores a tomar decisões de compra. No entanto, a autenticidade das avaliações que encontramos na internet continua sendo um problema. As empresas são incentivadas a fabricar avaliações positivas para os seus próprios produtos e avaliações negativas para os da concorrência.[15]

Conforme se constatou, a localização física dos hotéis faz diferença. Os hotéis independentes, que teriam mais a ganhar com avaliações falsas, registravam mais avaliações de cinco estrelas no TripAdvisor do que no Expedia. O objetivo aqui não é prejudicar nem criticar os donos de hotéis independentes, mas ressaltar que esses estabelecimentos são diferentes das grandes redes, que costumam contar com gerenciadores que conseguem punir a falsificação. Além disso, os gerentes dos grandes hotéis normalmente têm menos interesse pessoal no sucesso da empresa do que o dono de um hotel pequeno.

Outra descoberta foi que os hotéis próximos a esses com mais incentivo à falsificação tinham muito mais avaliações de uma ou duas estrelas no TripAdvisor do que no Expedia. Portanto, embora sua reputação seja virtual, sua localização no mundo real importa, e muito.

A primeira vez X a próxima vez

As conversas que se dão num processo de contágio social, seja no mundo real seja no virtual, em geral são muito persuasivas e também muito úteis para os consumidores, pois reduzem um dos dois principais atritos que existem, o da busca, que vimos no Capítulo 2, "Resistência".

Como resultado, novos negócios que reduzem atritos podem ser extremamente valiosos. Se você duvida, lembre que o TripAdvisor é uma empresa de capital aberto avaliada em US$ 12 bilhões (com "b" mesmo), e a maior parte de seu conteúdo é fornecida por nós! Além disso, como falamos, a localização física de quem escreve e lê avaliações desempenha um papel fundamental no modo como as informações são utilizadas e em sua credibilidade. Isso inclui a localização de vizinhos (como o Lee), a de avaliadores anônimos e outras pessoas que postam avaliações no MercadoLivre e a de vendedores individuais em relação à localização de seus concorrentes.

Portanto, se meu amigo Lee me falar de um lugar na nossa rua que serve uma comida ótima, é quase certo que eu vá até lá. Esse ponto levanta algumas considerações finais (pelo menos para o nosso propósito) sobre contágio social. O que o Lee diz tem grande poder de persuasão antes de eu experimentar o que ele recomenda. Isso significa que as conversas são mais eficazes quando a pessoa que está recebendo a informação ainda não conhece o produto ou serviço recomendado.

Para que as conversas do mundo real sobre determinado produto tenham efeito nas compras virtuais, o produto em si tem de mostrar a que veio. Depois que experimentamos algo, podemos formar uma opinião, e a propaganda boca a boca inicial se torna menos relevante. Vi isso acontecer no caso de um supermercado norte-americano que vende produtos pela internet. Antes de experimentar o serviço, um indivíduo é influenciado pelo número de pessoas a sua volta que o experimentou. Ou seja, quanto mais pessoas tiverem experimentado, maior a probabilidade de que ele experimente também.

Isso ocorre por dois motivos.

Primeiro, por causa da homofilia. Pessoas de uma mesma localização, com renda, acesso a lojas e níveis educacionais similares, são atraídas por um vendedor da internet no mesmo grau. A adjacência, então, faz toda a diferença, pois se um comprador de determinada localização gostar de um vendedor virtual específico, provavelmente seus vizinhos também gostarão. Segundo, por causa das características do contágio em si. As pessoas ficam sabendo do serviço por meio dos outros.

Agora, novas informações sobre um produto ou serviço que se espalham por meio de contágio no mundo real importam mais para um indivíduo em sua primeira compra. Uma vez que ele já experimentou o produto, a decisão de continuar comprando não sofre nenhuma influência dos vizinhos.[16]

Observações entre indivíduos adjacentes

É claro que nem toda ideia que se espalha ou produto que faz sucesso depende da propaganda boca a boca. A imitação também é um poderoso instrumento do contágio social. O que quero dizer com isso é que um indivíduo pode simplesmente observar o comportamento de outro e imitá-lo.

Já mais para o final de 2001, o iPod foi lançado. O visual todo branco do aparelho e dos fones de ouvido causaram um grande impacto. Durante anos, nas grandes cidades dos Estados Unidos, a Apple colocou outdoors com a silhueta preta de uma pessoa em contraste com a brancura de sua nova engenhoca.

No segundo semestre de 2002, eu ouvia música no trem todos os dias de manhã a caminho do MIT. É bem provável que algumas das pessoas que viajavam comigo no vagão reparassem no iPod que eu usava. Os consumidores de um produto acabam fazendo propaganda dele mesmo sem perceber, só por usá-lo, influenciando quem estiver por perto.

Toyotas brancos, restaurantes vazios e Red Bull

Se alguém foi a Tóquio no final da década de 1980, deve ter reparado que quase todos os carros na rua eram brancos. De fato, mais da metade dos carros vendidos para clientes individuais em Tóquio era dessa cor na época. Nesse caso específico, há outra questão que influencia a escolha: se a maioria das pessoas está comprando carro branco, o sujeito dificilmente conseguirá um bom preço pelo seu Toyota verde-limão.

Já falei bastante sobre homofilia neste livro. É um conceito tão útil que vale a pena ver mais um exemplo. A maioria de nós copia os vizinhos geográficos na hora de comprar produtos publicamente visíveis. Isso é verdade, sobretudo, no caso de artigos como os carros, que têm um mercado secundário de revenda.

Pesquisadores da Ohio State University verificaram que as compras de automóveis acontecem em blocos: é mais provável que compremos o modelo que nossos vizinhos usam – um carro da mesma marca, com as mesmas características. Ou seja, os aspectos demográficos da região em que vivemos ajudam a explicar escolhas *pessoais*![17]

Além de "copiar" os vizinhos, sabemos, por experiência própria, que muitas vezes seguimos a multidão, mesmo sem saber que multidão é essa. Se você passar por dois restaurantes, um cheio e outro vazio, em qual dos dois você vai entrar? Provavelmente no que está cheio. A quantidade de gente é um "sinal" de que aquele restaurante deve ser melhor que o outro.

Os fabricantes do energético Red Bull valeram-se da mesma ideia. Em diversas universidades dos Estados Unidos, os alunos mais populares receberam caixas de Red Bull para distribuir nas festas que organizavam. DJs de casas noturnas badaladas foram incentivados a tomar Red Bull. Os donos dos bares costumam deixar a latinha vazia à vista dos clientes.

A Starbucks e a Dunkin' Donuts gostam quando seus clientes pedem café para viagem, pois os copos com o símbolo da loja podem ser vistos pelos outros. Quem nunca sentiu uma "vontade" repentina de tomar um café ou de comer uma rosquinha? A estratégia funciona. As calças da Bonobos são famosas por um detalhe nos bolsos de trás, sendo facilmente reconhecidas por aficionados da marca e despertando a curiosidade em outras pessoas.[18]

Mensagens do céu

Como sabemos, às vezes, descobrimos as novidades sozinhos; outras, ficamos sabendo por meio de outras pessoas. Mas a maneira como adquirimos novas informações, seja qual for o caminho, depende muito da nossa localização física. Esse princípio aparece numa incrível experiência, realizada em Birmingham, Alabama, na década de 1950.[19] Como muitas vezes a tecnologia evolui mais rápido que alguns comportamentos humanos fundamentais, é bom rever essas descobertas clássicas!

No estudo, mais de 300 mil folhetos (cerca de um por morador) foram jogados de um avião sobre a cidade. O folheto continha instruções para preenchimento e envio por correio. Aproximadamente 7% dos folhetos (um pouco menos de 20 mil) foram remetidos para os pesquisadores, o que é uma taxa de resposta muito boa.

Dos folhetos remetidos, 55% estavam associados à difusão física, isto é, a pessoa encontrou o folheto no chão, o preencheu e postou no correio; os 45% restantes foram respondidos por conta da chamada difusão social (a pessoa soube do folheto por alguém). Ou seja, algumas pessoas viram os folhetos e decidiram seguir as instruções, enquanto outras passaram o folheto para amigos, que fizeram o que estava sendo pedido no papel.

Uma experiência relacionada levou a uma descoberta complementar em Seattle. As pessoas que preencheram imediatamente o folheto moravam, em geral, bem embaixo de onde havia ocorrido o lançamento, enquanto aquelas que souberam do folheto por meio de um amigo moravam a certa distância.

Portanto, no mundo real, proximidade e transmissão social andam de mãos dadas. É por isso que os produtos e serviços oferecidos na internet podem se beneficiar da adjacência entre as pessoas no mundo real.

No Capítulo 6 ("Topografia"), explicarei com mais detalhes como a transmissão social acontece no mundo virtual. Só para dar um gostinho, a relevância e o valor das informações online dependem, em parte, da localização dos emissores e receptores – e das semelhanças entre essas localizações.

OS MECANISMOS DA ADJACÊNCIA

O famoso estatístico George E. P. Box disse certa vez: "Em essência, todos os modelos são errados, mas alguns deles são úteis".[20] Esse é o espírito da minha abordagem nesta seção. Vamos examinar alguns modelos simples, mas poderosos, que dão ao leitor a capacidade de pensar em adjacência de maneira prática e embasada, com respaldo de rigorosas pesquisas acadêmicas. Apresento a relação de adjacência entre códigos postais (para facilitar a explicação), mas o que veremos abaixo se aplica também à relação entre pessoas.

Adjacência entre códigos postais de uma determninada área

Para saber como a adjacência – tanto no mundo real quanto no virtual – gera padrões de comportamento específicos, precisamos entender as formas mais básicas de relação de adjacência.

Repito, o conceito que apresento abaixo se aplica praticamente a qualquer objeto de estudo – pessoas, códigos postais, redes de comunicação etc. –, mas me concentrarei nos códigos postais, afinal, este livro é sobre localização!

O código postal padrão nos Estados Unidos faz fronteira com cerca de cinco outros códigos. Os códigos postais adjacentes a lagos ou oceanos (Canadá e México) têm menos fronteiras compartilhadas, enquanto os códigos postais de áreas metropolitanas têm mais. A seguinte explicação é um pouco técnica, mas tenha paciência. Os conceitos apresentados são úteis e esclarecedores.

A figura 3.1 nos serve de exemplo. Ela mostra quatro códigos postais diferentes de determinada área (no canto superior esquerdo) e nos dá outras informações.

Figura 3.1

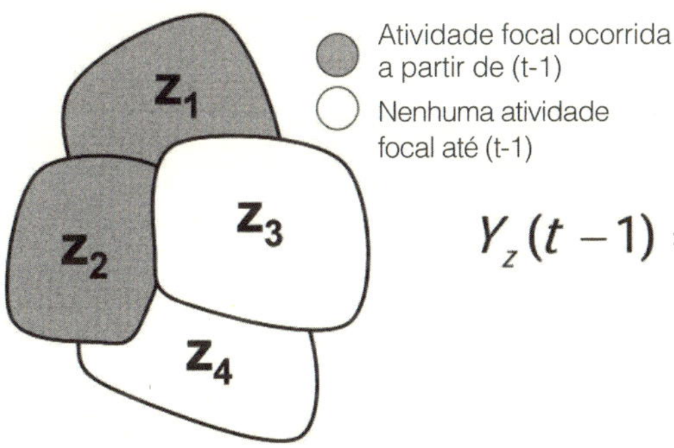

$$Y_z(t-1) = \begin{pmatrix} 1 \\ 1 \\ 0 \\ 0 \end{pmatrix}$$

$$C = \begin{pmatrix} 0 & 1 & 1 & 0 \\ 1 & 0 & 1 & 1 \\ 1 & 1 & 0 & 1 \\ 0 & 1 & 1 & 0 \end{pmatrix} \xrightarrow{\text{Padronização das Linhas}} W = \begin{pmatrix} 0 & 1/2 & 1/2 & 0 \\ 1/3 & 0 & 1/3 & 1/3 \\ 1/3 & 1/3 & 0 & 1/3 \\ 0 & 1/2 & 1/2 & 0 \end{pmatrix}$$

Conectando códigos postais para formar um bairro

O código postal número 1 faz fronteira com o número 2 e o 3. O código postal 2 faz fronteira com os outros três códigos postais, assim como o código postal 3. O código postal 4, como o código postal 1, está conectado somente com os números 2 e 3.

Como podemos representar o conjunto de relações nesse agrupamento?

Uma vez que são quatro códigos postais, criaremos uma matriz de quatro linhas (uma para cada código postal) e quatro colunas (uma para cada código postal com o qual outro código pode se conectar). Há 16 (4 x 4) elementos nessa matriz, um para cada conexão entre códigos postais. Por convenção, todos os elementos que estão na "diagonal" (ou seja, linha 1, coluna 1; linha 2, coluna 2; linha 3, coluna 3; linha 4, coluna 4) são zero. Isso significa apenas que um código postal não está "conectado" consigo mesmo.

Faz sentido, não?

Para entender como a adjacência está intimamente ligada à influência, vamos observar a linha do código postal número 1.

O primeiro elemento (linha 1, coluna 1) é zero, dada a convenção de que todos os elementos da diagonal são zero, porque o código postal, como já dissemos, não pode estar conectado consigo mesmo. Em seguida, nas colunas 2 e 3, o elemento é 1. Isso porque o código postal número 1 está conectado tanto com o 2 quanto com o 3. Por fim, como você já deve ter imaginado, o elemento da coluna 4 é zero, porque os códigos postais 1 e 4 não estão conectados entre si.

A matriz que sintetiza todas as relações entre os quatro códigos postais está no canto inferior esquerdo da figura 3.1. Esse é um tipo bastante simples de matriz de associação (ou de contiguidade). O elemento é zero se o par de códigos postais indicados não fizer fronteira um com o outro, e 1 se fizer.

Em outras palavras, a matriz mostra que códigos postais são contíguos ou adjacentes entre si. Embora eu tenha demonstrado com códigos postais, podemos ver como essa ideia se aplica a outro objeto de estudo.

Pessoas, por exemplo.

Imagine que estamos estudando quatro pessoas no Facebook, tentando descobrir quem está influenciando quem. Aplicando esse modelo – digamos que as pessoas se chamem Alice (número 1), Breno (número 2), Caroline (número 3) e Daniel (número 4) –, ao substituir os códigos postais de 1 a 4 na figura 3.1 por pessoas, podemos dizer que Alice e Daniel não se conhecem, enquanto Breno e Caroline conhecem todo mundo.

Adjacência e influência

Agora que vimos uma maneira de definir códigos postais vizinhos ou adjacentes (ou indivíduos numa rede social), quero mostrar algumas formas diferentes de medir a influência que um código postal está sofrendo dos outros a sua volta.

Voltemos à figura 3.1.

No canto superior esquerdo da figura, os códigos postais 1 e 2 estão sombreados. O motivo disso é que, no final do último período de observação (tempo "t-1"), a atividade focal – digamos, a compra de alimentos online – já havia ocorrido nessas localizações. Os códigos postais 3 e 4 não estão sombreados porque ainda não havia ocorrido compra online nessa área. Essa mesma informação está representada no vetor à direita do desenho, onde 1 indica que a atividade ocorreu nos dois primeiros códigos postais e zero indica que a atividade não ocorreu nos últimos dois. (O vetor tem quatro linhas, uma para cada código postal.)

Vejamos o caso do código postal número 3, onde ainda não ocorreu a atividade focal, para tentar entender a "pressão" da adjacência. Há três códigos postais adjacentes – os números 1, 2 e 4 –, e, como sabemos, são os que exercem influência sobre o que acontece no código número 3.[21] Como o objetivo é determinar as relações físicas e a influência direta de um código postal sobre outro, só aqueles que estão conectados nos interessam aqui.

A conclusão mais simples que podemos tirar é que cada código postal será influenciado em igual medida, dependendo do número de vizinhos que tiver. O código postal número 3 tem três vizinhos. Portanto, como ponto de partida, podemos dizer que cada vizinho exerce 33% de influência sobre o que acontece ali. O código postal número 4, por outro lado, tem dois vizinhos diretos (os números 2 e 3), e, por isso, cada um deles exerce 50% de influência.

A figura 3.1 coloca em prática esse conceito de "igualdade de influência". No canto inferior direito da figura, você verá que a soma das linhas da matriz de contiguidade padronizada sempre dá 1. Nada mais lógico: a quantidade total de influência exercida sobre determinada localização por seus vizinhos é 100%.

Relações de influência

Existem literalmente dezenas de outras maneiras de definir as relações de influência. Imagine que a influência de um código postal sobre outro seja proporcional ao número de moradores dos códigos postais que influenciam os outros. Digamos que o código postal número 2 tenha quatro vezes a população do código postal 3. Poderíamos, então, substituir o 1/2 e 1/2. entradas que estão na linha 4 da figura 3.1 por , por 4/5 e 1/5. Outras maneiras de definir as relações de influência seriam as distâncias em quilômetros entre os centros dos códigos postais, o tamanho relativo da população etc. Se estivermos falando de pessoas, o grau de influência pode ser medido por dinheiro, status, número de amigos etc.

Detalhes técnicos à parte, agora conhecemos um conceito muito importante para explorar e quantificar a influência da adjacência do mundo real sobre nosso modo de pesquisar, comprar e vender no virtual.[22] Aprendemos uma forma bem estruturada de relacionar entre si diferentes elementos do mundo real – no caso, lugares –, vinculando-os, então, a atividades virtuais.

Como sabemos que indivíduos adjacentes conversam entre si e copiam uns aos outros, quando alguma atividade do mundo virtual (postar fotos no Pinterest ou comprar aparelhos de barbear no Harrys.com, por exemplo) começa a se consolidar em determinada localização do mundo real (como PA 19104, código postal da Filadélfia), temos uma maneira de descobrir para onde essa atividade deve ir em seguida.

Imagine, por exemplo, que tenhamos visto os kits de barbear do Harrys.com espalhando-se como fogo ao vento nos códigos postais 1 e 2. Por causa da proximidade física entre os códigos 3 e seus vizinhos (os códigos 1 e 2), podemos presumir que não demorará muito para que as vendas comecem a ocorrer no código postal número 3.

Eis o ponto principal: as localizações físicas podem ser definidas não somente em termos de características, mas também de espacialidade e inter-relação. Como duas pessoas que moram em bairros vizinhos provavelmente também são semelhantes em alguns outros aspectos, não é difícil imaginá-las influenciando-se mutuamente quanto a ideias, modas e tendências.

Na verdade, existem diversos padrões que podemos esperar encontrar, dependendo do tipo de produto ou serviço observado.

OS TIPOS DE LOCALIZAÇÃO

Antes de explicar com detalhes como os padrões de disseminação acontecem, vamos examinar um pouco melhor as formas de caracterizar as localizações físicas.

Localização física: o bairro

Damos bastante importância ao lugar onde moramos – casa ou apartamento –, mas, para o nosso estudo neste livro, o que mais importa é o bairro, ou seja, o lugar onde grupos de indivíduos com gostos e interesses semelhantes se reúnem e interagem entre si.

A interação das pessoas nesse tipo de localização pode ser íntima – uma conversa depois do trabalho sobre os projetos da semana – ou acidental. A interação acidental acontece em bares, cafeterias, lojas e até no supermercado. Elas são oportunidades de saber sobre novidades. E, como acabamos de ver, isso ocorre por meio da interação ou da observação.

Características do bairro e interação

A estrutura física do bairro é importante porque determina como as informações são transmitidas entre localizações adjacentes e qual a probabilidade de haver interação entre os indivíduos.

Três pontos são fundamentais.

Primeiro, a densidade demográfica – quanto mais pessoas houver ali, maior a probabilidade de contato acidental. O metrô fica mais cheio (o próprio fato de existir um metrô já indica densidade); há mais pessoas nos restaurantes e andando pelas ruas.

Segundo, como regra, quanto mais pessoas houver nas cercanias, mais opções físicas de interação você vai ter. Conforme observado no Capítulo 1, essa situação também remete à questão do que veio primeiro, o ovo ou a galinha: quanto mais pessoas, mais lojas (porque é interessante para as lojas); quanto mais lojas, mais pessoas (porque é interessante para as pessoas).

Terceiro, é importante levar em consideração as características das pessoas em si. Alguns bairros são mais homogêneos, enquanto outros são mais diversificados. A semelhança entre os habitantes faz diferença, porque, em um bairro diversificado, em que há pessoas com diferentes gostos e preferências, há maior variedade de opções.

Por outro lado, em bairros homogêneos, vemos uma maior coesão física. Se todos os moradores de determinado bairro forem católicos de meia-idade com filhos, o lugar provavelmente terá um bom número de escolas e igrejas. Os moradores também podem ter a mesma tendência política, gostar das mesmas comidas ou vibrar com o mesmo esporte.

Conforme mencionado no Capítulo 1, "Geografia", a coesão de determinada localização reflete-se no nível de capital social do lugar.[23] Vale lembrar que, em termos simples, o capital social representa o grau de interação e confiança entre os membros de uma comunidade local. Alguns lugares apresentam um elevado grau de capital social – as pessoas interagem com frequência, têm uma boa relação e se preocupam umas com as outras –, enquanto em outros lugares, é cada um por si!

Mapeando o mundo real por meio de códigos postais

Até aqui fui bastante informal, mas para descrever o processo de disseminação física, preciso definir o que quero dizer com "bairro".

Por mais pedante que possa parecer, determinar onde começa e onde termina um lugar nem sempre é fácil. Por uma questão de conveniência, e, claro, para manter a coerência com a figura 3.1, definirei bairro de acordo com o código postal.[24]

O momento não poderia ser mais oportuno, já que 2013 marca o 50º aniversário dos códigos postais de cinco dígitos nos Estados Unidos e o 30º aniversário do código postal de nove dígitos, especificando melhor a localização.

CA 90210 ou PA 19104?

Nos Estados Unidos, existem mais de 40 mil códigos postais. Embora eles nem sempre sejam uma indicação perfeita de uma localização, constituem um sistema bastante útil graças à infraestrutura que se gerou em torno dele. Profissionais de marketing, corretoras de seguros, agências de crédito e até partidos políticos se baseiam nos códigos postais para atingir seu público-alvo.

Alguns códigos postais chegam a ser inspiradores – quem não gostaria de ao menos visitar um lugar cujo código postal é CA 90210 (Los Angeles)? Os números aumentam da Costa Leste para a Oeste. O código postal de Cambridge, Massachusetts (onde fica a Sloan School of Management), é 02142, enquanto o código postal de Westwood, Califórnia (onde fica a UCLA), é 900024. Lugares com código postal maior também costumam ser maiores.

Às vezes, dependendo da pergunta que estamos fazendo, vale a pena focar bairros que sejam maiores, ou menores, do que aqueles formalmente definidos pelos códigos postais. Nos Estados Unidos, as regiões de recenseamento são as "pequenas subdivisões, relativamente permanentes, de um condado".[25] Cada região de recenseamento tem cerca de 4 mil habitantes, e eles em geral têm as mesmas características em termos de renda, nível educacional e etnia.

Outras vezes, desejaremos focar áreas maiores, como as metropolitanas. Uma área metropolitana nos Estados Unidos reúne centenas de códigos postais e abrange uma cidade relativamente grande, como a Filadélfia, assim como as regiões ao redor. No caso da Filadélfia, a área metropolitana inclui não só a própria cidade, mas também as vizinhas Camden, em Nova Jersey, e Wilmington, em Delaware.

De qualquer maneira, o ponto é que nem todo mundo que mora em MA 02142 ou CA 90024 é igual, mas os moradores de determinado código postal têm, sim, as mesmas características (em termos de renda e nível educacional, por exemplo) e, num âmbito mais sutil, apresentam preferências semelhantes. Muitos habitantes de Cambridge, Massachusetts, por exemplo, gostam do time de beisebol Boston Red

Sox e talvez tenham um nível educacional um pouco superior ao dos habitantes de Westwood, Califórnia, que, por sua vez, preferem o basquete dos Lakers e se interessam mais por cinema. Quem mora em MA 02143, provavelmente será mais parecido com o pessoal da localidade vizinha MA 02142 do que com os habitantes de CA 90025.

Códigos postais e o mundo real na prática

Depois que sabemos um pouco sobre os moradores de determinado código postal e o que existe ali em termos de infraestrutura física (lojas, bares, restaurantes etc.), temos uma boa base para compreender o comportamento online desses moradores. As opções do mundo real nos revelam bastante sobre as preferências e os hábitos de interação dos habitantes de um lugar.

Indústrias inteiras, a começar pelo censo governamental, são construídas em torno do trabalho de coletar dados sobre códigos postais. E digo mais: todo mundo que compra ou vende pela internet dá ou recebe informações de código postal na hora de preencher o endereço de cobrança e entrega.

Ou seja, temos uma "unidade de análise", o código postal, bem definida e amplamente utilizada – propriedades bastante atraentes para desenvolver modelos e ideias que expliquem a interação entre o mundo real e o virtual. Não importa que os códigos postais sejam medidas arbitrárias. Eles são úteis assim mesmo.

EFEITOS PRÁTICOS DO BAIRRO

Já expliquei o significado da adjacência em relação à homofilia e sua influência. Vamos ver, então, como esses conceitos se aplicam na prática.

Área de atuação comercial no mundo real e o princípio gravitacional

Quando começamos a copiar os vizinhos e trocar ideias com eles, vemos surgir alguns padrões. Vou apresentar uma síntese de tudo o que discutimos até agora com um exemplo bastante simples – a compra de gêneros alimentícios –, que é algo com o qual todos nós podemos nos identificar.

Antes da existência do mundo virtual, era preciso ir às lojas físicas para comprar o que queríamos. Aliás, mesmo após o advento da internet, a maioria de nós ainda faz compras em mercados locais. Joost van der Laan, da RetailEconomics.com, relata que, em 2012, menos de 1% das transações comerciais do setor nos Estados Unidos eram realizadas online.[26]

Há um crescente otimismo em relação ao futuro (na introdução, comentei que a Amazon Fresh está crescendo bastante nessa área), mas, ainda assim, a porcentagem de compras de alimentos pela internet em 2013, como diria meu amigo Pete Fader, da Wharton, "está próxima do que era em 1813".

Princípios básicos: compra de gêneros alimentícios no mundo real e no virtual

A família padrão norte-americana costuma ir a dois ou três supermercados comprar comida, material de limpeza e utensílios domésticos, e os supermercados são ótimos exemplos do conceito de área de atuação comercial.

A área de atuação comercial nada mais é do que a unidade geográfica com todos os clientes de determinada loja (restaurante, cinema, posto de gasolina etc.). Como demonstrei antes, todas essas áreas estão sujeitas à gravidade, sendo definidas por ela. No caso dos clientes que moram perto, a atração é grande. Quando o indivíduo mora distante, a loja não tem poder de atraí-lo.

Vejamos a cadeia de supermercados Dominick's Finer Foods, de Chicago. A Dominick's tem uma loja no código postal 60603 (Chicago, Illinois) que atrai clientes de 72 códigos postais diferentes.

Não é de se espantar que todos eles sejam de Illinois. Na verdade, se não há clientes nem do outro lado de Chicago, imagine se haveria de St. Louis. Tudo muito lógico, eu sei, mas estou insistindo um pouco nesse ponto para mostrar o contraste com o que acontece online.

Como a força gravitacional que uma loja exerce sobre nós diminui com a distância, os custos de viagem à loja aumentam.

Quanto mais longe, mais tempo, mais gasolina, mais trabalho.

Infelizmente, os benefícios (preço, variedade, serviço) não mudam com a distância, o que equivale a dizer que eles não são afetados pela gravidade. O pessoal da Dominick's não dirá a um cliente: "Uau, você atravessou Chicago para vir até aqui! Vou lhe dar 50% de desconto no total das suas compras, e você ainda terá a comodidade de tomar um bom café enquanto nossa equipe coloca os seus produtos no carrinho".

Como os custos aumentam e os benefícios não, a relação custo-benefício se torna cada vez mais desvantajosa com a distância. Portanto, como vimos no Capítulo 1 ("Geografia"), se todos os outros fatores forem iguais, quanto mais longe estivermos de uma loja física, menor a probabilidade de irmos até ela. Como mostrarei em breve, esse princípio, além de se aplicar à atração das lojas virtuais também, é o que torna a adjacência do mundo real tão importante para os vendedores virtuais.

Agora que sabemos o que significa área de atuação comercial no caso de lojas físicas, estamos aptos a compreender a diferença em relação às lojas online e qual a importância da adjacência do mundo real para as vendas no mundo virtual. Vamos continuar com o exemplo dos gêneros alimentícios para facilitar a explicação, mas esse princípio vale para diversas áreas.

Em maio de 1997, Ari Sabah e seus colegas fundaram a Netgrocer.com, com o lema "Alimentos e muito mais, na porta da sua casa!". A empresa, que está sediada em Nova Jersey e testemunhou a ascensão e a queda da internet, certamente não sobreviveu esses anos todos atendendo somente a uns 70 códigos postais ao redor do código 07306. A área de atuação do site Netgrocer.com é muito diferente da área de atuação da Dominick's Finer Foods no 60603. A Netgrocer.com pode atender clientes de qualquer código postal dos Estados Unidos, contanto que tenha como fazer o produto chegar lá.[27]

O maior desafio da Netgrocer é atrair clientes, mas abordaremos esse assunto nos capítulos 5 ("Isolamento") e 6 ("Topografia"). Voltando a maio de 1997, o mês de inauguração, a Netgrocer tinha clientes em 34 códigos postais diferentes, um pouco menos da metade da abrangência da Dominick's Finer Foods em Chicago.

Avanço rápido.

Cerca de três anos e meio depois (em janeiro de 2001), a Netgrocer.com atendia clientes em mais de 18 mil códigos postais![28] Não estou dizendo que os clientes compravam produtos toda semana ou todo mês no site, mas, em algum ponto nessa trajetória inicial da empresa, esses clientes compraram alguma coisa desses lugares.

O mundo real e os padrões de venda das empresas virtuais

Mais interessante do que a área de atuação da Netgrocer é a forma como a empresa se desenvolveu ao longo do tempo. A figura 3.2 mostra a rápida expansão territorial que ocorreu num período de três anos. Embora apresente o crescimento da área de atuação da Netgrocer, a figura não revela o mecanismo de adjacência que está por trás.

Adjacência e difusão

Apesar de atender a poucas centenas de códigos postais no final de julho de 1997, nos meses subsequentes a empresa expandiu consideravelmente sua área de atuação. Será que esses novos códigos postais passaram a ser atendidos de maneira aleatória ou houve algum tipo de padrão de expansão? No caso de uma expansão aleatória, os códigos postais teriam de estar distribuídos igualmente por todo o país. Caso contrário, a inclusão de um código postal na área de atuação da empresa não estaria relacionada com o seu tamanho – códigos postais com mais gente atraindo novos clientes – ou algum outro fator como renda ou nível educacional?

O que aconteceu pode ser visto detalhadamente na figura 3.3.

Os três pares de imagens da figura 3.3 (à esquerda, a costa Oeste dos Estados Unidos; à direita, a costa Leste) mostram a expansão da área de atuação da Netgrocer, mês a mês. As áreas sombreadas são aquelas onde há clientes. O primeiro par de imagens mostra como a empresa começou. Os dois pares seguintes mostram sua evolução ao longo do tempo.

Se prestarmos atenção, veremos que os novos códigos postais em geral são localizações contíguas aos códigos postais já existentes.

O que vemos aqui numa pequena escala (apenas partes das costas Leste e Oeste) foi o que aconteceu em *todo* o país. Novos clientes surgiam em áreas adjacentes àquelas onde já havia clientes.

Figura 3.2

a. Dezembro de 1997

b. Dezembro de 1998

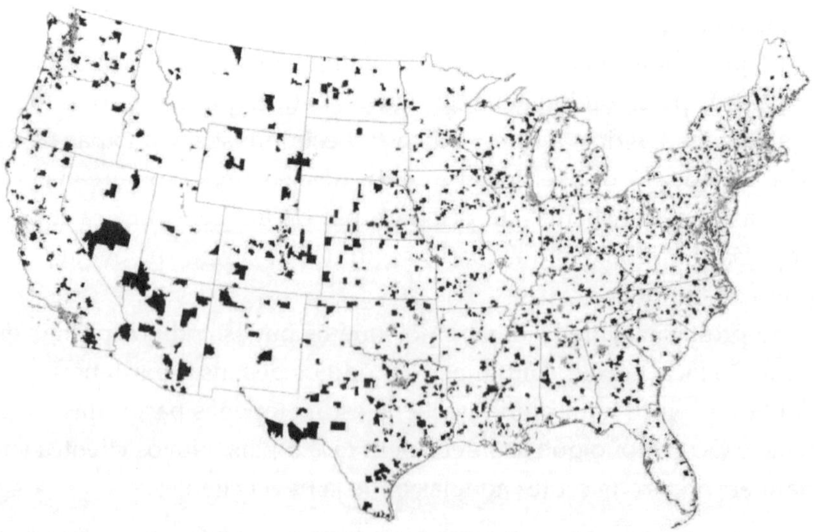

c. Dezembro de 1999

d. Dezembro de 2000

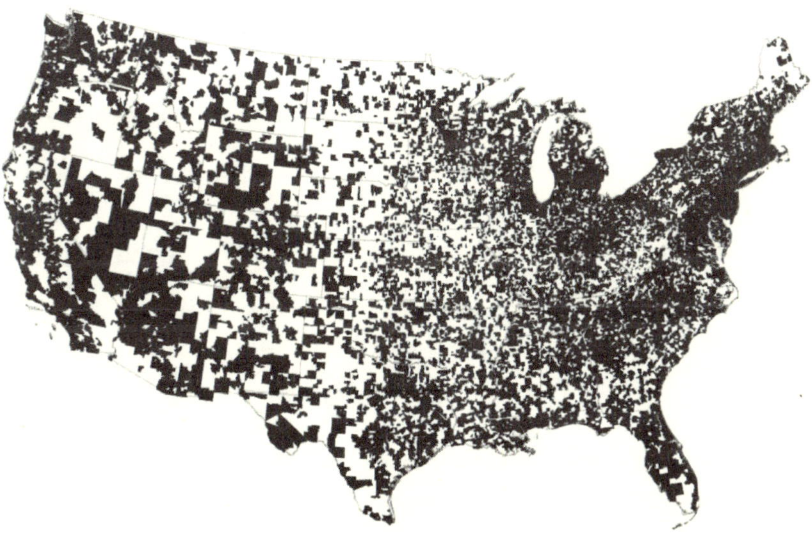

Figura 3.3

Junho de 1997

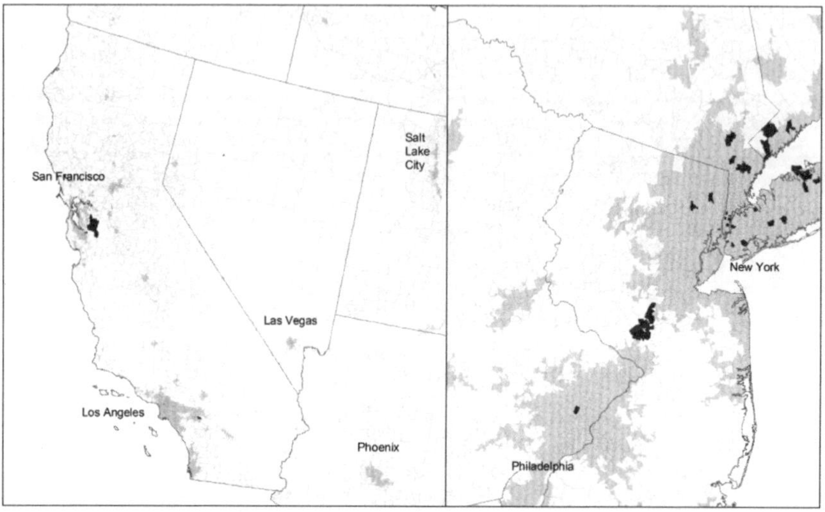

Setembro de 1997

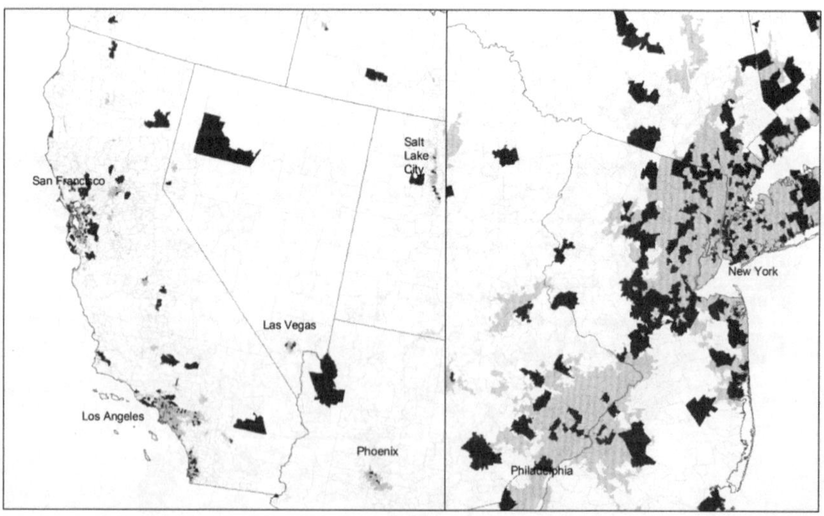

Dezembro de 1997

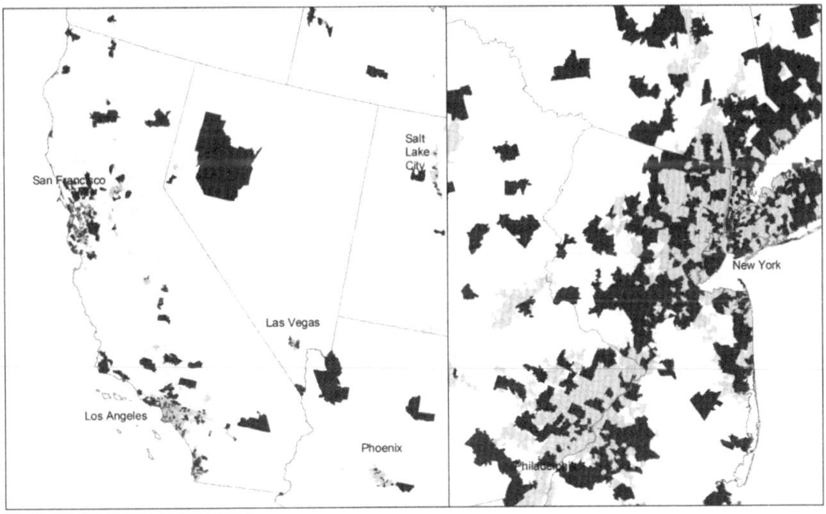

"Espera aí!", você me diz. "Mas esse padrão se explica pela homofilia, aquela ideia de que pássaros da mesma plumagem voam juntos! Pessoas que moram em uma mesma localização têm características e preferências similares, incluindo a questão do acesso a lojas físicas, e é por isso que elas são atraídas à Netgrocer.com quase ao mesmo tempo."

Você está (parcialmente) certo.

Quando examinei os dados mais a fundo (do ponto de vista estatístico), verifiquei que os códigos postais com clientes de maior renda e nível educacional experimentavam a Netgrocer.com antes que os clientes de outros códigos postais. Esses domicílios provavelmente tinham um custo de oportunidade em relação ao tempo maior que os outros e, portanto, maior probabilidade de acessar a internet primeiro.

Também descobri que o desempenho do Negrocer.com era melhor nos locais onde as pessoas tinham de percorrer uma longa distância para chegar às grandes lojas de desconto e clubes atacadistas. Ou seja, em lugares onde o acesso às lojas físicas não era tão bom, a probabilidade de um indivíduo fazer compras online aumentava. Além disso, como a internet de banda larga na época não era tão comum quanto em 2013, os lugares com melhor acesso atraíam clientes mais rapidamente.

Vira e mexe, as descobertas acadêmicas têm um viés cômico. A Netgrocer.com fez sucesso mais depressa em lugares onde havia muitos homens solteiros, formados, de 30, 40 e poucos anos morando sozinhos. Deixarei o leitor desenvolver sua própria teoria do porquê de esse grupo demográfico preferir fazer compras de comida pela internet.

Então, sim, as características dos habitantes fazem diferença, assim como a facilidade de acesso a lojas físicas. Tudo o que vimos nos Capítulos 1 e 2 ("Geografia" e "Resistência") conduziria a essa conclusão. Pessoas com gostos e perfis semelhantes agrupam-se em localidades adjacentes, e os lugares diferem na quantidade de atrito quanto ao acesso a lojas físicas.

Mas há outra importante força atuando sobre os padrões que acabei de mostrar nas figuras 3.2 e 3.3. Como diria Neil Young, "nossos olhos não enxergam tudo o que existe".[29]

Adjacência e contágio

A segunda força relaciona-se à história da "pressão" que mencionei anteriormente e mostrei na figura 3.1. Relacionando os padrões observados nos dados da Netgrocer.com ao exemplo, se o código postal número 3 está conectado aos códigos postais 1 e 2, e as pessoas desses dois códigos já começaram a usar o site da empresa, o mais provável é que a utilização da Netgrocer.com no código postal número 3 seja só uma questão de tempo.

Esse segundo efeito, o contágio resultante da adjacência, mostrou-se bastante sólido no caso da Netgrocer.com. Por mais que interpretássemos os dados de modo a levar em consideração as tendências gerais dos habitantes de determinado código postal, o efeito estava lá, marcando presença estatística e econômica. Os primeiros pedidos de novos clientes tinham mais chances de aparecer em um código postal quando já havia registro de pedidos feitos em códigos postais adjacentes.

Esse efeito persistia mesmo diante do efeito dos "pássaros da mesma plumagem", ou a tendência de as pessoas de determinada região se comportarem de maneira parecida. Portanto, mantendo os demais fatores constantes, como diriam nossos amigos economistas (e é importante fazer isso), existe uma dinâmica de contágio muito forte no mundo real que cria esses padrões de disseminação da demanda para os vendedores do mundo virtual.

Em suma, a área de atuação da Netgrocer.com se expandiu de modo sistemático. No momento em que surgiam clientes em algum lugar, seus vizinhos logo os acompanhavam. Esse tipo de contágio resultante da adjacência física mostrou-se presente em todo o conjunto de dados que analisei.[30] No Capítulo 4, "Vizinhança", examinaremos com mais detalhes essa questão do lugar onde os clientes surgem, aprofundaremos a ideia de "proximidade" e veremos também a melhor maneira de "semear" localizações com novos clientes. As empresas do mundo virtual ganham com a adjacência física entre clientes e localidades. Um vendedor inteligente tira partido disso e faz o máximo para investir em atividades que potencializem essa adjacência.

Um pouco de história: aparelhos de ar-condicionados na Filadélfia

Talvez não devêssemos ficar tão surpresos com o fato de a adjacência física influenciar o mundo virtual. Afinal de contas, não é de hoje que trocamos ideias, observamos e copiamos os outros.

Um estudo clássico dos anos 1950 (e ainda por cima da Filadélfia!) reforça essa ideia revelando o papel das conversas e da observação no caso de indivíduos adjacentes que copiam o comportamento dos outros. Os pesquisadores descobriram padrões na forma como os moradores da Filadélfia adotavam aparelhos de ar-condicionado.[31]

Como o ar-condicionado era um produto relativamente novo na época, costumava ser assunto de conversa. Além disso, era impossível não vê-lo nas fachadas das casas. Conversas e observação acabaram gerando os padrões de difusão verificados pelos pesquisadores.

Do mesmo modo, é possível que dois vizinhos falem sobre o Bonobos.com, o Harrys.com, o WarbyParker.com ou qualquer outra empresa do mundo virtual. Em termos de observação, alguém que não conhecia esses serviços pode encontrar na portaria do prédio uma caixa correspondente a um pedido feito por um vizinho e mais tarde decidir visitar o site.

Uma observação importante: o contágio resultante da adjacência se torna mais acentuado uma vez que migramos dos aparelhos "fixos" de internet, como os laptops, para os aparelhos móveis, como os tablets e smartphones. Isso acontece por causa de algo que meu amigo Rob Coneybeer, da Shasta Ventures, batizou de "mostrar e contar". Quando descubro um novo site, um aplicativo ou um vídeo no YouTube, posso facilmente mostrar e contar o que descobri no meu iPhone, enquanto converso e tomo um café. Há mais sobre isso no Capítulo 6, "Topografia".

EM SÍNTESE

Grandes duplas são poderosas, como Bonnie e Clyde, como ovo e bacon. Os grandes benefícios da adjacência também vêm em dupla: homofilia e influência. Pessoas que moram perto umas das outras compartilham características e circunstâncias similares e fazem escolhas similares, sendo levadas a usar os mesmos produtos e serviços no mundo virtual. E quando elas se comunicam e se copiam, a influência acontece.

A homofilia pode ser alavancada e a influência, igualmente. Essa é a razão pela qual os vendedores do mundo virtual têm de tornar seus produtos e serviços mais visíveis socialmente, preocupando-se em ter embalagens elaboradas, design profissional e outros elementos de um produto ou serviço que o façam chamar a atenção. O Soap.com (produtos para casa) é um bom exemplo disso. Sua equipe trabalhou bastante no desenvolvimento de suas embalagens, criando caixas com cores bem vibrantes (azul-petróleo, laranja, chocolate e magenta) e a marca "Soap.com" escrita em letras brancas.

Quando uma caixa chamativa dessas é entregue em algum lugar público (em uma empresa, por exemplo), as pessoas reparam na marca imediatamente. Pergunte aos meus colegas da Wharton. Eles viram muitos pedidos meus do Soap.com nesses últimos três anos.

No mundo virtual, a maioria das empresas tem um alcance ilimitado – chegam ao país inteiro ou, talvez, até ao mundo todo. Porém isso não necessariamente significa que suas vendas aconteçam em todo lugar. Os padrões de demanda que surgem quando um vendedor conquista um mercado ilimitado" têm propriedades específicas. Estas têm raiz na adjacência, à medida que os novos compradores aparecem nas áreas contíguas àquelas em que cada empresa já tem clientes.

A adjacência manda! Você terá sucesso quando semeá-la e deixar que a proximidade "adube" a demanda.

CAPÍTULO 4

VIZINHANÇA

Laços que unem: distância física, distância social e a Cauda Longa Espacial

VI.ZI.NHAN.ÇA sf.

Condição do que está próximo, em termos de espaço ou relacionamento; proximidade.

No Capítulo 3, "Adjacência", vimos o que significa estar próximo de alguém e como a adjacência do mundo real influencia o contágio social entre pessoas que moram perto umas das outras.

Vimos também que o padrão de contágio é bastante previsível, como no caso de uma doença, que vai passando de uma pessoa para outra, de localidade em localidade.

Existem dois conceitos muito importantes que explicam por que isso acontece.

Tão importantes, aliás, que precisamos mencioná-los novamente.

O conceito número um é (mais uma vez) a homofilia, a ideia dos pássaros de mesma plumagem que voam juntos. Como meu amigo Phil e eu temos características e interesses parecidos, acabamos vindo morar no mesmo bairro na Filadélfia, ele em PA 19123 e eu em PA 19124.

Segundo o princípio de seleção de Tiebout, Phil e eu fizemos cálculos de custo-benefício em relação a diferentes lugares e chegamos à mesma conclusão: o código postal que escolhemos é o melhor lugar para morar no momento.

Por causa dessa escolha, porém, passamos a ser expostos às mesmas limitações do mundo real (ou enfrentamos a mesma resistência para conseguir o que queremos, conforme discutido no Capítulo 2). Nossas semelhanças em termos de características, preferências e limitações, então, nos levam a ter os mesmos padrões de uso do que está disponível para nós no mundo virtual.

O segundo conceito é a influência. Quando estamos fisicamente próximos de outras pessoas, há sempre a possibilidade de influência. Seu vizinho lhe fala a respeito de um novo restaurante, um aplicativo de viagens ou um site de roupa. Você vê uma caixa da Soap.com no lixo do seu prédio e resolve conferir o site.

A influência, portanto, acontece por meio de conversas ou observação direta. Com a massificação dos dispositivos móveis de acesso à internet (smartphones e tablets), os dois fatores se unem, porque agora podemos falar de algo e mostrá-lo ao mesmo tempo. Sentado em um café, posso falar com meu amigo sobre o termostato Nest (www.nest.com) que tenho na parede de casa, enquanto mostro como controlá-lo com meu iPhone.

A homofilia e a influência resultam e são possíveis graças à adjacência. Mas, pelo visto, o conceito de adjacência não se limita à proximidade física. Esse é o assunto deste capítulo. Existem outras pessoas, talvez a centenas ou até milhares de quilômetros de distância, que têm muitas coisas em comum com você. Em suma, elas estão na mesma *vizinhança*, em termos de mercado, embora não sejam adjacentes do ponto de vista físico.

DISTÂNCIA FÍSICA E DISTÂNCIA SOCIAL NO MUNDO REAL

No mundo real, todos nós decidimos onde morar. Essa decisão costuma ser criteriosa e estável e tipicamente tem um longo "tempo de prateleira", mesmo no caso de indivíduos mais "nômades" como os norte-americanos.

Quando digo "estável", quero dizer que nos mudamos em intervalos de anos, raramente de meses (a não ser que o sujeito esteja fugindo!). Seja por uma escolha consciente e ponderada ou por uma questão de afinidade com determinado lugar, o mais provável é que estejamos morando numa região que tenha pessoas bem parecidas conosco. Nosso perfil e o de nossa família geralmente são muito próximos do das outras pessoas do nosso prédio, da nossa rua e do nosso bairro.

O vizinho vê, o vizinho imita

Como nossos vizinhos moram perto, há uma boa chance de que esbarremos com eles – na rua, no supermercado, na portaria ou até na igreja. Quando isso acontece, ficamos sabendo das novidades e observamos o que eles andam fazendo.

A proximidade física possibilita a troca de ideias entre pessoas que já têm alguma semelhança, conduzindo aos padrões de difusão do mundo real e do virtual discutidos no Capítulo 3, "Adjacência". Esses padrões são incrivelmente sólidos e podem ser observados em qualquer categoria de produto.

Na sociedade atual, o desejo de "competir" com os vizinhos é bastante comum, desempenhando, sem dúvida, um importante papel no costume de imitar os outros. Um estudo realizado por pesquisadores da University of Chicago revelou que quanto maior o número de vizinhos com computador, maior a probabilidade de domicílios sem computador adquirirem um.[1]

E não para por aí.

Os pesquisadores também descobriram que a marca do computador do vizinho também nos influencia. De um modo geral – porque sempre há aqueles que gostam de contrariar –, a maioria de nós é mais influenciável do que gostaria de admitir.

Interessante, pois essa é uma daquelas descobertas em que todos os outros fatores são iguais. Ou seja, se pegarmos dos bairros idênticos em todos os sentidos (densidade demográfica, renda, nível educacional etc.), o efeito cascata da imitação determina que o bairro com o maior número de computadores também será aquele com maior influência futura.

O efeito nas vendas – seja de lojas físicas ou online – se dá simplesmente pelo fato de que duas pessoas que moram perto uma da outra têm gostos semelhantes e se influenciam mutuamente.

Por incrível que pareça, esse tipo de imitação acontece não só em relação a decisões individuais, mas também no caso de decisões empresariais. Um estudo realizado por pesquisadores da UCLA e da Duke University revelou que grandes cadeias varejistas e seus concorrentes tentam copiar os produtos uns dos outros.[2] Se a Safeway de Los Angeles lançar uma nova pizza congelada de alcachofra, pouco tempo depois, a Ralphs provavelmente fará o mesmo.

Haja queijo extra!

Como vimos no último capítulo, a proximidade física entre indivíduos explica grande parte do que acontece no mundo real e no virtual – como as informações são compartilhadas, o que é comprado online etc. Economistas, psicólogos e sociólogos passam muito tempo pensando em distância. E eles concluíram que a distância vai muito além do aspecto físico.

Proximidade no sentido de semelhança

Um estudo realizado há quase 35 anos nos dá um bom exemplo dos outros significados de distância, além de ser um excelente ponto de partida para o entendimento do conceito de vizinhança.

Em 1978, Claude Fischer publicou um artigo intitulado "Difusão de opiniões na América urbana e rural da atualidade".[3] No texto, Fischer sustentava que uma pessoa qualquer de Chicago tinha muito mais chances de entrar em contato com alguém de Los Angeles do que com alguém de Springfield, embora Springfield fique muito mais perto de Chicago do que Los Angeles. A propósito, a distância entre Los Angeles e Chicago (cerca de 3.200 quilômetros) é aproximadamente dez vezes maior do que a distância entre Springfield e Chicago (cerca de 320 quilômetros).

Por que Fischer afirma que um indivíduo de Chicago e um de Los Angeles têm maior probabilidade de se conhecerem?

Embora a distância física de Chicago a Springfield seja dez vezes menor do que a distância até Los Angeles, a distância social entre Chicago e Springfield é muito maior que entre Chicago e Los Angeles. No decorrer do capítulo, explicarei melhor a distância social. Por enquanto, basta saber que o fato de dois lugares estarem separados por uma grande distância física não significa que eles não apresentarão comportamentos similares no que se refere à aquisição de novos produtos e serviços. Além disso, graças à conexão do mundo virtual, a distância física já não impede a interação e relação de influência entre esses dois lugares.

Vejamos como isso se aplica ao que observamos a respeito das vendas do Netgrocer.com no Capítulo 3, "Adjacência". Imagine que você tem uma loja virtual e um dia descobre que vende bastante em algumas partes de Chicago. Com base no que discutimos anteriormente, você esperaria expandir sua influência para algumas regiões fisicamente próximas de Chicago, mas agora, com base numa noção diferente de "semelhança", você vai querer aumentar as vendas em Los Angeles também. (Detalhes, em breve).

O garoto da casa ao lado (literal e metaforicamente)

As pesquisas também mostraram que, em muitos contextos, a proximidade social pode substituir a proximidade física e vice-versa. Um bom exemplo é o comportamento de empreendedores e inventores.

Como assim?

Antes de tudo, se você e eu tivermos startups e trabalharmos no mesmo quarteirão ou, melhor ainda, na mesma incubadora, podemos ganhar muito trocando informações e ajudando um ao outro. Eis a adjacência em evidência novamente!

Não é de se espantar que muitas incubadoras de startups se organizem dessa maneira. Veja o caso da Launchpad LA, uma incubadora de startups de Los Angeles onde atuei como mentor. A turma iniciante divide o espaço de um escritório. O grupo do segundo semestre de 2012 destacou-se pela diversidade. O pessoal lançou de tudo, desde sapatos maravilhosos (www.milkandhoneyshoes.com) até novas formas de curtir o golfe (www.swingbyswing.com).

Agora imagine que duas pessoas que poderiam ganhar muito com a colaboração mútua morem distantes uma da outra, mas tenham uma forte ligação cultural. Por incrível que pareça, essa ligação pode substituir ou compensar a falta de proximidade física.

Meu amigo Drake e eu imigramos para os Estados Unidos vindos da Nova Zelândia, e, por isso, temos uma forte ligação cultural, conforme descrito acima. Apesar de ele morar em Los Angeles, e eu, na Filadélfia (a maior parte do tempo), conseguimos trabalhar juntos em sua startup. Nossa ligação cultural – essa semelhança num ponto tão essencial – compensa o fato de estarmos fisicamente distantes.

Como vimos no Capítulo 3 ("Adjacência"), pesquisadores de mercado da Ohio State University decidiram verificar se as compras de automóveis são influenciadas pelas pessoas a nossa volta e descobriram que os indivíduos que moravam relativamente próximos uns dos outros geralmente tinham o mesmo modelo de carro (às vezes até da mesma cor).[4]

Isso é, de certa forma, esperado. Se eu vejo uma rua cheia de Volvos, é provável que eu também compre um Volvo, talvez pelo desejo de fazer parte, ou talvez só pelo fato de ter sido exposto à marca. O princípio importante revelado no estudo é que a *semelhança demográfica* (assim como a *proximidade geográfica*) exerce uma grande influência também na escolha do carro. As pessoas prestam atenção não só nos modelos de carros que circulam nas ruas, mas também no tipo de carro que indivíduos parecidos com elas estão usando, independentemente do lugar.

Podemos concluir, então, que a semelhança, mais do que a distância isolada, influencia bastante nossas escolhas e comportamentos. Como mostrarei em breve, graças ao mundo virtual, indivíduos com características e preferências similares podem se unir mais facilmente do que nunca.

Enquanto isso, vejamos outro exemplo, que mostra que o que vale para indivíduos e lugares, por incrível que pareça, se aplica também a grandes organizações internacionais.

Pesquisadores da UCLA examinaram a adoção de uma certificação chamada IS0 9000 e outra chamada ISO 14000[5] entre países. Não se preocupe muito com a nomenclatura! Esses são termos técnicos para os processos igualmente técnicos de estabelecer e certificar padrões de gestão de qualidade e do ambiente, respectivamente. (Para nosso propósito aqui, não importa muito o que isso significa, somente como essas certificações foram adotadas. De qualquer maneira, segundo a Wikipédia, mais de 1 milhão de organizações receberam a certificação ISO 9000, então deve ser algo realmente importante).[6]

Os autores do estudo queriam saber se havia algum padrão em relação à forma como essas certificações eram obtidas pelas empresas ao longo do tempo. De acordo com nossa discussão anterior no Capítulo 3 ("Adjacência"), eles descobriram que a proximidade física desempenhava um papel muito importante no caso de ambas as certificações.

A probabilidade de uma empresa obter uma dessas certificações era muito maior quando outra empresa próxima já a havia obtido. O primeiro ponto interessante aqui, portanto, é que o conceito básico de adjacência não se restringe a indivíduos e lugares, aplicando-se também ao âmbito empresarial.

Ao mesmo tempo, duas outras forças assinalaram o fato de que as empresas certificadas também se encontravam na mesma vizinhança. Primeiro, a probabilidade de uma empresa obter a certificação de gestão de qualidade (ISO 9000) era maior quando outras empresas com padrões comerciais similares já a haviam obtido. Podemos dizer, então, que havia uma espécie de "homofilia" em relação aos padrões empresariais, independentemente da localização física das empresas. Segundo, as empresas buscavam a certificação de gestão do ambiente (ISO 14000) quando outras empresas de países "culturalmente semelhantes" já haviam feito o mesmo.

Assim, a distância e a proximidade no mundo real se baseiam tanto em fatores geográficos quanto em fatores não geográficos (demográficos, culturais e econômicos). Portanto, se quisermos saber como compradores e vendedores individuais se agruparão na mesma vizinhança virtual, precisaremos levar em consideração todos esses fatores. O gênero é uma poderosa variável demográfica – 80% dos usuários do Pinterest, por exemplo, são mulheres.[7]

DISTÂNCIA NO MUNDO VIRTUAL

No Capítulo 2, "Resistência", expliquei que a distância física entre consumidores e fornecedores, por mais ilógico que possa parecer, faz uma grande diferença não só no fluxo de produtos do mundo real, mas também no consumo de conteúdo do mundo virtual. Amantes de rúgbi da Filadélfia, se todos os outros fatores forem iguais, consomem mais conteúdo de rúgbi de sites da África do Sul do que de sites australianos.

A novidade é que isso acontece mesmo quando o conteúdo é praticamente idêntico. Os dados também revelam que os consumidores norte-americanos, por exemplo, não gostam de "viajar" muito para consumir pornografia, dando preferência aos sites canadenses.

Evidentemente, é natural que pensemos em termos geográficos quando falamos de indivíduos e lugares considerados próximos no mundo real. Ou seja "proximidade" geralmente significa uma "proximidade física". Como já vimos, também podemos ganhar muito considerando grupos de indivíduos ou localidades com características similares (idade, renda, nível educacional, profissão etc.) como sendo da mesma vizinhança.

No mundo virtual, a vizinhança pode ser definida pelas preferências dos membros de uma comunidade online, ou, como no mundo real, por suas características. Uma importante consequência disso (discutida brevemente) é que, no mundo virtual, podemos ser mais específicos em nossos interesses, isto é, podemos encontrar pessoas com gostos semelhantes aos nossos, independentemente da distância, e passar um bom tempo interagindo com elas.

Se isso é benéfico para compradores, vendedores ou até para a sociedade como um todo, é um bom tema de debate.

Propriedades da vizinhança virtual

Interesses comuns entre lugares distantes

Os agrupamentos podem ser definidos de diversas maneiras. O público leitor mundial dos sites RugbyHeaven.com e Rugby365.com é composto por pessoas que se interessam por rúgbi (o esporte de equipes mais incrível que existe!).[8] Os usuários do aplicativo de cupons SnipSnap uniram-se com base em seu interesse de poupar dinheiro e compartilhar cupons com os outros. Do mesmo modo, os clientes do Bonobos.com também constituem um agrupamento, ou grupo de interesse, formado em torno de um comportamento de compra. Membros do grupo supostamente também compartilham gostos em termos do que consideram valor e do estilo de vida.

Esse último exemplo é uma boa maneira de entender a configuração do mundo virtual. Se o Bonobos tivesse uma loja em Nova Orleans, digamos, e mais nada, o "grupo de interesse" provavelmente seria formado por pessoas que moram perto (e talvez alguns turistas de passagem pela cidade). Em suma, a área de atuação do vendedor – Bonobos – se restringiria a um pequeno grupo local, com características e preferências similares.

Um dos principais atributos do mundo virtual é possibilitar a formação de grupos e de mercados que não existem no mundo físico (talvez porque não seja possível), levantando questões interessantes sobre a maneira como o mundo virtual é usado e como ele influencia o comportamento humano.

Por um lado, a internet pode levar a uma maior diversidade de interesses. Temos tudo ao nosso alcance – desde cursos de espanhol e debates sobre rúgbi até conselhos de moda e obscuros métodos estatísticos. Encontramos uma variedade inédita a apenas um clique de distância.

Por outro lado, para quase toda área de interesse, agora encontramos um grande número de outros grupos mais específicos, a apenas uma aceitação de distância (trocadilho proposital).

Pesquisadores da Boston University e do MIT adotaram uma perspectiva filosófica ao examinar a questão da vizinhança no mundo virtual. Partiram de uma premissa simples, mas poderosa: "A tecnologia da informação pode conectar pessoas geograficamente distantes e ajudá-las a localizar recursos úteis ou simplesmente interessantes".[9] Em seguida, com base em cálculos abstratos, os pesquisadores chegaram à conclusão de que, quando as pessoas se unem em torno de preferências – e não em torno da localização física –, os grupos resultantes costumam ser mais focados.

O que está acontecendo de fato?

As pessoas estão ampliando seus interesses ou estão se concentrando em grupos mais fechados, de acordo com suas áreas de interesses preexistentes? Os pesquisadores provam matematicamente que, à medida que o acesso aos outros melhora, os "agentes" (ou consumidores individuais) tendem a buscar tipos semelhantes, afastando-se de algumas conexões do mundo real. Eles concluem observando que "as preferências, e não a localização" podem se tornar a força propulsora na formação e definição dos limites da sociedade.

Veja o meu caso, por exemplo.

Fico um pouco sem jeito de admitir, mas graças às maravilhas do mundo virtual, parte do tempo que eu usava para conversar com amigos passo agora lendo notícias de rúgbi em diversos sites. Minhas preferências do mundo real estão me levando a buscar pessoas com interesses afins no virtual.

Expandindo distâncias e encurtando interesses

Então, nós nos tornamos mais diversificados ou específicos em nossos interesses. No cômputo geral, a fragmentação parece ser a força prevalente, conforme veremos em um estudo realizado sobre padrões de coautoria no meio acadêmico.

Pesquisadores do Canadá descobriram que antes do acesso generalizado à internet, a questão das coautorias acadêmicas era bem diferente, de certa forma limitada pela geografia.[10] Eles queriam verificar se as coisas continuavam iguais e como "as mudanças nos custos de colaboração podem afetar a estrutura da produção de conhecimento". (Isso *é que é* maneira elegante de definir uma meta de pesquisa, não é?!).

Antes do advento da internet, era relativamente comum que pesquisadores de campos relacionados, mas com diferentes focos, se unissem para trabalhar projetos específicos. Esse tipo de diversidade geralmente é visto como algo benéfico para a produção de conhecimento.

Imagine um econometrista da University of Pennsylvania, por exemplo, e um economista da Georgetown University (a algumas centenas de quilômetros de distância) escrevendo um artigo juntos. O economista entra com as ideias principais e a parte teórica e o econometrista entra com a análise dos dados e as descobertas empíricas.

Aí chega a internet.

Nesse momento, a distância geográfica média entre coautores aumenta. A probabilidade de o econometrista trabalhar em parceria com alguém de um lugar mais distante (talvez um colega da University of Zurich) é maior agora.

Esse exemplo está em conformidade com a teoria que descrevi anteriormente – quando a distância física entre as pessoas já não é um impedimento para a comunicação, os agrupamentos passam a depender mais das preferências pessoais do que de questões geográficas.

E o mais interessante: esse econometrista provavelmente vai trabalhar com alguém que tenha habilidades similares às dele. Ou seja, a probabilidade de o colega de Zurique ser econometrista também ou estatístico aumenta. (Poderia ser alguém como meu grande amigo estatístico, o dr. Michael Wolf.)[11]

Se isso é bom ou ruim, é difícil dizer. Mas o ponto é que o "fim da distância", em alguns casos, acabou levando a associações mais restritas.

O lado positivo é que, segundo pesquisadores canadenses, a "colaboração multi-institucional" aumentou consideravelmente na era da internet – cerca de 40%. No jargão econômico, houve significativos "ganhos com o comércio", o que significa que novos pesquisadores (talvez de universidades onde o equipamento de pesquisa é subutilizado) podem trabalhar junto com parceiros com acesso a melhores recursos.

Pássaros da mesma plumagem virtual

A vizinhança virtual, além de serem muito coesa em termos de dedicação a determinado assunto (se você ainda não foi lá, dê uma olhada nos comentários do Rugby365.com), também é bastante dispersa.

Porém, quem faz parte de um grupo virtual (seja para comprar produtos ou para trocar e criar conteúdo), geralmente vive em circunstâncias similares aos outros membros do grupo. Os clientes do Bonobos.com, além do interesse por roupa, também têm em comum as circunstâncias do mundo real, o que significa que, mesmo morando em lugares distantes entre si, eles encontram o mesmo cenário em termos de características locais, acesso a lojas físicas etc. Talvez careçam de boas butiques e recorram à internet justamente por isso.

Outro exemplo é o CitrusLane.com, provedor de "pacotes de cuidados para ajudar os pais na sua jornada de criação dos filhos".[12] Os clientes do Citrus Lane moram em diversos lugares dos Estados Unidos e são, em geral, pessoas com filhos pequenos que gostam da ideia de receber caixas com novos produtos todos os meses, no trabalho ou em casa. Vemos aqui uma propriedade-chave da vizinhança virtual: separação geográfica dos indivíduos, mas interesses comuns.

Uma questão mais sutil é que esses clientes geralmente se deparam com circunstâncias físicas similares. O CitrusLane.com oferece produtos difíceis de encontrar ou de difícil acesso em mercados locais com poucas opções de lojas físicas. Em sentido bem prático, os clientes do Citrus Lane em Wisconsin, por exemplo, provavelmente terão preferências e opções físicas muito semelhantes às dos clientes do Texas.

Concentrar ou espalhar

Se você for um vendedor, o modo de formar a vizinhança virtual também é importante. Os clientes precisam ser conquistados aos poucos, com cuidado.

Imagine que você acabou de escrever um piloto para um programa de TV. Naturalmente você deseja que todo mundo comente a respeito. Você está prestes a realizar seu sonho de se tornar um grande roteirista!

Agora, digamos que você possa, de alguma forma, "semear" ou começar centenas de conversas sobre o programa para criar expectativa a respeito do lançamento. O que você prefere: que dez grupos diferentes discutam sobre o programa em dez lugares diferentes ou que um único grupo discuta intensamente em cem conversas diferentes?

Se você escolheu a primeira opção (dez grupos em dez lugares), você tem boa intuição!

Isso porque se quisermos divulgar o que estamos fazendo, geralmente é melhor ter "amplitude" do que "profundidade", considerando-se o fator boca a boca constante. Evidentemente, precisaremos de uma massa crítica inicial, mas nossas chances de sucesso aumentam se conseguirmos chegar a diversos lugares. Essa ideia foi elaborada e respaldada por pesquisadores da Yale University e Harvard University, que analisaram o sucesso imediato dos novos programas de TV.[13]

No mundo virtual, assim como no mundo real, a dispersão da informação ajuda muito. É claro que quanto mais informações, melhor, mas para uma quantidade fixa de conteúdo, é melhor que ele seja espalhado do que fique concentrado.

A influência do mundo real sobre a vizinhança virtual

A maioria de nós faz parte de alguma comunidade virtual – Facebook, LinkedIn, Twitter, Quora, Snapchat, Vine etc. Nosso comportamento nessas comunidades interessa a cientistas sociais, empreendedores, gerentes, membros de órgãos reguladores e até oficiais de justiça,[14] sem falar nos vendedores e publicitários, obviamente. Como o leitor pode imaginar a esta altura do campeonato, a localização física dos participantes e as características dos lugares onde eles moram influenciam o que acontece aqui também.

Anúncios de vendedores para seus amigos no Facebook

Imagine que você é um especialista em publicidade em redes sociais e está realizando um trabalho para uma grande marca. Só para facilitar o exemplo, digamos que essa marca seja a Coca-Cola, já que ela foi, por muitos anos, a marca número um entre as cem maiores marcas mundiais (até ser superada pela Apple), sendo avaliada em mais de US$ 80 bilhões em 2013, de acordo com a Interbrand.[15]

Você identifica um grupo de usuários no Facebook que é o "Amigos da Coca-Cola", concentrando-se numa pessoa específica, a Mary. Esse "Amigos da Coca-Cola", além do interesse por refrigerantes em geral, nutre especial lealdade pela marca. Evidentemente, eles também têm outros amigos (humanos) além da Coca.

Você, então, aconselha a Coca-Cola a publicar anúncios no Facebook (a) para pessoas aleatórias e (b) para amigos das pessoas que são amigos da Coca-Cola. Em outras palavras, um subgrupo de pessoas como os amigos da Mary, ou seja, indivíduos que não são amigos da Coca, mas que são amigos de pessoas que são.

Que grupo, (a) ou (b), terá melhor resposta aos anúncios? E por quê?

Se você respondeu o grupo (b) – indivíduos que não são amigos da Coca, mas que são amigos de pessoas como a Mary –, você está certo. Um estudo realizado no MIT por Catherine Tucker revelou que os anúncios de uma marca no Facebook voltados para indivíduos que são "amigos de pessoas que são amigas dessa marca" têm taxas de *click-through* duas vezes maiores que a dos anúncios enviados para um grupo aleatório de pessoas.[16]

Por quê?

Voltamos a um dos nossos termos e fenômenos do mundo real favoritos: por causa da homofilia.

Se você é amigo da Coca e eu sou seu amigo, a probabilidade de eu consumir esse tipo de refrigerante é maior do que a de uma pessoa qualquer. Nossa amizade é uma indicação de que provavelmente temos os mesmos gostos, interesses e preferências. Talvez moremos até no mesmo lugar (ou já moramos).

Portanto, a amizade no mundo real pode ser um bom elemento para prever nossas reações no virtual.

Mas os efeitos da homofilia sobre o comportamento na internet são bastante complexos, e os vendedores devem ter muito cuidado ao analisá-los. O estudo do MIT mostra, por exemplo, que o melhor é não ser muito taxativo nos textos publicitários. Quando Tucker modificou os anúncios, trocando abordagens mais leves como "seja igual ao seu amigo" por outras mais agressivas do tipo "seu amigo sabe", a eficácia da publicidade diminuiu consideravelmente (ou seja, a taxa de *click-through* caiu).

Características do mundo real, influência e sinalização no mundo virtual

Pesquisadores da UCLA observaram comunidades (grupos de amigos) do mundo virtual para tentar descobrir quem influenciava quem, o que mantinha as comunidades unidas e qual era o papel das características do mundo real, se é que elas exerciam alguma influência online.[17] Depois de estudar dezenas de milhares de usuários e interações, os pesquisadores chegaram a três fascinantes conclusões.

Primeiro, eles verificaram que existe uma significativa variação no poder de influência dos indivíduos nas redes sociais, tanto em termos de capacidade de influenciar os outros quanto de suscetibilidade para ser influenciado.

Vamos utilizar um exemplo para tornar as coisas mais tangíveis. Digamos que você e eu tenhamos mil amigos no Facebook. É um número razoável, sobretudo em comparação ao chamado "número de Dunbar", que define que só podemos manter cerca de 150 amizades "estáveis" no mundo real. De qualquer maneira, continuando com nosso exemplo, você e eu temos exatamente o mesmo número de amizades virtuais.

Os pesquisadores descobriram muitos casos nos quais dois usuários (como você e eu) atuavam em vizinhança virtuais basicamente idênticas em termos de tamanho, mas um tinha cerca de oito vezes mais influência do que o outro.

Oito vezes é muita coisa! Como pode? Ora, na sua rede, por exemplo, talvez todo mundo esteja interconectado, influenciando os outros e sendo influenciado também; na minha rede, em contrapartida, só há indivíduos isolados.

Segundo, cada um de nós é influenciado por cerca de 20% dos nossos amigos. Se esse número é grande ou pequeno, eu não sei, mas parece certo, não acha? Um de cada cinco amigos exerce alguma influência sobre nós. Você deve estar pensando neste momento: "Mas minha rede de amigos no Facebook é muito variada, porque lá tudo é 'amigo', desde meu melhor amigo mesmo até uma pessoa que aceitei na semana passada". Se isso for verdade, então é muito difícil detectar e medir a influência entre "amigos".

Os pesquisadores não ignoraram esse fato e, portanto, quando dizem "influência", referem-se às ocasiões em que um usuário faz alguma coisa, como postar um comentário, e logo é seguido por outros usuários, que fazem o mesmo. O outro lado dessa história é que cerca de um terço das pessoas nas comunidades virtuais não é influenciado por ninguém! Talvez você consiga identificar alguns amigos seus do Facebook que se encaixam nessa descrição.

Terceiro, e talvez a conclusão mais interessante dentro do objetivo deste livro, o estudo revelou que os padrões de influência nas redes sociais entre usuários da mesma vizinhança, isto é, mesmos grupos de amigos, também são moldados por fatores do mundo real.

Para começar, nosso gênero faz muita diferença em termos de influência no mundo virtual. A mulher exerce mais influência sobre os homens do que o contrário. Um homem geralmente exerce pouca influência sobre outro homem, e o mesmo acontece entre duas mulheres. Na verdade, a única influência estatisticamente significativa observada nos grupos das redes sociais estudadas foi a de mulheres sobre homens. Elas lideram, eles vão atrás.

Não muito diferente do que acontece no mundo real!

Da mesma forma, fatores como etnia, idade e tempo de permanência na rede social também têm um importante papel em nosso poder de influenciar os outros. As pessoas que mais o influenciam estão há mais tempo em sua vizinhança virtual, são mais novas do que você e têm as mesmas características étnicas.

Essas descobertas servem como uma boa introdução para o estudo que pesquisadores da Duke University e da University of Chicago realizaram sobre o site de relacionamentos Match.com.[18] Os pesquisadores observaram os casais que se formaram, verificando padrões sistemáticos de comportamento, tanto no mundo real quanto no virtual.

Por exemplo, pessoas de ambos os sexos expressam pouca preferência em termos de etnia. A maioria sinaliza que está disposta a sair com pessoas de qualquer origem étnica. Na prática, porém, a maior parte dos encontros no mundo real se dá entre pessoas do mesmo grupo étnico. Talvez haja algum tipo de "sinalização social" nesse caso. As pessoas devem querer mostrar que estão abertas quanto à etnia para garantir o encontro, mas no final acabam saindo com parceiros semelhantes nesse aspecto.

Os homens costumam dizer que ganham mais do que realmente ganham e as mulheres costumam dizer que pesam menos do que realmente pesam.

(Por favor, não me mate! Sou apenas o mensageiro).

Ou seja, existem discrepâncias sistemáticas entre o que as pessoas dizem que são e fazem no mundo virtual e o que elas realmente são e fazem no mundo real. Se você já está se divertindo com isso, digite "os perfis mais idiotas do Match.com" na sua ferramenta de busca que você vai ver o que é engraçado![19]

A questão é que sair revelando quem você é de verdade em uma rede social o torna menos influente. Os pesquisadores da UCLA descobriram que os usuários de redes sociais que indicam que estão "procurando um relacionamento" têm muito menos influência na vizinhança virtual do que aqueles que não dizem nada. Aliás, esse efeito foi, do ponto de vista estatístico, o mais significativo de todos, sendo quase duas vezes maior do que o efeito que ficou em segundo lugar: quantos meses a pessoa faz parte da rede.

Conclusão: quem entrou em uma rede social há muito tempo tem mais influência lá, mas se a pessoa começar a sinalizar que está atrás de alguém, seu poder de influência despenca. (Se você realmente estiver buscando um relacionamento, melhor não contar para ninguém.)

VIZINHANÇA E DEMANDA EM LOJAS VIRTUAIS

Vamos juntar todas essas ideias em um exemplo concreto.

Encerrei o Capítulo 3 ("Adjacência") mostrando como as vendas de um lojista virtual cresceram com o tempo, chegando a quase 20 mil códigos postais diferentes em poucos anos. Ali, minha ênfase era na adjacência e na ideia da propaganda boca a boca vinculada à proximidade física.

Gostaria de ampliar essa ideia mostrando – com o mesmo conjunto de dados (para facilitar a comparação) – o poder da vizinhança na prática. Como vimos neste capítulo, os laços que nos unem são mais do que simplesmente espaciais. Para entender a ideia central, imagine que você more em determinado código postal de Los Angeles, Califórnia, e que exista um código postal "idêntico" em algum outro lugar do país.

Se isso for verdade (e é), o lugar onde você mora e esse "sósia geográfico" devem ter clientes com o mesmo nível de interesse por sites como Netgrocer.com, Amazon.com, Bonobos.com, Harrys.com, WarbyParker.com ou qualquer outro, inclusive os que vendem conteúdo em vez de produtos, como o Waze.com e o Yelp.com.

Homofilia, o retorno

Vizinhos geográficos e sósias demográficos[20]

Eu e os pesquisadores que trabalham comigo quisemos testar a ideia de que as empresas virtuais se desenvolvem em blocos, primeiro pela proximidade e depois pelo que denominamos "semelhança demográfica". Para isso, examinamos a difusão do Netgrocer.com em todo o estado da Pensilvânia. Na época, como morávamos todos na Filadélfia, pensamos: por que não começar pelo Keystone State (apelido da Pensilvânia)?

Para cada um dos mais de 1.500 códigos postais da Pensilvânia, definimos quais eram os códigos postais vizinhos, utilizando o método que discutimos no capítulo anterior. Ou seja, verificamos que o código postal 19104 faz fronteira com os códigos postais 19102, 19103 etc. Assim como fizemos na análise dos efeitos da adjacência, cada código postal passou a ser identificado, então, em termos de vizinhança geográfica.

Em seguida, com base nos dados do censo americano, descrevemos todos aqueles códigos postais em termos de características populacionais. Concentramo-nos em idade, renda, nível educacional e etnia como principais variáveis. Então, formamos todos os pares possíveis com os mais de 1.500 códigos postais![21]

O próximo passo foi verificar as semelhanças demográficas entre cada par de códigos postais, isto é, descobrir quão "próximos" eles eram em termos de características dos moradores.

No total, usamos 15 categorias diferentes – coisas como "porcentagem de moradores formados" e "porcentagem de moradores com renda acima de US$ 75.000 anuais" – e testamos diferentes métodos matemáticos para chegar ao que batizamos simplesmente de semelhança demográfica.[22]

Munidos dessas informações, dedicamo-nos a explicar e prever quantos novos clientes apareceriam em cada código postal da Pensilvânia, mês a mês, após o lançamento do Netgrocer.

Homofilia a distância

A ideia por trás dessa empreitada é algo que enfatizei ao longo do livro. Se duas localizações forem similares em termos de habitantes, em condições normais, elas terão o mesmo nível de demanda por empresas virtuais, tanto de produtos quanto de conteúdo.

Por conseguinte, embora a Filadélfia fique mais perto de Harrisburg (a cerca de 100 quilômetros de distância) do que de Pittsburgh (a cerca de 500 quilômetros de distância), os moradores da Filadélfia provavelmente terão mais características e preferências em comum com os moradores de Pittsburgh do que com os de Harrisburg, resultando em padrões similares de demanda por empresas virtuais específicas.

Essa observação é uma aplicação direta dos conceitos apresentados pelo sociólogo Claude Fischer, discutidos no início deste capítulo: os moradores de Chicago têm muito mais contato e coisas em comum com os moradores de Los Angeles do que com os de Springfield, Illinois.

Além disso, é provável que um "clone" do meu código postal residencial na Filadélfia, PA 19123, exista não só na Pensilvânia, mas também em outros lugares dos Estados Unidos. Na verdade, para determinado conjunto de características demográficas (por exemplo, idade, renda, nível educacional e etnia dos habitantes de uma localidade como PA 19123), podemos identificar "vizinhos" em muitos lugares, nem todos próximos fisicamente.

"Proximidade", portanto, pode significar proximidade física ou semelhança demográfica, isto é, quando dois (ou mais) lugares distantes fisicamente *são próximos em termos de* similaridade entre os habitantes.

Outra visão da evolução de vendas de um lojista virtual

Proximidade etc.

No final do Capítulo 3 ("Adjacência"), apresentei as ideias de proximidade física, adjacência e contágio num exemplo que mostrava como esses três fatores trabalhavam em conjunto. No caso, a proximidade entre dois bairros (códigos postais) era definida somente pela localização física. Vimos que a demanda de consumo se espalhou rapidamente por meio da contiguidade, de um código postal a outro.

Agora, com base nos conceitos adicionais sobre vizinhança que expus neste capítulo, sobretudo a noção de que os bairros não são definidos somente pela proximidade física, podemos voltar ao mesmo exemplo de vendas e examiná-lo mais a fundo, revelando mais um aspecto do processo.[23] Conforme já observamos, as partes A-V-I deste livro estão relacionadas, seguindo uma ordem lógica.

Voltando ao que sabíamos sobre adjacência e contágio para tentar compreender melhor os padrões de conquista de novos clientes por parte dos lojistas virtuais, os pesquisadores que trabalham comigo e eu focamos três fatores essenciais: (1) o número de clientes existentes dentro de um código postal, (2) o número de clientes existentes em todos os códigos postais que eram vizinhos geográficos e (3) o número de clientes existentes em todos os códigos postais que eram vizinhos demográficos.

O que descobrimos foi bem impressionante, e desde então tive a oportunidade de ver o padrão se repetir da mesma forma para muitos outros vendedores da internet.

Primeiro, o vizinho exerce um efeito imediato muito forte.

Quanto maior o número de clientes existentes já ativos no código postal do mundo real, maior o número de novos clientes que tendem a aparecer no mundo virtual nos meses seguintes. Isso é apenas a manifestação, em um nível "micro", de tudo o que aprendemos sobre adjacência: pessoas fisicamente próximas costumam conversar, observar as outras e, muitas vezes, imitá-las também.

Segundo, verificamos que as vendas começam a deslanchar nos pontos que chamamos de "lugares badalados", expandindo-se a partir daí. Na Pensilvânia, esses lugares badalados eram as maiores cidades do estado, Filadélfia e Pittsburgh. Embora o padrão de disseminação fosse esperado, tivemos uma surpresa. Com o tempo, a taxa de crescimento de novos clientes nos tais "lugares badalados" e arredores começou a diminuir. Em outras palavras, esses lugares físicos acabaram "se esgotando" em termos de capacidade de continuar gerando clientes e vendas virtuais.

Porém, e os códigos postais semelhantes no quesito "características demográficas" e distantes fisicamente?

Nossa terceira descoberta foi que os códigos postais da mesma vizinhança (demográfica, não física) começavam a registrar novos clientes mais ou menos no mesmo momento e na mesma proporção.

Esses novos clientes, então, surgiam por dois fatores importantes: a proximidade física (dentro de um mesmo código postal e entre códigos postais) e a semelhança das localizações, independentemente da distância física entre elas.

Houve outro componente inesperado nessa história também (a coisa está ficando cada vez melhor, não acha?): a maneira ainda mais surpreendente de como esses efeitos agiam ao longo do tempo.

Nos primeiros dois anos, a maioria dos novos clientes surgia por conta da proximidade física. Com o tempo, entretanto, cada vez mais clientes apareciam em lugares fisicamente distantes, mas similares em termos de perfil demográfico. Aliás, se o vendedor não tivesse a capacidade de atender essa dinâmica de *segunda ordem* – isto é, explorar a demanda por semelhança demográfica –, sua empresa poderia até falir.

A Cauda Longa Espacial

Como já passamos da metade deste livro, parece-me um bom momento para introduzir um novo termo (mencionado brevemente na introdução). É um conceito semioriginal: a Cauda Longa Espacial (CLE).[24]

De onde vem esse termo?

Quando fizemos um histograma com o número de novos clientes por localização física, deparamos com um fenômeno intrigante. Na CLE, o eixo x mostra todos os condados do estado da Pensilvânia, classificados em ordem decrescente segundo o número de clientes em cada um (da esquerda para a direita). No eixo y, vemos o número de clientes de cada condado. O gráfico resultante é uma linha descendente.

Diante desse histograma, notamos um padrão muito similar ao descrito por Chris Anderson em seu livro *A Cauda Longa*.[25]

Se você leu o livro, tenha um pouco de paciência comigo. Se não, recomendo fortemente que leia de cabo a rabo (o que apresento aqui é apenas a versão resumida da parte relevante para nossa discussão).

A ideia central do livro de Chris Anderson é muito poderosa.

Começa com uma observação sobre fornecimento de produto e disponibilidade, dizendo que a internet reduziu drasticamente os custos de variedade de ofertas. A Amazon pode oferecer milhões de livros, enquanto uma livraria física, por maior que seja, não consegue passar de 100 mil (valor arbitrário, só como exemplo).

Em seguida, Anderson mostra o que isso significa em termos de demanda e quais as principais implicações dessa variedade. Se você estivesse administrando a Amazon e vendendo milhões de livros, poderia fazer o seguinte: no fim do ano, você somaria as vendas de cada livro e classificaria os livros de acordo com o resultado, do mais para o menos vendido. Nesse caso, você observaria um padrão.

Alguns livros teriam vendido muito bem – livros como *Harry Potter* e a *Bíblia* – e outras centenas de milhares não, talvez um ou dois exemplares. Se fizesse um histograma das vendas, começando do produto mais popular para o menos, constataria que o total de vendas de todos aqueles livros que venderam pouco, na verdade, chegaria a um número significativo.

Explicando melhor: se traçássemos uma linha vertical no histograma, colocando todos os livros que vendem até 100 mil exemplares à esquerda da linha e todos os que vendem mais de 100 mil exemplares à direita da linha, veríamos que os livros à direita responderiam por até 25% de todo o nosso lucro!

A "cabeça" do diagrama representa os produtos populares (os livros que estariam na estante de uma livraria física) e a "cauda" representa os produtos de nicho, relativamente menos populares.

O mesmo acontece com a localização.

O Netgrocer.com certamente precisava vender para os clientes da Filadélfia e de Allegheny (os dois primeiros condados da "cabeça", com o maior número de vendas), mas só isso não bastaria. Sem os clientes da "cauda" (ou seja, de outras localizações), eles não teriam sobrevivido. Essas localizações da cauda contribuem bastante para o lucro final da empresa.[26]

Outra observação interessante sobre localizações da cauda.

Os clientes das localizações da cabeça surgiram, em grande parte, por conta da proximidade. A adjacência física propiciou o boca a boca e a imitação. Os clientes das localizações da cauda, em contrapartida, surgiram por conta da semelhança.

Isso porque existe uma relação de 80/20 no início do processo de venda virtual, isto é, 80% dos novos clientes vieram inicialmente pela proximidade. Com o tempo, uma vez estabilizada a empresa, essa relação passa para 50/50.

Portanto, embora a adjacência física seja fundamental para explicar a influência do mundo real sobre o virtual, um olhar mais profundo nesse sentido revela que a vizinhança e a definição mais ampla de grupo que utilizei aqui também desempenham um papel vital.

Para ter certeza de que essa evolução, primeiro por proximidade e depois por semelhança, era um padrão sistemático, decidimos testar nosso modelo. Semeamos mercados hipotéticos com novos clientes, avaliando os efeitos de diferentes abordagens sobre as vendas.

Em outras palavras, fizemos muitas simulações no computador.

Para você entender exatamente o que fizemos, imagine que fosse possível sair e colocar novos clientes em 50 lugares que ainda não têm uma clientela.

Como escolher esses lugares de modo a produzir o máximo efeito em termos de crescimento comercial? Será que deveríamos colocar um cliente em cada uma das 50 regiões mais populosas? Ou seria melhor espalhá-los de forma aleatória? Outra opção seria colocá-los nos lugares com o menor número de clientes até o momento.

Verificamos que cada uma dessas abordagens tem prós e contras.

Como o leitor pode imaginar, colocar novos clientes em lugares com baixo desempenho (proporcional ao tamanho da população) produz um bom resultado – pelo menos por um tempo.

Mas a melhor coisa que um lojista virtual pode fazer é concentrar-se inicialmente nas áreas mais populosas, tirando proveito da proximidade. Então, quando a taxa de crescimento relativa a novos clientes se estabilizar, a estratégia deve ser alterada para atrair novos clientes com base na semelhança.

Essa abordagem combinada rendeu resultados muito superiores aos das abordagens isoladas. Conclusão: os lojistas virtuais devem começar em lugares populosos, mas procurar crescer para lugares da vizinhança nos quais os habitantes tenham as mesmas características e preferências.

A moral da história é que semear clientes por vários lugares geralmente é melhor do que semeá-los em um único ponto.[27]

Os empreendedores Sean Rad e Justin Mateen, fundadores do super bem-sucedido aplicativo de encontros Tinder, implicitamente reconheceram esse princípio quando semearam o campo na Southern Methodist University sediada em Dallas, no Texas, imediatamente depois de ganhar tração na University of Southern California (UCLA) em Los Angeles.

Repito: já vi isso acontecer diversas vezes. É a ideia da Cauda Longa de Chris Anderson, mas dessa vez com um viés espacial – portanto, é a CLE.

EM SÍNTESE

Você mora realmente em um bairro, mas há outros em que você também se estabelece ou "vive". São aqueles baseados não na proximidade, mas na cultura, na demografia, em seu comportamento de compra e em suas preferências. Reunidos em função de seus interesses, pássaros de mesma plumagem se encontram.

Definidos menos pela proximidade e mais pelas preferências, esses novos agrupamentos podem ser construídos com muita proximidade. É o caso dos fãs de rúgbi (Rugby365.com), de quem gosta de calças saruel (Bonobos.com) e de acadêmicos que colaboram separados por grandes distâncias, mas ligados por ideias próximas. Uma vez que têm oportunidade, você pode acabar se "linkando" apenas àqueles que são exatamente como você!

A influência do mundo virtual vem em uma variedade de sabores do mundo real também. Se você quer ter influência sobre os outros, ajuda se for mais novo, mulher ou um membro novo da comunidade do mundo virtual. Talvez seja menos surpreendente que, na internet, algumas pessoas gostem de esconder suas identidades do mundo real e escamotear um pouco as coisas. (Homens gostam de aumentar sua altura e renda no mundo virtual.)

Dentro de cada país, há localizações "sósias" em toda parte. Já que as áreas de atuação dos vendedores do mundo virtual são muito amplas, é uma boa ideia atrair clientes dessas localizações "sósias".

Retomando o Capítulo 3 (Adjacência), vemos que os vendedores da internet se beneficiam primeiro de vendas iniciais a clientes com grande proximidade física. Depois, se tiverem sorte, ampliam sua área de atuação comercial para localizações "sósias" mais distantes, nas quais obtêm vendas subsequentes que surgem da semelhança demográfica entre vizinhanças distantes mas comparáveis.

O resultado final é a Cauda Longa Espacial, na qual a cabeça é a demanda dos clientes conectados pela "proximidade" e a cauda é a demanda daqueles conectados pela "semelhança", ou "similaridade".

Um grande conjunto de clientes ainda vem das localizações "principais", mas todas as localizações menores importam também, e coletivamente representam muito!

O valor vem da vizinhança – você terá sucesso quando aproximar as localizações de cabeça e cauda.

CAPÍTULO 5

ISOLAMENTO

Qual a importância do isolamento pelas preferências: como o mundo virtual fortalece as minorias nesse sentido

I.SO.LA.MEN.TO sm.

Ação ou resultado de isolar (-se); estado ou condição do que vive isolado.

No Capítulo 3 ("Adjacência") e no Capítulo 4 ("Vizinhança"), expliquei a disseminação pela contiguidade e como a vizinhança virtual se forma independentemente da distância física. Os efeitos da adjacência são consequência do agrupamento geográfico natural, que propicia a troca de informações e a imitação. O agrupamento demográfico é um tipo mais sutil de associação: grupos que se formam em torno de características e preferências em comum acabam no mesmo bairro.

Neste capítulo, exploro a micropeça final do quebra-cabeça "quem está conectado a quem, e por quais laços", na sequência A-V-I.

Meu foco aqui é a motivação inerente que todos nós temos de nos ver livres das circunstâncias do mundo real, por causa das pessoas com as quais escolhemos conviver.

Isso pode parecer um pouco paradoxal, porque no início do livro eu expliquei que geralmente decidimos morar em lugares com uma boa relação custo-benefício em termos de produtos e serviços disponíveis.

Está certo!

A homofilia, uma parte fundamental desse processo e um importante princípio para nossa análise, também determina que pessoas que fizeram escolhas semelhantes e acabaram morando no mesmo lugar, normalmente têm características similares.

Apesar de tudo isso, ainda pode haver muitos casos em que nos diferenciamos significativamente de nossos vizinhos. Talvez você tenha um filho recém-nascido e as pessoas do seu bairro sejam mais velhas, com filhos já crescidos.

Outra possibilidade é que você tenha vindo de outro país (digamos, da Nova Zelândia) e suas preferências sobre produtos e serviços (Vegemite e partidas internacionais de rúgbi) não sejam tão populares no novo local.

Neste capítulo, mostrarei o que significa sofrer esse modo específico de isolamento, o "isolamento pelas preferências", e como o mundo virtual pode nos poupar disso. Apresentarei as principais nuances desse isolamento e algumas teorias interessantes sobre o assunto (com exemplos), concluindo com uma análise mais detalhada de uma das minhas pesquisas, que mostra esse princípio na prática.

OFERTAS DE MERCADOS E CUSTOS FIXOS NO MUNDO REAL

O que está sendo oferecido

Dê uma olhada em volta de onde você mora ou apenas reflita um minuto. Que tipos de produtos e serviços são oferecidos? Você está satisfeito com as opções de bares e restaurantes, a variedade de produtos nos supermercados, a distância que você precisa percorrer até a lavanderia etc.?

Como vimos no Capítulo 1 ("Geografia"), segundo a Teoria do Lugar Central, a quantidade de produtos e serviços disponíveis em determinado lugar será proporcional ao tamanho do mercado local. Quanto maior o lugar, maior a disponibilidade. Agora, como você é uma pessoa sensata, em parte escolheu onde morar por causa dessa disponibilidade.

Até aqui, tudo certo.

Mas neste capítulo vou explorar a ideia fundamental de que você, como indivíduo, talvez queira coisas que não estão disponíveis no lugar onde mora. Veja por quê. Acontece que os donos de um negócio local no seu bairro também são pessoas sensatas. Diante das limitações que encontram – tamanho do mercado, preferências de quem vive ali e tamanho físico de seus estabelecimentos –, eles decidem oferecer produtos e serviços de acordo com essas limitações. Portanto, se eles vão dar atenção ao que *você* quer especificamente ou não, depende de quanto os seus desejos estão em conformidade com os de seus vizinhos.

Existem no mundo real dois tipos de isolamento que nos motivam a recorrer ao virtual. No Capítulo 2, "Resistência", discutimos extensivamente o primeiro: o isolamento geográfico. Se morarmos longe de lojas físicas, não seremos muito influenciados por elas. Como a atração gravitacional de lojas distantes é fraca, somos atraídos pela internet. Em geral, a "atração" que um estabelecimento comercial (como uma loja ou um restaurante) exerce sobre nós está ligada a sua localização e "qualidade" – no sentido de oferecer o que queremos. É difícil abandonar um lugar próximo que tem tudo o que precisamos, e com ótimos preços ainda por cima.

Anteriormente, vimos exemplos de como isso funciona em ambas as direções. Quanto mais distantes forem as lojas físicas, mais atraente será a internet. Quanto mais próximas as lojas, menos atraente a ela será.

O segundo tipo de isolamento – o isolamento pelas preferências – é mais sutil, mas igualmente poderoso. Vejamos um exemplo.

Os varejistas (além de bares, restaurantes e outros estabelecimentos) procuram estocar produtos que: (1) seus clientes gostam e (2) tenham a melhor relação lucro/esforço de comercialização. Esforço de comercialização significa espaço de prateleira necessário, orçamento de marketing etc.

O que isso significa, em termos práticos, é que os varejistas vão oferecer produtos e serviços de acordo com os gostos da maioria das pessoas de determinada localização. Se o vendedor não tiver muito espaço para estocar refrigerantes, Coca e Pepsi terão preferência nos Estados Unidos (talvez até em detrimento de Dr. Pepper). Se você e mais ninguém quiser um Dr. Pepper diet com limão no seu bairro, azar o seu.

Preferências e estações de rádio

Antes de examinar como o isolamento nos conduz ao mundo virtual, é importante entender a relação entre o tamanho do mercado disponível e a medida da variedade de produtos oferecida ali.

Para demonstrar essa relação, um colega meu da University of Pennsylvania realizou um grande estudo sobre o mercado de rádio nos Estados Unidos e verificou que mercados (físicos) maiores têm mais estações e que as pessoas desses lugares passam mais tempo ouvindo rádio.[1] Esse é um caso de "externalidade positiva", no sentido de que, quanto maior o número de pessoas de determinada região, maior será a variedade de mídia disponível para consumo.

No entanto, em muitos outros casos, alguns indivíduos, além de preferirem versões específicas dos produtos disponíveis, também não gostam da versão existente, voltada para os outros consumidores. No caso do rádio, esse fenômeno é especialmente notável.

Os dados do estudo, fornecidos pela agência de pesquisa de mercado Arbitron, mostram como as preferências por diferentes formatos de rádio – diferentes programações – são polarizadas. Enquanto alguns formatos (por exemplo, "soft rock") são programados para o consumo de massa, outros, evidentemente, estão voltados para grupos étnicos mais específicos. Podemos verificar padrões bem definidos nesses casos.

Em todo os Estados Unidos, mais de 96% dos ouvintes do chamado formato de rádio específico para o público hispânico são realmente hispânicos. (Ouvintes não hispânicos representam menos de 0,5% da audiência!). Da mesma forma, de 82% a 92% dos ouvintes do formato de rádio voltado para a população negra são, de fato, afrodescendentes.[2]

As sutilezas do que é oferecido nesses mercados do mundo real nos dão uma boa base para compreender o que acontece quando o mundo virtual entra em cena para libertar aqueles que têm necessidades não atendidas. Primeiro, quanto maior o número de pessoas, maior o número de estações de rádio (ou seja, mercados maiores têm mais variedade). Em muitos aspectos, isso é apenas mais uma manifestação da Teoria do Lugar Central, apresentada no Capítulo 1 ("Geografia"). E esse efeito é especialmente significativo em um grupo étnico e tipo de estação específicos, então um mercado maior não beneficia a todos igualmente. O acréscimo de pessoas brancas a uma população faz aumentar o número de estações do lugar, mas somente daquelas voltadas para esse público (o efeito do acréscimo de pessoas brancas sobre estações voltadas para os negros é insignificante). Do mesmo modo, o acréscimo de pessoas negras a uma população faz aumentar o número de estações voltadas para esse público, exercendo um efeito praticamente nulo sobre as estações voltadas para os brancos.

Ou seja, acrescentar certos "tipos" étnicos a um mercado cria maior variedade para esses tipos, mas não necessariamente para os outros.

Lendo (e escrevendo) o jornal

Em uma pesquisa relacionada ao estudo do rádio, pesquisadores da University of Chicago e University of Pennsylvania examinaram o mesmo tipo de ideia, mas em relação a jornais.[3] Os pesquisadores estudaram mais de 250 mercados em todo os Estados Unidos, verificando, novamente, evidências de fortes externalidades quanto às preferências.

A probabilidade de uma pessoa negra comprar jornal em um lugar onde a maioria das pessoas *é* negra é muito maior do que a probabilidade de ela comprar jornal num lugar onde a maioria das pessoas *é* branca (se todos os outros fatores forem iguais). Os jornais, assim como as estações de rádio, costumam produzir conteúdo voltado, pelo menos em parte, para grupos étnicos específicos.

Portanto, um homem negro que more em um lugar predominantemente branco talvez não consiga encontrar os jornais que deseja nas bancas de jornais locais.

Assim como o estudo sobre as rádios, este, sobre os jornais, ilustra dois pontos importantes.

O primeiro? A condição de ser minoria nesse sentido é indicada por características facilmente observáveis e classificáveis (por exemplo, nos censos e outros locais). Até agora apresentei exemplos relativos à etnia. No entanto, nem todas as características observáveis são igualmente úteis. É o caso do gênero.

A divisão por gênero não varia tanto nas cidades dos Estados Unidos (e na maioria dos outros lugares). Portanto, provavelmente será difícil encontrar homens ou mulheres isolados por conta de suas preferências relacionadas ao gênero – isto é, morando em mercados físicos que não os atendem. Conclusão: as características que variam mais de lugar para lugar são bem mais úteis do que o gênero para determinar a condição de minoria em termos de preferências.

O segundo ponto é que a condição de minoria em termos de preferências pode ser atribuída a características temporárias, como, por exemplo, ter um filho recém-nascido. Esse é o exemplo que mencionei no início do capítulo e que abordarei com mais detalhes em breve. A porcentagem de famílias com filhos pequenos em determinado mercado, ou seja, o número de pessoas que procura fraldas, leite em pó, brinquedos e produtos relacionados varia bastante de um lugar para o outro.

Voltando aos jornais.

Além de consumir notícias, alguns de nós estamos "produzindo" notícias também, por assim dizer. A maioria dos jornais e outros meios aceita conteúdo gerado pelo usuário (CGU) em suas edições online. De acordo com alguns registros, mais da metade da população virtual norte-americana – cerca de 115 milhões de pessoas – contribuiu com conteúdo em 2012. Já faz algum tempo que os jornais e outras publicações vivem tanto no mundo real (por exemplo, a versão impressa do *The New York Times*) quanto no virtual (www.nytimes.com).

Pesquisadores de Pittsburgh e da Filadélfia realizaram um estudo fascinante sobre os efeitos do CGU nas edições impressa e virtual de um mesmo jornal.[4] Os pesquisadores verificaram que quando contribuímos com conteúdo para a versão online de um jornal, a impressa é influenciada. Ele se torna mais leve em termos de opiniões (sobretudo as de tendência política), enquanto as versões online, em contrapartida, passam a tender mais para a esquerda ou para a direita.

A tendenciosidade do mundo virtual é mais extrema, claro, quando o conteúdo é gerado em localizações físicas fortemente ligadas à determinada visão política. Ou seja, os comentários da versão online do *The New York Times* tendem para a esquerda se forem escritos por um leitor de San Francisco.

Aqui, cabe uma observação final.

Os mercados de mídia (tanto real quanto virtual) também são importantes para o engajamento cívico. Sem acesso a notícias e conteúdo, os cidadãos têm menos chances de participar de assuntos de interesse local, como as eleições estaduais e nacionais, além de ficarem menos informados.

Um estudo conduzido por pesquisadores da Harvard University e da University of Pennsylvania focou a relação entre a disponibilidade de mídia virtual e real e o comportamento eleitoral.[5] Em lugares onde havia uma boa quantidade de habitantes de língua espanhola, o mercado local oferecia notícias nos formatos impresso e virtual em espanhol. A presença dessa mídia especializada, por sua vez, teve um importante efeito nas urnas, aumentando o número total de eleitores em 4%.

Pressão social e preferência por visibilidade

Em outro estudo, pesquisadores da University of Southern California e de Hong Kong examinaram a manipulação explícita do isolamento pelas preferências nas redes do mundo virtual,[6] observando o comportamento dos usuários da principal rede social da China, o Kaixin001.com (algo como "rede feliz", numa tradução grosseira). Com base no relacionamento virtual entre amigos do mundo real, os pesquisadores perguntaram: "Quando uma pessoa está cercada apenas por amigos, ela costuma agir de acordo com eles ou diverge das escolhas mais populares do grupo?" A pesquisa de campo foi realizada numa parte do site em que os usuários utilizavam um aplicativo chamado "casas virtuais" para colorir e decorar casas que eles construíram no site. Mais de 16 mil usuários participaram da experiência, na qual eles eram informados das escolhas dos outros.

O foco foi a cor escolhida pelos outros usuários do site.

Numa primeira fase, o grupo foi informado sobre a popularidade da cor escolhida por *todos* os usuários do site; numa segunda fase, o grupo foi informado sobre a popularidade da cor escolhida somente por seus amigos.

Curiosamente, a popularidade da cor escolhida por usuários aleatórios do site não exercia nenhuma influência sobre a cor que os participantes do estudo escolhiam para decorar suas casas virtuais. No entanto, quando os participantes do estudo eram informados de que a maior parte de seus amigos tinha escolhido determinada cor, a probabilidade de que eles também a escolhessem diminuía.

Por fim, numa terceira fase, os usuários eram informados das escolhas de seus amigos, mas com uma pequena diferença: eles ficavam sabendo que suas escolhas também seriam anunciadas a seus amigos do site.

Será que esse "compartilhamento social" faz alguma diferença no modo como os usuários se apresentam no mundo virtual?

Sim, faz.

Os participantes do estudo foram informados de que determinada cor, amarelo, por exemplo, era popular entre seus amigos. Os pesquisadores manipularam o nível de popularidade de 50% a 60%, chegando a 80% e 90%. Verificaram que, quando a popularidade de uma cor se aproximava da unanimidade, os usuários do site, sabendo que teriam de declarar sua opção, mostravam-se mais propensos a usá-la também.

Portanto, temos duas forças diferentes e muito interessantes em relação à influência das amizades do mundo real sobre o comportamento virtual. (Vale lembrar que o estudo visava comparar os efeitos das ações de amigos x ações de pessoas aleatórias da rede social). Quando nos apresentamos no mundo virtual, gostamos de divergir dos outros e manter certo nível de expressão individual – exceto quando nossas escolhas são publicamente anunciadas e todos os nossos amigos estão fazendo a mesma coisa.

É legal expressar nossa individualidade, a não ser que tenhamos de nadar contra a corrente dos nossos amigos de maneira explícita!

Isolamento e conexão com o mundo virtual

Alguns amigos meus realizaram um incrível estudo sobre a relação entre o uso da internet e a etnia para confirmar que as pessoas que destoam de seus bairros têm maior probabilidade de ser ativas no mundo virtual. Sendo mais específico, eles queriam verificar se os aspectos étnicos dos nossos vizinhos influenciam nosso uso da internet.[7]

Nesse caso, não estamos apenas investigando se a falta de opções físicas em geral leva as pessoas a buscar a internet (sabemos que sim). Estamos dando um passo além. A questão agora é se a falta de alternativas físicas satisfatórias para determinados indivíduos com preferências minoritárias influenciam seu comportamento no mundo virtual.

Vale lembrar também que, no Capítulo 2 ("Resistência"), vimos que a internet pode atuar como um substituto para a falta de variedade de produtos em lugares menores. Mas a descoberta que estamos discutindo aqui é um pouco mais importante. Não é apenas o tamanho da cidade que importa para a conectividade, mas quão semelhantes somos em relação aos nossos vizinhos em termos de características (como etnia) vinculadas a preferências e à natureza das preferências em si.

Benefícios do mundo real da anonimidade do mundo virtual

No dia 5 de julho de 1993, Peter Steiner publicou uma icônica charge na revista *New Yorker* que se propagou pela internet. Talvez você se lembre. Um cachorro sentado numa cadeira em frente a um computador diz para outro cachorrinho no chão: "Na internet, ninguém sabe que você é um cachorro".

Uma charge tão simples, mas que resumiu perfeitamente a conhecida ideia de anonimato no mundo virtual.

Como esse anonimato pode influenciar o mundo real de indivíduos que sofrem discriminação racial e outros tipos de preconceito?

Pesquisadores de Berkeley, Yale University e da J.D. Power (uma empresa de pesquisa de mercado) decidiram responder a essa pergunta estudando um dos principais mercados de consumo dos Estados Unidos (e da maior parte do mundo): o mercado automobilístico.[8] Para isso, examinaram o preço pago por consumidores em milhares de transações nas diversas concessionárias espalhadas pelo país.

Como era de se esperar, os pesquisadores descobriram o que outros economistas já haviam testemunhado em outras ocasiões: indivíduos de populações minoritárias costumam pagar um pouco mais pelo seu carro. Só para esclarecer: os pesquisadores analisaram os preços pagos exatamente pelo mesmo carro. A única variante da pesquisa era a etnia dos compradores.

Os dados não deixaram dúvidas.

Consumidores negros e hispânicos pagavam cerca de 2% a mais do que outros consumidores. (Essa porcentagem equivale a algumas centenas de dólares nesse mercado, uma vez que o valor de um automóvel chega a dezenas de milhares de dólares!).

Cerca de dois terços desse valor extra (ou aproximadamente 1,4%) podem ser explicados pelas características dos consumidores, incluindo renda e nível educacional. Ou seja, a diferença de 2% não se deve somente à discriminação racial por parte das concessionárias. É verdade que a renda e o nível educacional muitas vezes estão vinculados à etnia, mas os pesquisadores fizeram os ajustes necessários para que isso não interferisse nos resultados do estudo.

E o terço restante do valor extra? Infelizmente essa diferença de valor resulta, sim, de discriminação racial.

Entra em cena a internet.

Quando os compradores realizaram vários passos da transação (qualificação, busca etc.) pela internet, o ágio racial desapareceu por completo!

Ou seja, como a pessoa pode optar pelo anonimato no mundo virtual, os vendedores não tinham como detectar fatores como etnia ou gênero, que geralmente entram no cálculo da discriminação.

Quando uma concessionária recebe um pedido de um tal de "Dakota Smith", eles não têm como saber muito sobre a pessoa. (De acordo com um estudo, "Dakota" é o nome mais neutro em termos de gênero nos Estados Unidos, servindo tanto para meninos quanto para meninas).[9]

Em alguns casos, o mundo virtual é a camuflagem perfeita para quem poderia ser discriminado no mundo real.

Produtos de nicho e isolamento por preferência

Pesquisadores do MIT compararam a demanda online de roupas em lugares sem lojas físicas próximas com a demanda online de roupas em lugares com um número razoável delas. A demanda em lugares com um número razoável de lojas físicas resultou ser 4,2% mais baixa do que a demanda em lugares sem elas.[10]

Isso indica uma curiosa "compensação" entre o mundo real e o virtual, no sentido de que um compensa o outro. Em lugares onde os mercados locais não atendiam adequadamente os moradores do lugar, o número de vendas online era maior. Em lugares onde os habitantes estavam menos isolados, no sentido de que tinham mais acesso a lojas físicas de roupa, o número de vendas online era bem menor.

Os pesquisadores também verificaram algo muito interessante relacionado a uma descoberta que apresentei no Capítulo 2 ("Resistência"). Na ocasião, observei que a inauguração de livrarias físicas prejudica as vendas da Amazon, mas só no caso de livros populares, não de títulos mais específicos. Os pesquisadores do MIT descobriram algo similar no mercado de roupas.

> Os lojistas virtuais enfrentam grande concorrência dos lojistas convencionais quando vendem produtos de sucesso, mas são praticamente imunes à concorrência na venda de produtos de nicho.[11]

Essa descoberta se explica, em grande parte, pelo isolamento geográfico dos clientes e pelos atritos de busca – as duas ideias centrais do Capítulo 2 ("Resistência"). A distância física e o atrito de busca dificultam o acesso a artigos específicos em lojas físicas. Dá muito trabalho e toma muito tempo encontrar o que queremos. Em alguns casos, os produtos que procuramos sequer existem offline. No entanto, o isolamento pelas preferências dos clientes locais também explica os resultados. Os produtos de nicho são comprados por clientes com gostos "minoritários". Portanto, os vendedores virtuais podem atender esses clientes sem temer a concorrência com as lojas físicas.

Os pesquisadores do MIT queriam entender o que aconteceria se os varejistas dos mundos real e virtual oferecessem produtos iguais com os mesmos preços. Teriam eles padrões de vendas idênticos?

Especificamente, esses estudiosos estavam interessados em observar se haveria diferenças nas vendas de produtos da Cauda

Longa – produtos desejados pelos clientes com mais preferências de nicho ou isoladas.[12]

Ou seja, é o mundo real (catálogo) x o mundo virtual (site).

Os resultados revelaram que, mesmo nos casos em que as ofertas nos dois universos eram idênticas, o virtual registou mais vendas de produtos localizados na "cauda" que o mundo real.[13]

O número de vendas de produtos de nicho na internet chegou a 14,8% do total, enquanto no mundo real esse número não passou de 12,7%. Uma diferença estatística bastante significativa.

Como os produtos e os preços eram idênticos, de que maneira podemos explicar essa discrepância?

A grande diferença entre os dois meios é que os compradores com preferências específicas têm mais chances de encontrar os produtos da "cauda" na internet. Isso acontece porque o mundo virtual está repleto de recomendações de clientes e oferece a opção de busca. Independentemente da nossa localização física, no mundo virtual conseguimos acessar a cauda e descobrir itens de nicho.

ISOLAMENTO PELAS PREFERÊNCIAS NA PRÁTICA

Concluí os Capítulos 3 ("Adjacência") e 4 ("Vizinhança") apresentando as ideias principais que resultaram do meu trabalho de pesquisa, e farei o mesmo aqui.

Dessa vez, o foco será a pesquisa que realizei com base nos dados do intrépido fornecedor de tudo o que esteja relacionado a bebês, o Diapers.com.

Os conceitos aqui descritos são igualmente relevantes para outras categorias de produtos, desde que o público-alvo local seja minoria em termos de preferências, sendo, portanto, ignorado pelas lojas físicas do bairro.

Produtos para bebê e Vegemite na Filadélfia

Antes de nos aprofundarmos numa pesquisa "decente" sobre isolamento pelas preferências para testar o conceito (quando digo "decente", quero dizer uma pesquisa com muita análise de dados), meu amigo e colaborador Jeonghye e eu decidimos ir a algumas lojas na Filadélfia para colocar à prova uma ideia bastante simples (mais detalhes em breve).

Porém, antes de embarcamos nesse pequeno estudo de campo, percebemos que, se quiséssemos fazer um trabalho bem-feito, precisaríamos descobrir duas coisas.

Primeiro, para cada lugar (código postal) dos Estados Unidos, precisávamos saber quão urgente ou comum era a necessidade de produtos para bebês. Novamente, conforme eu disse no início do capítulo, o "isolamento" dos clientes nesse caso se deve a um momento de vida específico, relacionado à presença de um bebê recém-nascido em casa. Saber a porcentagem de domicílios com bebês em determinado código postal, isto é, a quantidade de famílias com filhos pequenos em relação ao número total de casas da região, nos permitiria descobrir se essas famílias estavam sendo bem atendidas pelo mercado físico local ou não.

Evidentemente, também poderíamos examinar o isolamento decorrente de outras características observáveis, como etnia, renda, gênero ou nível educacional, mas a ideia que quero apresentar neste capítulo sobre isolamento pelas preferências torna-se mais clara se nos concentrarmos em mercados de produtos e serviços específicos.

Neste exemplo, é muito fácil identificar o público que nos interessa: pessoas com filhos pequenos. Felizmente, o governo dos Estados Unidos, por meio do recenseamento americano, fornece dados estatísticos detalhados sobre a presença de crianças em qualquer código postal do país.

Outro ponto a favor é que os produtos de que as famílias com bebês precisam estão disponíveis em supermercados, farmácias etc. Isso significa que também poderíamos contar o número de lojas de cada código postal – mais uma vez, graças aos dados coletados pelo governo norte-americano e empresas especializadas na produção de soluções para a área de informações geográficas, como a ESRI.[14]

A segunda coisa a saber é que precisávamos que uma empresa virtual compartilhasse seus dados de vendas conosco. Desse modo, poderíamos comparar a urgência da necessidade do produto em determinado lugar com o número de vendas virtuais locais. Para nossa alegria, Marc e Vinnie, do Diapers.com, nos deixaram examinar todos os seus dados de vendas nos Estados Unidos.

Nossa tese era bastante simples. Em lugares onde o número de pessoas com filhos pequenos é relativamente baixo, em termos percentuais, há menos opções de lojas físicas.

Por quê?

Se os vendedores quiserem ganhar dinheiro (o que é o caso da maioria), eles não vão dar muita atenção a categorias de produtos e marcas que interessam a um número relativamente pequeno de pessoas.

Voltando ao trabalho de campo.

Antes de passar meses analisando dados no computador, queríamos verificar se a nossa ideia básica merecia algum crédito. Sentido fazia, mas não tínhamos como afirmar que estávamos certos até partir para a prática.

Portanto, entramos na internet (onde mais iríamos entrar?) para identificar os vendedores da Filadélfia que (a) tivessem lojas físicas em mais de uma localidade e (b) vendessem produtos para bebês. Nossa pesquisa nos levou a duas grandes cadeias de lojas, a Fresh Grocer, com três lojas, e o Walmart, com duas lojas, a uma distância relativamente curta do campus da University of Pennsylvania.

Além de buscar lojas em mais de um código postal, também precisávamos nos certificar de que a porcentagem de domicílios com crianças variava de um lugar para o outro. Ou seja, precisávamos de certa variação no status de "isolamento pelas preferências" das famílias com filhos pequenos que moravam em diferentes lugares da Filadélfia.

Voltando ao censo norte-americano.

Observamos que nos códigos postais em que as lojas da Fresh Grocer estavam localizadas, a quantidade de famílias que tinham filhos com menos de 6 anos de idade variava de 10,6% a 16,3%.[15] Uma das lojas do Walmart estava localizada num código postal com 13,9% de crianças pequenas, enquanto o outro tinha 19,9%.

Nosso plano de ação era simples.

Iríamos até a seção de produtos para bebês dessas lojas e contaríamos a quantidade de fraldas que eles estavam vendendo, tanto no total como individualmente, para as três marcas principais: Pampers, Huggies e Luvs.

Nossa teoria também era bem simples.

Se o conceito de "isolamento pelas preferências" realmente funcionasse em mercados reais, esperávamos descobrir que as lojas em bairros nos quais 10% da população tinham filhos teria menos pacotes de fraldas e menos variedade do que as lojas em bairros nos quais 15% a 20% dos domicílios tivessem filhos. Ou seja, esperávamos que varejistas do mundo real tivessem alguma compreensão de quem estava em suas regiões comerciais e ajustassem seu estoque de maneira correspondente. Essa é realmente uma suposição bastante razoável e há boas pesquisas acadêmicas para apoiá-la.[16]

Eu raramente faço coleta de dados "em campo", e talvez devesse fazer mais. No caso específico das fraldas, a missão era um pouco constrangedora, porque iríamos às lojas munidos de fita métrica rosa, mas também emocionante, porque teríamos de usar nossas habilidades de discrição para não chamar a atenção dos gerentes. (Afinal de contas, a Filadélfia é a cidade que vaiou o Papai Noel,[17] então era difícil saber como os gerentes reagiriam ao encontrar estrangeiros com uma fita métrica rosa conferindo a quantidade de fraldas em seus estoques).

A pesquisa de campo confirmou nossas suspeitas.

Nos lugares em que, segundo o censo, havia mais famílias com crianças pequenas, as lojas reservaram um espaço maior para as fraldas. Um dado interessante sobre nossa pequena experiência é que as lojas da mesma rede tinham mais ou menos o mesmo tamanho em metros quadrados e, portanto, seu espaço dedicado às fraldas era similar.

Implicações do isolamento pelas preferências: não tem Vegemite

Antes de apresentar os resultados da nossa análise estatística, revisemos o conceito de isolamento pelas preferências com um exemplo.

Imagine que você e eu temos filhos pequenos, mas moramos em lugares diferentes. Um ponto muito importante neste exemplo: o número de crianças do lugar onde eu moro é exatamente igual ao número de crianças do lugar onde você mora. Para simplificar, digamos que haja cem domicílios com bebês em ambos os lugares.

Existe, no entanto, uma diferença básica: no lugar onde você mora há 200 domicílios no total, enquanto no lugar onde eu moro há mil domicílios. No seu bairro, as pessoas com bebês estão em toda parte, pois representam 50% da população local (100/200). No meu bairro, as pessoas com bebês são raridade, representando somente 10% (100/1000) da população local.

Como em ambas as localidades há o mesmo número de bebês, a necessidade total de fraldas é exatamente igual. Segundo a teoria do isolamento pelas preferências, a única diferença é a demanda atendida pelo mundo real x a demanda atendida pelo mundo virtual.

De acordo com a Teoria do Lugar Central, haverá mais lojas no meu bairro, porque a população local é maior. Para o exemplo não ficar muito abstrato, vamos supor que o número de lojas seja proporcional ao número de habitantes de cada lugar – uma suposição bastante lógica e razoável. Na sua vizinhança há somente uma loja, por exemplo, e na minha há cinco, uma vez que o número de habitantes do lugar onde eu moro é cinco vezes maior do que o número de habitantes do lugar onde você mora.

Um fato sobre o mundo real é que o tamanho das lojas não varia muito de acordo com o lugar (o tamanho de uma loja da Target, Fresh Grocer etc. é mais ou menos constante, independentemente de sua localização).

Novamente, para facilitar os cálculos sem prejudicar a ideia, vejamos como o gerente dessa única loja no seu bairro utiliza o espaço disponível das prateleiras. Digamos que ele tenha um estabelecimento de 20 metros quadrados (sei que é pequeno, mas é só um exemplo, e não queremos complicar os cálculos). Como ele sabe que metade das pessoas do lugar tem filhos pequenos, decide reservar metade da loja para fraldas e produtos para bebês.[18]

Então, no seu bairro há apenas uma loja com 10 metros quadrados do total de 20 metros quadrados reservados para fraldas e outros artigos para bebês. Isso significa que a loja tem um bom sortimento de produtos, preços razoáveis etc.

No meu bairro, a realidade é outra. Há cinco lojas, mas os gerentes reservam somente 2 metros quadrados (10% da loja) para fraldas e produtos relacionados. E eles estão sendo, novamente, bastante sensatos – o escasso espaço das prateleiras é reservado de acordo com o público interessado. Consequentemente, as lojas do lugar onde eu moro têm uma seleção bem básica. Todas vendem Pampers de diferentes tipos e tamanhos, e talvez mais algumas coisas, mas a variedade que encontro no meu bairro nem se compara com a variedade da sua.

Um fato curioso, pois (1) o número total de potenciais clientes é o mesmo nos dois mercados, (2) a demanda total, portanto, é a mesma, (3) os gerentes reservam o mesmo espaço para essa categoria de produto, e ainda assim a demanda atendida pelo mundo virtual será muito diferente nos dois casos, como veremos a seguir (talvez já fosse óbvio, não?).

O que eu quero dizer é que os lojistas do mundo virtual exercem uma forte atração sobre mim, porque os lojistas do mundo real não correspondem às minhas expectativas. Em outras palavras, faço parte de uma minoria em termos de preferência, porque desejo produtos (para bebês, no caso) que a maioria dos meus vizinhos não precisa, e por isso não sou atendido no mundo real.

Incluí um gráfico construído com os elementos dos itens de (1) a (3) do nosso exemplo, na figura 5.1, para ajudá-lo a entender o que discutimos e pensar em como aplicar o conceito em outros contextos e outras categorias de produtos! Por exemplo, a forma mais extrema de isolamento pelas preferências é quando o produto ou serviço desejado não é sequer oferecido. Em todos esses anos que eu moro na Filadélfia, ainda estou para encontrar Vegemite nas prateleiras da Fresh Grocer local.

Como os vendedores se beneficiam de clientes isolados

Reunimos todos os dados de vendas do Diapers.com e testamos nossa teoria de que a demanda seria maior em lugares onde o público-alvo – famílias com crianças pequenas – era relativamente pequeno, ficando, portanto, "isolado" em suas preferências. Estávamos curiosos para ver se as nossas ideias acerca da influência do isolamento no mundo real sobre as compras no virtual se confirmavam.

Os resultados estatísticos foram surpreendentes. Em duas localizações diferentes, uma em que cerca de 10% da população tinha filhos (como a minha do exemplo) e outra onde essa porcentagem era de 20% (próxima a sua), a demanda do Diapers.com foi 50% maior na minha localização! (No mundo real, a variação não é de 10% para 50% como apresentado na figura 5.1, mas de 10% para 20%).

Como sempre, essa análise é valida no caso de todos os outros fatores serem iguais. Podemos levar em consideração outros componentes também, como idade, tamanho da população, renda, número de lojas etc., concentrando-nos somente no efeito que nos interessa.

Não é possível afirmar que havia mais pessoas ou famílias com ou sem bebês em minha localização. Como no exemplo, nossas localizações eram idênticas sob todos os aspectos, exceto um: a porcentagem de domicílios com bebês. E os fatores que não eram perfeitamente comparáveis, explicamos com um modelo estatístico.[19]

Além de verificar que a demanda virtual do Diapers.com era muito maior em mercados com clientes isolados, também descobrimos que os clientes que sofriam de isolamento pelas preferências eram relativamente insensíveis a preço.[20] Como seus custos de compra offline já são altos (é difícil ou até impossível eles conseguirem o que desejam no lugar onde moram), estão dispostos a pagar um pouco mais quando compram pela internet. Uma ótima notícia para os vendedores online.

Nosso estudo também revelou importantes diferenças entre as vendas de produtos populares (como as fraldas da Pampers, líder de mercado) e as vendas de produtos de nicho (como as fraldas da Seventh Generation, uma marca preocupada com questões ambientais). Uma questão de lógica: se eu estiver tendo dificuldade em encontrar fraldas Pampers a um bom preço em virtude do isolamento pelas preferências, conseguir fraldas da Seventh Generation será mais difícil ainda!

E isso foi exatamente o que verificamos.

Em suma, o efeito geral do isolamento pelas preferências é bastante significativo. Em mercados cujos clientes estão realmente isolados pelas preferências (aqueles que estão no nonagésimo percentil da escala de isolamento), as vendas online são cerca de 50% maiores do que em mercados com um número idêntico de clientes, mas onde o isolamento pelas preferências não predomina.

Mais à frente, verificamos que esse efeito geral do isolamento é mais significativo no caso de marcas de nicho. Enquanto as vendas da marca líder (Pampers) aumentam aproximadamente 40% em lugares onde prevalece o isolamento pelas preferências, uma marca de nicho como a Seventh Generation chega a registrar um aumento de 140% nas vendas do mesmo produto.

O princípio da Cauda Longa se aplica aqui também.

No Capítulo 4, "Vizinhança", introduzi o conceito de Cauda Longa Espacial para mostrar a importância de localizações com uma demanda individual relativamente baixa, mas não vinculei esse conceito às vendas de marcas específicas. Farei isso agora.

Verificamos que grande parte das vendas online de marcas de nicho (da cauda) vem de lugares onde prevalece o isolamento pelas preferências, enquanto as marcas líderes conseguem vender de maneira mais uniforme por todo o país. Isso significa que um vendedor virtual pode ganhar bastante se vender marcas de nicho para clientes de lugares onde o isolamento pelas preferências é predominante.

Há uma questão sutil aqui quando relacionamos o efeito do isolamento pelas preferências com a demanda virtual por tipos específicos de marcas, isso é, as populares e as de nicho.

Os clientes que são minoria em termos de preferência, por definição, carecem de variedade no mundo real. No lugar onde eles moram, mesmo produtos relativamente "populares" (como as fraldas da Pampers, por exemplo) talvez só estejam disponíveis em determinados tamanhos ou variantes, isso quando estão disponíveis. Portanto, se conseguir um produto popular já é difícil, imagine um produto de nicho!

O que temos aqui é uma combinação perfeita. Se você for um vendedor e puder encontrar clientes isolados em termos de preferências e em busca de produtos de nicho (ou da Cauda Longa), terá uma demanda muito alta. Os clientes, por sua vez, vão ficar muito felizes e essa felicidade se reflete numa relativa insensibilidade a preço, o que é excelente para os vendedores. No Capítulo 2, "Resistência", vimos que a vantagem de comprar online depende muito do lugar onde a pessoa mora. Neste capítulo, acrescentamos outro ponto muito importante: nossa decisão não depende só do lugar onde moramos, mas também de quem mora nos arredores. Se nossos vizinhos forem muito diferentes de nós em termos de características, momento de vida ou preferências, o mundo virtual será nossa salvação.

EM SÍNTESE

Normalmente compartilhamos características com vizinhos, mas isso não significa que nossas preferências sempre coincidam com as

Figura 5.1

Isolamento pelas preferências e diferenças geográficas em relação ao espaço reservado nas prateleiras

População-alvo	População total	População-alvo em relação ao total[1]	Lojas (20 metros quadrados cada) e espaço na estante por loja[2]	Espaço total na estante por mercado[3]
Mercado A				
100	200	100 / 200 = 50%		10 metros quadrados
Mercado B				
100	1.000	100 / 1.000 = 10%	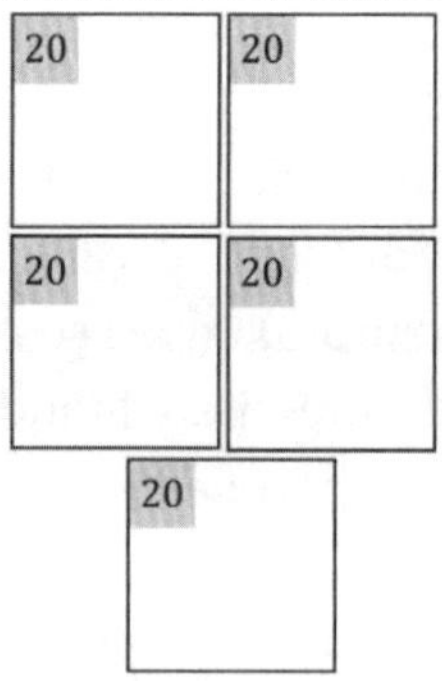	10 metros quadrados

Notas

[1] Os mercados A e B têm 100 habitantes na população-alvo (famílias com bebês, neste caso). Como a população total do mercado B é maior, o público-alvo do mercado B é minoria em termos de preferências.

[2] As lojas têm o mesmo tamanho (20 metros quadrados) nos dois mercados, mas o mercado B tem cinco vezes mais lojas, porque sua população é maior (no texto, utilizamos dados do mercado norte-americano para mostrar que, embora o número de lojas aumente com o tamanho da população, o tamanho das lojas não muda). As lojas reservam espaço nas prateleiras de acordo com o tamanho do público. O mercado A reserva 50%, enquanto cada loja do mercado B reserva 10% do espaço.

[3] O espaço total reservado nos dois mercados é igual, mas o sortimento de produtos por loja será muito maior no mercado A.

deles. Talvez tenhamos filhos, apesar de todos os nossos vizinhos serem idosos. Podemos optar pela saúde e nos tornar veganos, mas pode não haver restaurantes ou lojas especializados em nosso bairro. Então, nossos vizinhos vão nos ajudar a conseguir o que queremos, ou evitarão que isso aconteça! No mundo real, o isolamento reduz ou determina as possibilidades de você conseguir o que quer.

Além disso, no mundo real, a variedade de produtos é concentrada. Tem de haver um número suficiente de pessoas precisando de um certo bem ou serviço, ou ele não será oferecido localmente. Estar em um local "maior" não necessariamente ajuda, se seus gostos forem incomuns demais. Às vezes pode ser vantajoso proteger sua identidade e misturar-se à maioria, e se suas escolhas forem visíveis publicamente, então você pode simplesmente aceitar e acompanhar os demais.

Então, para vendedores do mundo virtual nosso status em relação a outros do local é crítico. Vendedores do mundo virtual têm mais dificuldade de concorrer com vendedores do mundo real que oferecem produtos populares. Em vez disso, eles deveriam focar locais-alvo nos quais clientes potenciais formam uma minoria em termos de preferências. Esses clientes fazem muitas buscas pessoalmente e têm altos custos com isso – e, portanto, não são exatamente sensíveis a preço.

Em consequência, uma demanda desproporcional para um vendedor do mundo virtual vem de locais onde haja preferências minoritárias – como o exemplo da Diapers.com mostrou. Dois lugares podem ter uma demanda total idêntica por uma categoria de produto, mas, se em um mercado o grupo consumidor tem uma fração relativamente pequena da população total, a demanda online no local pode ficar 50% mais alta. Para marcas de nicho, esse efeito se amplia e tende a crescer 100% ou ainda mais.

Isolamento offline se transforma em libertação online. Você terá sucesso se identificar e servir o consumidor isolado – e investir nele.

CAPÍTULO 6

TOPOGRAFIA

A evolução do mundo real e do virtual: pessoas, produtos e informações em progresso

TO.PO.GRA.FI.A sf.

Descrição exata e minuciosa de um lugar; representação gráfica das formas de um terreno e seus acidentes naturais ou artificiais.

Comecei este livro explicando alguns princípios básicos de geografia e como o mundo real evoluiu em termos de escolha de lugar para morar e de produtos e serviços disponíveis em diferentes mercados. Dediquei parte do Capítulo 1 ("Geografia") a alguns fatos surpreendentes sobre como a escolha da localização, além de influenciar nossas decisões em relação a produtos e nossa necessidade de informação, também contribui para a configuração do lugar. Lembre-se: no Missouri, as pessoas preferem Budweiser, e no Colorado, Coors; a Folgers supera a Maxwell House em San Francisco, mas não em Boston; os nova-iorquinos passam mais tempo pesquisando informações locais do que os moradores de Iowa.

No Capítulo 2 ("Resistência"), apresentei ao leitor os dois principais atritos do mundo real, o atrito de busca e o atrito geográfico, mostrando como o mundo virtual nos ajuda a superá-los. Em seguida, nos Capítulos 3, 4 e 5, estudamos os efeitos da localização física sobre o comportamento no mundo virtual, de maneira sistemática e cada vez mais detalhada.

Neste último capítulo, faço o fechamento.

Muitos de nós estamos entrando nessa topografia perfeita, em que a interação entre o mundo real e o virtual *é* norma.

Um mundo onde podemos ler diversas avaliações no Yelp antes de escolher um lugar para comer, consultar o Google Maps ou o Waze para definir o melhor caminho para casa ou comprar um kit de barbear no Harrys.com enquanto esperamos na fila do Dunkin' Donuts (pagando o café pelo aplicativo!). Não podemos deixar de mencionar as inúmeras atividades locais que pesquisamos com nossos dispositivos móveis de internet (smartphones, tablets etc.). Três quartos dos consumidores norte-americanos que têm smartphone utilizam o aparelho para obter informações sobre atividades locais.[1]

Neste capítulo, apresento novas ideias e descobertas sobre essa justaposição de cenários (ou topografia) em relação aos dois mundos. Você vai observar como eles estão cada vez mais interligados, integrando nossa experiência de compra, venda e pesquisa em todo o planeta.

POPULAÇÃO MUNDIAL E POPULAÇÃO VIRTUAL

É impressionante observar o relógio do site do censo norte-americano registrando um nascimento a cada 8 segundos e uma morte a cada 12 segundos![2] A população mundial continua crescendo, e a população virtual também.[3] A taxa de penetração da internet é, em média, de 35%, embora os principais países dessa lista (Alemanha, Japão, Coreia, Reino Unido e Estados Unidos) registrem taxas de 80% ou mais.[4]

Então, apesar de o mundo virtual estar em toda parte, nem todas as pessoas do mundo têm acesso a ele. Por conta disso, agências governamentais, organizações sem fins lucrativos e grandes empresas estão fazendo o possível para que a internet chegue a todos. O Google, por exemplo, lançou o Project Loon, pelo Google X, na Ilha Sul da Nova Zelândia, com o objetivo de disponibilizar o acesso à internet em todo o mundo, via balões equipados com rádio.[5]

Em escala global, a penetração da internet (e associação virtual) está relacionada positivamente a fatores econômicos, como o PIB. Vale ressaltar que essa penetração também contribui para o PIB, já que os países com maiores índices de conexão com o mundo virtual gozam de mais eficiência em todo tipo de área, novos modelos de negócio etc.[6] Esse, evidentemente, é outro motivo importante para o acesso generalizado ao mundo virtual.

Como disse no Capítulo 1 ("Geografia"), os habitantes do mundo real e do virtual são também bastante diferentes, dependendo da cidade ou do país onde moram. Nos Estados Unidos, por exemplo, a divisão digital reflete-se no fato de que as minorias e as pessoas com renda e nível educacional mais baixos têm menos acesso ao mundo virtual, embora isso esteja mudando. Segundo pesquisas recentes, (algumas) minorias passam mais tempo na internet do que outras pessoas (mais estatísticas em breve).

Divisão digital, o retorno

Apresentei anteriormente no livro algumas ideias sobre a topografia do mundo real. A seleção de Tiebout, por exemplo, explica a formação dos bairros, e a Teoria do Lugar Central nos ajuda a saber quais produtos e serviços vão estar disponíveis em determinado lugar.

O mundo virtual, assim como o real, é um grande conjunto de pequenos bairros. Na maioria dos países, o perfil de uma pessoa ativa no mundo virtual é um pouco diferente de seu perfil no mundo real.

Aliás, isso é exatamente o que mostram os dados norte-americanos (só para ilustrar).

De acordo com pesquisadores da University of Chicago, a probabilidade de um indivíduo usar o mundo virtual é diretamente influenciada por fatores como a etnia, por exemplo.[7] Assim, uma pessoa negra tem 4% menos chances de usar a internet do que uma pessoa branca; os asiáticos têm 3% mais chances.

E ainda: a probabilidade de uma pessoa negra comprar algo online é 10% menor do que a de outros grupos. Isso leva a uma espécie de risco duplo. Os afro-americanos têm menos chances de participar do mundo virtual e, quando participam, a probabilidade de que eles comprem alguma coisa é ainda menor.

Como é de se esperar, indivíduos mais velhos estão menos presentes no mundo virtual do que os mais jovens. Em relação ao gênero, não há uma diferença significativa. Homens e mulheres utilizam a internet com a mesma frequência, variando, claro, conforme o site e a categoria do produto.

Atritos de compra em estações fixas X dispositivos móveis

Um dos principais componentes da topografia comercial em ambos os mundos é o frequente movimento de migração dos compradores e vendedores, de estações fixas (computadores de mesa e laptops) para dispositivos móveis (smartphones e tablets). Estou usando o termo "fixo" para laptops também, porque, embora possamos levá-los de um lugar para o outro, não costumamos sair por aí com um laptop debaixo do braço. Além disso, um dispositivo móvel geralmente está conectado a um único usuário.

Os efeitos desse movimento de migração (ou mudança no uso da tecnologia) sobre os dois atritos – de busca e geográfico – que estudamos no Capítulo 2 ("Resistência") são especialmente fortes. Pesquisadores de Nova York, Toronto e Hong Kong (uma bela equipe internacional) demonstraram isso com base em dados provenientes do Twitter, examinando um grande grupo de internautas coreanos.[8] Eles pretendiam verificar se a navegação e os efeitos dos atritos variavam entre aparelhos físicos e dispositivos móveis.

Antes de revelar os principais resultados, gostaria de falar um pouco a respeito do que se sabe sobre os hábitos de navegação na internet em geral.

Imagine que você esteja pesquisando no Google o que fazer nas suas próximas férias em Los Angeles. Sortudo! Quem não gostaria de passar um fim de semana na "Cidade dos Anjos"?

Você precisa de um lugar para ficar, e por isso procura "hotéis em Los Angeles". O Google apresenta uma lista. Os três primeiros, na parte de cima da página, são anúncios (você clica com o mouse na setinha do anúncio, por curiosidade, e lê a mensagem: "Este anúncio é baseado em seus termos de pesquisa atuais").

Embaixo dos anúncios estão os principais "links orgânicos", isto é, os links para sites que o Google julga úteis para você.[9] Em contraste, para links patrocinados, a ideia básica é que o link que aparece primeiro na lista é o que o Google acha que mais vai te interessar (isso depois de levar em consideração o valor que o vendedor pagou pelos termos para que o link aparecesse naquela posição).

Como você (e qualquer um) responde a esses links patrocinados?

O primeiro link geralmente é o que tem maior probabilidade de ser visitado, o segundo é o que tem a segunda maior probabilidade etc. Conclusão: o vendedor mais bem posicionado nessa lista, ou seja, aquele com a melhor taxa de *click-through*, terá a melhor resposta.

Portanto, para uma mesma busca, "hotéis em Los Angeles", há diferença entre links clicados em computadores de mesa e laptops e links clicados em dispositivos móveis?

Veja bem, num laptop, por exemplo, subir uma posição na lista de resultados gera um aumento de 25% na taxa de *click-through*. Vamos fazer um cálculo simples para ver o que isso significa. Se a chance de você clicar no segundo link for de 10%, a chance de você clicar no primeiro link será de 12,5%. (É claro que, na prática, as taxas de *click-through* são bem menores, mas você entendeu o exemplo).

Eis que nas buscas virtuais, assim como na vida, o primeiro lugar é melhor que o segundo, o segundo é melhor que o terceiro etc. Vale lembrar que o custo para o vendedor também vai subir – temos que pagar mais pelas palavras-chave se quisermos ser os primeiros da lista.[10]

Sabemos, então, que existe uma "recompensa pela posição" de 25% no caso de buscas feitas em estações fixas. E se as buscas forem realizadas em dispositivo móvel? O valor será o mesmo, maior ou menor?

Se você disse "maior", acertou.

Os pesquisadores verificaram que subir uma posição na lista de resultados aumenta a taxa de *click-through* em 37%, uma diferença de quase 50% em relação ao que acontece nas estações fixas, para exatamente os mesmos tipos de anúncio. Voltando ao nosso exemplo anterior, se a taxa de *click-through* da segunda posição for de 10%, a da primeira posição será de 13,7%.

Uma diferença impressionante! O uso dos dispositivos móveis aumenta o atrito do mundo virtual, porque a probabilidade de clicarmos nos links posicionados mais baixo na lista de resultados é menor.

E o atrito geográfico?

Quando buscamos lojas e marcas locais em um computador de mesa ou laptop, uma diminuição de 1,5 quilômetro na distância entre nós e a loja aumenta a taxa de *click-through* em aproximadamente 12%. Voltemos ao exemplo da cerveja que apresentei na introdução para entender como isso acontece.

Se eu estiver em casa e digitar "comprar cerveja na Filadélfia", observo o seguinte: os dois primeiros resultados da lista orgânica são hawthornecafe.com ou Hawthornes Cafe (que, por sinal, parece ser um lugar incrível), e stonesofphilly.com ou Stone's Beverage Center. O Hawthornes fica a cerca de 4 quilômetros da minha casa, enquanto o Stone's fica a 2,5 quilômetros. Ou seja, o Stone's está 1,5 quilômetro mais perto.

Se eu estiver usando meu MacBook, no caso de todos os outros fatores serem iguais (conhece essa frase?), tenho 12% mais chances de clicar no lugar mais próximo, o Stone's Beverage Center, simplesmente por ele ser mais próximo (1,5 quilômetro). E, como todo mundo sabe, lugares mais próximos são mais atraentes, ou exercem maior atração sobre nós, por causa da gravidade.

Os pesquisadores descobriram que a busca em dispositivos móveis dobra a porcentagem. Utilizando meu iPhone, tenho 23% mais chances de clicar no link do Stone's. Ou seja, usar um dispositivo móvel aumenta o atrito geográfico, porque faz com que os lugares mais próximos se tornem ainda mais atraentes.

Pense nisso por um momento.

As duas descobertas, em conjunto, têm uma consequência curiosa, sobretudo quando as relacionamos com o que discutimos no Capítulo 2 ("Resistência"). Na ocasião, comentamos que uma das grandes vantagens da internet é que ela reduz o atrito de busca. Em vez de ir a todos aqueles hotéis de Los Angeles ou ligar para cada um deles para saber o valor da diária e se eles têm vagas, você pode conseguir essas informações online. Da mesma forma, a internet reduz o atrito geográfico, porque você pode acessar produtos e informações além do que é oferecido localmente.

E, ainda assim, os dispositivos móveis aumentam o atrito de busca e geográfico, em comparação com o atrito produzido pelo uso de estações fixas de internet.

Qual a explicação? O aumento do atrito de busca se deve ao tamanho do aparelho. Como a tela é menor, os resultados posicionados mais baixo na lista são mais difíceis de acessar. O aumento do atrito geográfico se deve ao estado de espírito do comprador quando ele está usando um dispositivo móvel. Se eu estiver pesquisando cerveja em casa, talvez decida comprar uma ou simplesmente conferir as opções. Se eu estiver procurando por cerveja no meu iPhone, o mais provável é que eu esteja na rua ou pelo menos inclinado a comprar cerveja no momento. Por isso, dou mais atenção às lojas mais próximas.

Cinco "regras" da mobilidade

Os resultados de atrito *são muito interessantes, mas existem outras diferenças básicas entre* dispositivos fixos e móveis que também devemos levar em consideração. Meu amigo Rob, investidor especialista em startups de internet móvel,[11] tem grandes sacadas sobre as mudanças promovidas pelos dispositivos móveis no mundo real e no virtual.

De acordo com Coneybeer, em relação à fixa, a internet móvel tem cinco características que mudarão drasticamente nossos hábitos de pesquisa, compra e venda. Para exemplificar, Coneybeer começou pegando seu iPhone e ajustando a temperatura de seu apartamento. Ele havia instalado um termostato Nest (http://nest.com) em casa, controlado remotamente por telefone. Em pouco tempo, sua família perceberia que o lugar estava começando a esquentar, brincou ele.

Então, quais são as cinco regras?

Primeiro, os dispositivos móveis têm um recurso que Coneybeer chama de "*instant on*". Não há demora para entrar num contexto de busca ou compra. Os dispositivos móveis estão sempre prontos para serem usados, num espaço mínimo de tempo. Portanto, em qualquer lugar do mundo real, podemos utilizar nosso "tempo morto" para entrar no mundo virtual: no metrô, a caminho do trabalho e, como não, durante a aula (espero que não muito na minha!). Os dispositivos móveis também influenciam, piorando, nesse caso, nossos intervalos de atenção, cada vez mais curtos. De acordo com o Pew Research Center, nove em cada dez professores dizem que os alunos estão mais distraídos por conta do uso dos dispositivos móveis.[11]

Segundo, sensores nos aparelhos nos permitem tirar fotos, compartilhar vídeos e, evidentemente, comunicar informações de localização.

Algumas das inovações mais interessantes, como o aplicativo Waze para "driblar o tráfego" (www.waze.com), baseiam-se nessa funcionalidade.

Terceiro, e talvez a regra mais controversa, os dispositivos móveis são o domínio dos aplicativos. Existem evidências de que estamos começando a preferir aplicativos a sites móveis (versões dos sites configuradas para dispositivos móveis). Minha própria experiência não me deixa mentir. Geralmente compro passagens áreas no excelente aplicativo para iPhone da United Airlines. Os símbolos do mundo real ainda são importantes aqui. Por isso, é fundamental que os vendedores criem o ícone certo para seus aplicativos – aqueles ícones que pedem para serem usados!

Quarto, em nenhuma outra época da história humana, tivemos tanta gente conectada a um aparelho que é basicamente um canal de distribuição (de produtos e conteúdo) ligado a um sistema de pagamento. E esse número só vai crescer. Não é de se espantar que estejamos ficando bastante impulsivos no que se refere a buscas e compras!

No Capítulo 3 ("Adjacência"), demonstrei o poder da propaganda boca a boca entre indivíduos e lugares adjacentes. Os dispositivos móveis ampliam esse poder. Em vez de simplesmente lhe falar de um aplicativo, posso pegar meu iPhone e lhe mostrar como funciona. Esse é o quinto e último ponto de Coneybeer – a facilidade de mostrar –, como ele fez alterando a temperatura de sua casa via iPhone. Uma forma bastante eficaz de propaganda, com uma diferença sutil, mas poderosa.

Quem é conhecido e quem quer ser conhecido

Popularidade em ascensão e celebridade orgânica

Outra coisa fascinante que está acontecendo com a fusão do mundo real e virtual e o surgimento de uma nova topografia é o turvamento das fronteiras entre as formas tradicionais e atuais de celebridade.

Cada vez mais, estamos construindo nossas próprias marcas pessoais e nos tornando mais públicos do que nunca em redes sociais. Então, quem são as pessoas do mundo real mais populares no virtual?

Encontrei um artigo com um título que vai direto ao ponto. Pesquisadores da Alemanha, Reino Unido e Brasil (outra bela equipe internacional) publicaram recentemente "Medindo a influência do usuário no Twitter: a falácia do 'um milhão de seguidores'", apresentando "uma comparação detalhada entre as três medidas de influência".[13]

Antes de mais nada, aqui vão as três medidas: (1) o número de seguidores, (2) o número de retuítes e (3) o número de menções. Os pesquisadores não se intimidaram com a quantidade monumental de dados disponíveis e encararam mais de dois bilhões de links "follow", isto é, casos em que uma pessoa segue outra no Twitter, entre 54 milhões de usuários, aproximadamente.

Eis o que eles descobriram.

O número de seguidores é uma medida geral da fama. Pessoas famosas (Shaquille O'Neal, Barack Obama) costumam ter um grande número de seguidores, ou, em outras palavras, um grande público para ouvi-los.

Os retuítes indicam a qualidade do que você diz ou posta. Se você tiver conteúdo de qualidade, terá retuítes. Os "usuários" com maior número de retuítes geralmente são agregadores de notícias, em vez de indivíduos isolados. Alguns exemplos: *Mashable* e *The New York Times*.

A terceira medida é a das "menções", um indicativo de popularidade. Ou seja, se as pessoas gostarem de você ou do que você posta, você pode conseguir algumas menções. Os indivíduos mais mencionados no Twitter geralmente são celebridades.

Essas três medidas do mundo virtual são bem diferentes e refletem distintos tipos de status do mundo real. Portanto, na época do estudo, apenas duas pessoas tiveram sucesso nas três medidas: Ashton Kutcher (ator) e Sean "Puff Daddy" Combs (produtor musical). Esses senhores têm fama, conteúdo interessante e, pelo visto, são muito admirados.

Uma combinação e tanto!

Quando os pesquisadores procuraram padrões nos dados, verificaram que a correlação entre retuítes e menções era muito mais forte do que a correlação entre essas medidas e a medida de "fama", o número de seguidores.[12]

O que significa isso?

Significa que a fama em si, medida pelo número de seguidores, pode não ser tão útil para gerar envolvimento no mundo virtual.

Portanto, se você for um vendedor e estiver pensando em chamar uma celebridade para promover sua marca ou empresa, é melhor encontrar alguém com muitos fãs engajados. Esses fãs têm grande afinidade com o ídolo e estão fortemente conectados com ele.

Hoje em dia, não faltam indivíduos que se enquadram nessa caracterização, qualquer que seja a categoria de produto ou grupo de interesse. Dois exemplos desse novo tipo de celebridade orgânica são Michelle Phan, que alcançou fama e tem sua própria marca de cosméticos, e Ree Drummond, que descreve a si mesma da seguinte maneira (maravilhosa, por sinal): "Sou uma dona de casa desesperada. Moro no campo. Sou fã de Lucille Ball, Vivien Leigh e Ethel Merman. Bem-vindos à minha casinha simples!"

Mais uma observação digna de nota, proveniente de outro estudo realizado na Columbia University. Nesse estudo específico, os pesquisadores recrutaram alunos universitários audaciosos e solicitaram que eles criassem seguidores falsos para usuários reais do Twitter.[14] O objetivo era verificar como os usuários reagiam quando percebiam um aumento do número de seguidores. Para quê? Para entender o que exatamente motiva pessoas como você e eu a utilizarem esse meio de comunicação. Em outras palavras, o que significa ter indivíduos que nos seguem, fazem menções a nós e retuítam nossas sacadas de até 140 caracteres?

Os pesquisadores utilizaram alguns cálculos específicos para trazer à tona dois tipos diferentes de motivação e medi-las com base nos dados obtidos. O primeiro tipo de motivação é a motivação extrínseca. Motivações extrínsecas estão relacionadas ao ego. Gostamos da ideia de ter um grupo de fãs (seguidores). As pessoas querem nos seguir, e isso aumenta nossa autoestima.

O segundo tipo de motivação é a motivação intrínseca. A motivação intrínseca é bem mais altruísta. Nosso objetivo principal é ajudar os outros, com ideias e informações.

De acordo com as pesquisas, existem evidências dos dois tipos de motivação entre os usuários do Twitter. No entanto, as motivações vinculadas ao ego e à autoimagem são mais comuns do que as altruístas. No caso da maioria das pessoas, cerca de 75% das motivações são extrínsecas e apenas 25%, intrínsecas.

Conhecendo a mim, e conhecendo você, não há nada que possamos fazer?

Embora a maioria das pessoas participe do mundo virtual compartilhando todo tipo de acontecimento do mundo real, preocupações referentes à privacidade representam uma parte importante dessa nova topografia. Cada um de nós tem um nível específico de tolerância em relação a quanto quer se expor em ambos os mundos. Nem sempre queremos que os outros, sobretudo os vendedores, saibam tudo a respeito da nossa vida.

Um brilhante estudo realizado por pesquisadores do MIT e da University of Toronto mostra para onde a sociedade está se encaminhando em termos de privacidade. O objetivo da pesquisa era verificar como os consumidores se sentiam em relação a diferentes táticas de vendas baseadas em publicidade virtual.[16]

Todos nós já vimos muitos banners de internet. Esse tipo de publicidade já existe há bastante tempo! Reza a lenda que tudo começou em 1994, quando o HotWired.com vendeu um banner para a AT&T.[15]

Atualmente, cerca de US$ 12 bilhões por ano são gastos com banners na internet, mas há muita discussão a respeito de sua eficácia. Isso porque as taxas de *click-through* resultantes ainda são muito baixas. Do lado do ceticismo, um dos meus trabalhos favoritos prometia revelar dez verdades aterradoras sobre publicidade de internet, realizado pela HubSpot em 2013. A primeira verdade é especialmente aterradora: segundo a empresa de Cambridge, temos mais chances de terminar um programa de treinamento de fuzileiros navais do que de clicar no banner de um anúncio.[17]

Não obstante, os vendedores desembolsam, somente nos Estados Unidos, mais de US$ 12 bilhões por ano nessa ferramenta de marketing, então ela tem de estar produzindo algum efeito.

Após analisar os resultados de mais de três mil campanhas e entrevistar grupos aleatórios de indivíduos que tiveram contato com elas, os pesquisadores chegaram a duas conclusões muito interessantes. Primeiro, certos tipos de anúncio aumentavam a taxa de *click-through*. Anúncios "invasivos" recebem mais cliques. Ou seja, anúncios que se movem, aparecem em janelas pop-up, utilizam vídeo e ganham mais atenção.

Em seguida, os pesquisadores descobriram que anúncios "contextualizados" também recebem mais cliques. "Contextualizado" significa que estão de acordo com o conteúdo do site visitado. Nas palavras dos pesquisadores: "Um anúncio de um cruzeiro será um anúncio contextualizado se aparecer num site de viagens e turismo".[19]

Portanto, a intrusão e a contextualização funcionam (geram mais cliques).

Essa é a primeira conclusão.

A segunda contradiz a primeira de uma forma um pouco perturbadora (para os vendedores, claro). Embora a intrusão e a contextualização funcionem de maneira isolada, utilizar as duas estratégias ao mesmo tempo não é uma boa ideia. Em termos técnicos ou estatísticos, o efeito de interação é negativo, reduzindo, portanto, as taxas de *click-through* e a eficácia do anúncio.

Por quê?

Porque os consumidores sentem que estão sendo manipulados quando anúncios relevantes (contextualizados) são exibidos "na sua cara" (invasivos). Nesse momento, soa uma espécie de alarme interno, indicando que talvez o vendedor saiba demais sobre nós e que nossa privacidade pode estar ameaçada. A aversão a esse tipo de anúncio virtual também está relacionada às nossas características no mundo real.

Partindo da premissa de que as questões de privacidade eram a causa da interação negativa entre a intrusão e a contextualização, os pesquisadores decidiram investigar mais a fundo quem eram os indivíduos que viam os anúncios e o que eles estavam buscando na internet. Entre todos os consumidores que participaram da pesquisa, aqueles que se recusaram a responder a uma pergunta relacionada à renda foram os que tiveram pior reação ao efeito de interação. Ou seja, quando eles viam anúncios contextualizados e invasivos, sua resposta em termos de cliques diminuía.

As características no mundo real importam muito. Se você não gosta de dizer quanto ganha numa pesquisa anônima, provavelmente está entre os consumidores de publicidade mais paranoicos! Essa é a questão de quem via os anúncios. O que esses indivíduos estavam buscando também era importante. Os compradores que procuravam informações sobre saúde e finanças também tiveram péssimas reações a anúncios invasivos e contextualizados.

INFORMAÇÃO NO MUNDO REAL E NO MUNDO VIRTUAL

Em todo este livro, considerei informações e produtos como dois temas separados, e continuarei mantendo essa distinção aqui. Na nova topografia, essas duas dimensões da informação são fundamentais para a evolução conjunta do mundo real e do virtual, de modo a facilitar as compras, as pesquisas e as vendas.

Informações, fontes e divulgação

No Capítulo 1 ("Geografia"), introduzi o conceito de "capital social", ou o grau de interação e confiança entre os membros de uma comunidade local. Veremos esse assunto com maior profundidade agora, para descobrir com que frequência as pessoas interagem e se elas acreditam no que é dito. Apresento dois exemplos com importantes implicações para vendedores.

Adorei sua calça!

Eu e Jae Young, um dos pesquisadores que trabalha comigo, estávamos curiosos para ver como o capital social no mundo real influencia as vendas de uma empresa virtual. Nosso foco eram as empresas que vendiam produtos que os consumidores precisam tocar e sentir (roupas, por exemplo). Não sabemos muito bem como uma calça ou uma camisa vai ficar no corpo até a experimentarmos. As pessoas talvez se sintam inseguras de comprar esse tipo de produto pela internet, justamente por esse motivo.

Como essa insegurança é um obstáculo conhecido para as vendas virtuais, os vendedores usam e abusam da criatividade para ajudar o consumidor a se sentir mais confiante. A Zappos.com, famosa loja de sapatos, inventou o "frete gratuito para entrega e devolução", que agora é a norma no setor de e-commerce. A empresa de óculos WarbyParker.com oferece a opção "Experimente em casa": o cliente recebe cinco armações para experimentar de graça por cinco dias.

Como o capital social varia bastante de um lugar para o outro, tentamos verificar se essa variação afeta as vendas virtuais também.

Andy Dunn e Craig Elbert, da varejista de moda Bonobos.com, cederam gentilmente seus dados para nos ajudar nessa empreitada. O site foi lançado em outubro de 2007, como uma loja online, mas hoje também vende seus produtos nas chamadas "Guideshops", espaços onde o consumidor pode experimentar os produtos que vai comprar online, e por meio de uma parceria com a varejista Nordstrom. Um caso ideal para nosso propósito de estudo, porque tudo o que a Bonobos vende, depende da experiência física.

Nosso objetivo era saber: (1) se os novos clientes recebiam informações sobre os produtos da Bonobos por meio dos clientes existentes da mesma localidade e (2) se o capital social do lugar onde os clientes moram influenciava na divulgação da empresa.

O que descobrimos nos surpreendeu.[20]

Nossa análise revelou que metade dos novos clientes da Bonobos recebia informações úteis sobre a empresa por parte dos clientes que moravam na vizinhança. Ou seja, os novos clientes venciam parte da insegurança em relação aos produtos da Bonobos graças à interação com outros clientes do mesmo bairro.

A superação da insegurança era favorável para o vendedor. Potenciais clientes convenciam-se de que a qualidade dos produtos da Bonobos era maior do que eles imaginavam. Note-se que não perguntamos nada aos clientes diretamente, mas inferimos isso dos parâmetros do nosso modelo econométrico, estimados a partir dos dados de venda da Bonobos.com.

E a questão do capital social nesse processo?

Dividimos os códigos postais em dois grupos, aqueles com baixo capital social e aqueles com alto capital social, tomando como base a pesquisa Social Capital Community Benchmark Survey (SCCBS), realizada pela Kennedy School da Harvard University.[21]

E verificamos um padrão curioso. As vendas da Bonobos.com eram sempre maiores nos lugares onde havia um elevado capital social, isto é, onde o grau de interação e confiança entre os membros da comunidade local era maior.

Isso significa que o capital social aumenta o número de vendas?

Não. Pelo menos, não necessariamente.

Com um modelo de análise mais sofisticado, percebemos o seguinte: em vizinhança com mais capital social, a transmissão de informações é melhor. O que é dito tem maior credibilidade. Se as pessoas falam bem do produto ("Essa calça da Bonobos é ótima"), o vendedor sai ganhando. Foi o que aconteceu. Como observamos no artigo original, "o capital social não influencia diretamente as vendas, mas melhora a comunicação, aumentando-as indiretamente se a divulgação do produto for positiva".[22]

Por fim, queríamos fazer uma coisa que poderia ajudar a equipe de gestão da Bonobos.com a se concentrar em novos clientes e lugares provavelmente mais receptivos aos produtos da empresa. Mas como, infelizmente, o SCCBS não abrange todo os Estados Unidos, não podíamos recomendar lugares cujo capital social não tinha sido realmente medido.

Precisávamos encontrar alguma variante de capital social entre o público-alvo – homens de 25 a 40 anos, que gostam de roupas estilosas.

O resultado foi um dos mais divertidos de toda a minha carreira de pesquisa acadêmica. Descobrimos que o número de bares e lojas de bebida per capita em determinado código postal era uma boa variante de capital social dentro do grupo-alvo que poderíamos usar em relação a todo o país![23] Ao incluir essa variante em nosso modelo, verificamos que os lugares com maior número de bares e lojas físicas de bebidas registravam os melhores índices de disseminação de informações sobre a Bonobos.com.

Como a divulgação era positiva – ou seja, os potenciais clientes passavam a ter uma impressão favorável dos produtos da Bonobos após conversar com clientes da empresa –, a comunicação no mundo real em locais de elevado capital social levou a um aumento de vendas no mundo virtual. A conclusão é que os vendedores virtuais devem semear produtos e clientes em mercados onde o grau de confiança e interação entre os moradores é elevado.

Grandes meios, pequenos meios e crescimento orgânico dos vendedores

Acabamos de ver como o capital social no mundo real influencia a disseminação de informações, ajudando os vendedores virtuais. Uma questão a considerar é até que ponto os grandes meios de comunicação (nacionais) e os pequenos meios (locais) podem contribuir para o sucesso de quem vende pela internet.

Em busca de respostas a essa pergunta, recorri à pesquisa realizada em Pittsburgh, na University of Pittsburgh e Carnegie Mellon University.[24]

As grandes empresas de comunicação, como o *The New York Times* e o *Washington Post*, estão sediadas em grandes cidades, como Nova York e Washington, D.C., e têm uma grande clientela local, além de seguidores no país inteiro. Vamos adotar a nomenclatura dos pesquisadores e chamar esse tipo de serviço de notícias de Outlets de Mídia Tradicional (OMTs).

Existem também fontes de informações sobre produtos e serviços mais orgânicas e normalmente menores. Entre elas, podemos citar os sites, blogs e outras formas de conteúdo gerado pelo usuário (CGU). Esses são os chamados Outlets de Mídia Social (OMSs).

O que é melhor: a cobertura de um OMT ou a de um OMS?

Para responder a essa pergunta, os pesquisadores coletaram dados do site de microfinanças Kiva.org. O Kiva se define como um site que permite aos usuários "ajudar pessoas no mundo inteiro com um empréstimo de US$ 25". Ou seja, cada um de nós pode entrar no site e fazer uma doação de US$ 25, a título de empréstimo. Os empréstimos individuais vão sendo somandos até chegar à quantia necessária para um projeto específico, como no caso de Yolanda, do Peru, que precisava de US$ 750 para comprar materiais de construção.[25] Os pesquisadores queriam saber qual dos dois tipos de mídia era mais eficaz em termos de vendas e como eles interagem entre si (se é que interagem). "Vendas", nesse exemplo, era o número de empréstimos oferecidos no site.

Os resultados foram reveladores.

Primeiro, como era de se esperar, os maiores aumentos nas vendas virtuais acontecem pelos OMTs. Eles têm um alcance maior, e quando algo é mencionado ali, as vendas disparam. Meios como o *The New York Times* contam com muitos leitores. Menções em OMSs (blogs locais etc.) também aumentam as vendas, mas o efeito por menção é menor. Talvez isso não seja nenhuma surpresa. Os OMSs são menores e seu foco é mais local.

Em contrapartida, os indivíduos que participam dos OMSs são mais comprometidos com as questões e causas que os definem, e, portanto, seu envolvimento é maior. Isso leva a uma mudança curiosa nos resultados: no total, os OMSs são mais eficazes por dois motivos. Primeiro, embora o efeito por menção seja menor em um OMS do que em um OMT, as menções nos OMSs são mais frequentes. No final, menções mais frequentes, ainda que menores, geram um resultado melhor do que as menções em grandes meios, poderosas, mas pouco frequentes.

E existe outra vantagem nos OMSs. As notícias que começam a circular nos OMSs costumam influenciar o que é escrito nos OMTs. Aliás, esse efeito é muito poderoso e bastante significativo do ponto de vista estatístico. Se eu trabalhasse no *The New York Times*, como eu ficaria sabendo das novidades? Provavelmente visitando alguns blogs!

Portanto, de forma indireta, o que acontece nos OMSs pode render notícias para os OMTs, o que, por sua vez, ajuda os vendedores virtuais. Isso significa que, a longo prazo, a atividade "local" dos OMSs entre grupos de usuários menores, porém mais engajados, beneficia os vendedores.

Compartilhamento ativo e passivo de informações

Pesquisadores da New York University abordaram uma questão similar: é possível introduzir "características virais" em um produto para fazer com que os próprios clientes, e não a mídia, o divulguem?[26] Em outras palavras, há uma forma de criar produtos capazes de aumentar as vendas de maneira orgânica?

O objeto de estudo foi um aplicativo do Facebook que permite aos usuários trocar informações sobre filmes, atores e produtos relacionados à indústria do entretenimento.

Os participantes foram divididos em três grupos. Os dois primeiros eram experimentais. Sempre que os usuários do grupo da "condição passiva" utilizavam o produto, mensagens eram enviadas automaticamente para um subgrupo aleatório de pessoas de sua rede social no Facebook. Ou seja, eles não tinham de fazer nada para enviar as mensagens. Bastava usar o aplicativo. Já os usuários do grupo da "condição ativa" tinham a opção de enviar convites para os amigos, se quisessem, recomendando o produto. O terceiro grupo era o grupo de controle, sem nenhuma das opções anteriores.

Resumindo, quando os usuários da condição passiva usavam o aplicativo, mensagens eram exibidas na barra de status de amigos aleatórios, sem que eles fizessem nada. Os usuários da "condição ativa", por outro lado, podiam enviar um convite personalizado para os amigos, como: "Cara, olha que legal este aplicativo".

A pergunta é: qual dos dois recursos (mensagens automáticas ou convites intencionais) mais beneficia os vendedores?

Vamos nos aprofundar um pouco no assunto para descobrir a resposta.

O recurso da condição passiva não exige absolutamente nenhum esforço por parte do usuário, sendo ativado automaticamente. As mensagens são enviadas para um grande grupo de amigos aleatórios, mas sem uma recomendação específica. O recurso que permite fazer uma recomendação específica requer que o usuário selecione alguns amigos (falaremos mais a respeito da palavra "seleção" em breve) para enviar a mensagem. Ou seja, o usuário precisa pensar em quem pode se interessar pelo aplicativo. E o vencedor é: o recurso da condição passiva.

As mensagens enviadas automaticamente são menos eficazes em termos de efeito por usuário, mas chegam a mais pessoas. As recomendações específicas são mais eficazes em termos de efeito por usuário, mas chegam a menos pessoas, porque o usuário precisa selecionar uma por uma, e isso dá trabalho. Ou seja, apesar da eficácia, as mensagens personalizadas requerem mais esforço por parte do usuário.

A difusão passiva venceu, aumentando a influência sobre os amigos em 250%! A difusão ativa também teve um bom resultado, com 100% de aumento. O que isso nos mostra é que, apesar de a tática de incentivar os clientes a divulgarem um produto entre os amigos no mundo virtual (e, supostamente, no mundo real também) ser fundamental, nem sempre ela é a mais eficaz. Às vezes, é melhor usar o poder da distribuição automática em grande escala, ainda que as mensagens sejam menos direcionadas.

Observação: interações com efeitos de seleção e de tratamento[27]

A interação e o contágio no mundo real e no virtual é algo que acontece muito. Por isso, precisamos entender a diferença entre os efeitos de seleção e de tratamento nos dois contextos.

Trago aqui outro exemplo do Diapers.com para facilitar a explicação.

Primeiro, a descoberta: indivíduos que entram em contato com um novo produto ou serviço graças à propaganda boca a boca geralmente são melhores clientes do que aqueles que chegam por outros meios.[28] Quando digo "melhores", quero dizer mais leais e com maior valor do tempo de vida (CLV, do inglês *Customer Lifetime Value*).

Por quê?

Em primeiro lugar, esses indivíduos foram selecionados por um vizinho ou um amigo, alguém que conhece suas necessidades. Ou seja, a recomendação não foi à toa. O efeito de seleção, portanto, é o que acontece quando um cliente existente compartilha informações sobre um produto ou serviço a uma pessoa específica.

Veja como funciona na prática. Eu fico sabendo que meus vizinhos John e Caroline acabaram de ter um filho (porque dá para ouvir o choro do bebê da minha casa!). O que eu faço? Recomendo o Diapers.com. Como eles confiam em mim, eles seguem a minha recomendação. Marc e Vinnie, cofundadores da Diapers.com, não tinham como obter essa informação. Eles não conhecem o John e a Caroline e, portanto, jamais saberiam que eles tiveram filho.

O efeito de tratamento acontece quando alguém que chegou a um novo produto ou serviço por meio da propaganda boca a boca fala sobre esse produto ou serviço, dando continuidade à divulgação interpessoal. Como o John e a Caroline chegaram ao Diapers.com por contágio social e propaganda boca a boca, a probabilidade de que eles recomendem o site para seus amigos e familiares é maior do que se eles tivessem encontrado o Diapers.com por conta própria, em uma busca do Google, por exemplo. Um efeito para lá de sutil: quando sabemos de algo por interação social, temos mais chances de passar a informação adiante da mesma forma.

Eis o que observamos nos dados do Diapers.com. Alguns anos atrás, eu e Jeonghye, um dos pesquisadores que trabalha comigo, analisamos os 100 mil primeiros clientes do Diapers.com, focando em três questões: quem estava recomendando novos clientes, com que frequência e qual a extensão e força dessas "cadeias de recomendação". Os clientes comuns tinham 8% de chances de recomendar o site por meio do boca a boca. Já os novos clientes que chegavam ao site por recomendação tinham 15% de chances de fazer o mesmo.[29]

O fato importante a ressaltar aqui é que sempre existem indivíduos "especiais" em qualquer processo. Algumas pessoas falam mais, para mais gente e com mais entusiasmo e credibilidade do que outras.

Só para você ter uma ideia do que estou falando, enquanto um cliente comum do Diapers.com agrega mais três ou quatro clientes à empresa, esse número chega a 150 no caso dos melhores clientes! Identificar esses indivíduos especiais não é fácil, mas é muito importante saber que eles existem e que eles podem ser incríveis para a sua marca.

No que se refere ao que acontece no mundo virtual, é sempre bom verificar os valores extremos de qualquer estatística (número de clientes recomendados, clientes por código postal, vendas de produtos etc.).

O mundo virtual é um lugar perfeito para extremos. Alguns exemplos: clientes que recomendam um produto ou serviço para centenas ou até milhares de outros clientes, vídeos tão interessantes e convincentes que são vistos e compartilhados por milhões de pessoas, oportunidades tão boas que o produto vende em questão de minutos.

Portanto, embora tudo isso seja interessante, é essencial não apenas compreender os extremos, mas também criar o potencial para esses extremos se tornarem realidade. Mais do que isso: normalmente o mundo real exerce uma influência sistemática sobre os comportamentos extremos. Analisando os dados do Diapers.com, descobrimos que o melhor indicador de um CLV elevado e de níveis extremos de recomendação é o código postal. A localização não era o único indicador, claro, mas, sim, o mais relevante.

Previsões atualizadas sobre imóveis e máquinas de lavar com a ferramenta de busca do Google

A interação e a recomendação explícita no mundo real não são as únicas maneiras de beneficiar os vendedores. Muitas vezes, o simples fato de fazermos algo produz, em conjunto, dados úteis para outros fins.

Aqui vai um bom exemplo. "Previsão" é um termo bastante conhecido. Um analista baseia-se em informações do passado e do presente – digamos, o número de casas vendidas e o preço médio dos imóveis na Califórnia nos últimos dez anos – para prever o que vai acontecer no ano seguinte. Isso nem sempre é uma tarefa simples, como Niels Bohr, físico dinamarquês vencedor do Prêmio Nobel, observou não sem sarcasmo: "É difícil fazer previsões, principalmente sobre o futuro".

O que não falta são previsões completamente equivocadas e até engraçadas. Thomas J. Watson, presidente-executivo da IBM, ficou famoso por dizer em 1943: "Acho que existe um mercado mundial para, talvez, cinco computadores". Um dos motivos pelos quais é tão difícil fazer previsões é que os dados disponíveis são datados ou condensados demais, quando não as duas coisas.

Porém, um estudo realizado por pesquisadores do MIT e da University of Pennsylvania revela uma possível (e incrível) solução para esse problema.[30] Entra em cena a ideia de previsão atualizada – ou, informalmente, o uso de informações em tempo real para fazer previsões, algumas vezes sobre o futuro, outras sobre o presente!

De acordo com estimativas, só o Google (responsável por dois terços de todas as buscas na internet) processa cerca de 100 bilhões de buscas por mês.[31] Imagine que algumas dessas buscas sejam realizadas por pessoas como você e eu. Estamos querendo comprar um imóvel e procuramos por "imobiliárias" no Google.

Ao incluir esses dados em seus modelos de estudo, a capacidade dos pesquisadores de prever o valor dos imóveis e o número de vendas aumenta consideravelmente. E faz sentido. Se mais pessoas estão pesquisando termos relacionados à compra de imóveis hoje, mais compras devem ser realizadas amanhã.

Os pesquisadores verificaram que um aumento de 1% nas buscas pelo termo "imobiliárias" está associado a cerca de 16.550 vendas extras de imóveis por trimestre. Que tal? Nosso interesse coletivo em compra de imóveis hoje, como revelam as buscas no mundo virtual, revela grande parte das vendas que vão acontecer amanhã.

Enquanto mais buscas sobre imóveis levam a mais vendas de imóveis, mais vendas de imóveis levam a mais buscas por mobília e utensílios domésticos, por exemplo. De acordo com o mesmo estudo, para cada mil casas vendidas em um trimestre, há em seguida um aumento de 1,14% nas buscas de eletrodomésticos em e-commerces. Embora as vendas de imóveis sejam um assunto de grande importância para os indivíduos e para a economia em geral, essa não é a única aplicação desse método de previsão. Com um pouco de criatividade e habilidade técnica, podemos usar o Google Trends para rastrear padrões sistemáticos em buscas por termos relacionados à saúde ou a nossas marcas preferidas.[32]

Os consumidores expressam seus desejos e necessidades individuais no mundo virtual, e essas informações constituem uma poderosa ferramenta de previsão do que acontece no mundo real, no futuro.

PRODUTOS NO MUNDO REAL E NO VIRTUAL

Os produtos, depois da informação, são a segunda maior commodity na nova topografia do mundo real e do virtual – os elementos tangíveis pedidos, comprados e enviados por frete.

O último quilômetro e os primeiros e últimos retoques

Uma das questões mais desafiadoras do mundo real para vendedores do mundo virtual é a entrega de produtos (principalmente objetos grandes) em endereços distribuídos por uma grande área. Esse desafio é um dos motivos pelos quais a Webvan (o maior fiasco da internet 1.0) não deu certo, e é uma questão central para vendedores de todos os naipes até hoje. Aliás, o custo do envio de produtos, tanto em termos financeiros quanto logísticos, é um dos grandes impedimentos para um fluxo melhor de mercadorias no mundo real.

A empresa Quidsi.com, sediada em Gouldsboro, Pensilvânia, processa e envia cerca de 18 mil pedidos por dia para os clientes do Diapers.com, do Soap.com, do Wag.com e de outros membros da família de sites da companhia. Embora seja um número impressionante, mais impressionante ainda é o fato de que a Quidsi utiliza mais de 20 tipos diferentes de caixas para embalar seus produtos. Cada pedido é otimizado em relação ao tamanho da embalagem, de modo a baratear ao máximo o envio.

Para onde vão todas essas caixas?

Ora, vão para o mundo real, mas o lugar específico depende de como os clientes foram adquiridos. Como o leitor já pode imaginar, a localização está diretamente ligada a esse processo de aquisição de clientes.

O primeiro toque: aquisição de clientes e localização

As quatro principais formas de um varejista adquirir clientes são: (a) propaganda boca a boca no mundo real, (b) propaganda boca a boca no mundo virtual, (c) publicidade tradicional e (d) buscas online. O Diapers.com segue os mesmos princípios. O que nossa equipe fez foi analisar a localização dos clientes do Diapers.com de acordo com a forma de obtenção desses clientes.

Apesar de os envios serem feitos para todo os Estados Unidos, a forma como os clientes chegam ao Diapers.com varia bastante de um lugar para o outro. Nem toda localidade física atende os clientes do mundo virtual da mesma maneira. Eu e meus colegas da Yonsei University e da Wharton criamos um modelo estatístico para ver como isso acontece.[33]

Anteriormente neste capítulo, vimos que o capital social também varia bastante de um lugar para o outro. Alguns lugares têm muito, outros, quase nada. Isso vale para quase qualquer característica do mundo real. Considere, por exemplo, o potencial de mercado de determinado produto ou serviço – no nosso caso, as fraldas.

Como o número de clientes potenciais (famílias com bebês) e a probabilidade de comprarem produtos na internet variam conforme a localização, o melhor modo de chegar até eles também varia. Para explicar o que estou dizendo, apresento os métodos mais eficazes: a propaganda boca a boca no mundo real, a publicidade em revistas e as buscas online. (A propaganda boca a boca no mundo virtual também funciona, mas não tanto quanto os outros métodos).

Esses três métodos geram mais ou menos o mesmo número de clientes, mas as diferenças geográficas são espantosas. Primeiro, vale lembrar que a propaganda boca a boca no mundo real é, por definição, um método independente de obtenção de clientes, porque os novos clientes são trazidos para o vendedor pelos já existentes. A propaganda boca a boca só existe por meio da interação.

Então, onde a propaganda boca a boca no mundo real teve o melhor resultado?

A propaganda boca a boca no mundo real foi o melhor método de obtenção de novos clientes no caso do Diapers.com quando havia três condições básicas: um grande número de clientes potenciais, impostos sobre os produtos das lojas físicas e envio rápido da mercadoria comprada no site (um ou dois dias). Verificou-se que a densidade do público-alvo (ou seja, o número de domicílios com bebês por metro quadrado) influenciava outros métodos de obtenção também, mas o efeito econômico nos outros casos era bem menor.

Como isso se explica?

Primeiro, a densidade do público-alvo influencia a propaganda boca a boca no mundo real porque as chances de interação ou observação direta entre os novos clientes e os clientes potenciais aumentam. No artigo, referimo-nos a esse aspecto como um "multiplicador social" propiciado pela densidade física. Portanto, um fator muito importante é simplesmente o número de clientes potenciais de uma região. As altas alíquotas de impostos que incidem sobre os produtos das lojas físicas (o que torna os preços online muito mais atraentes) e a rapidez de envio (maior conveniência) são fundamentais, porque são pontos sobre os quais as pessoas podem falar. A densidade aumenta o contato entre as pessoas, mas para que a propaganda boca a boca aconteça, *é* preciso que exista um assunto.

Há um detalhe aqui que, a meu ver, explica por que a propaganda boca a boca no mundo real é muito mais eficaz, pelo menos neste exemplo, do que a propaganda boca a boca no mundo virtual.

Imagine que você e eu moramos no mesmo bairro e que eu seja cliente do Diapers.com. Se eu lhe disser que o Diapers.com é excelente porque eles têm preços ótimos e entregam o produto em um dia, essa informação é altamente relevante para você.

Por quê?

Porque, como moramos na mesma localização, recebemos exatamente os mesmos benefícios de um vendedor virtual, além de termos as mesmas opções físicas. Em suma, essa situação faz com que a propaganda boca a boca seja muito mais convincente. Ou seja, a excelente experiência que eu tive também está disponível para você!

Se, no entanto, você morar a milhares de quilômetros de distância de mim, talvez tenha uma experiência bastante diferente. Talvez na sua cidade não haja impostos sobre os produtos das lojas físicas e o prazo de entrega para a sua área seja de dois ou três dias. Isso não significa que você não gosta de mim ou não confia em mim (que bom!), mas a informação que estou lhe passando não será tão atraente, porque suas circunstâncias físicas são muito diferentes das minhas.

Acredito que essa ideia de "igualdade de benefícios" explica muita coisa em relação ao fato de a propaganda boca a boca no mundo virtual não ser tão eficaz quanto no mundo real. No universo virtual, se as pessoas estiverem em lugares diferentes (o que é muito provável), há uma boa chance de que não exista essa "igualdade de benefícios", o que nunca acontece no mundo real, ou seja, no caso da propaganda boca a boca no mundo real, sempre existe a "igualdade de benefícios".

A publicidade em revistas também é uma forma muito eficaz de conquistar clientes em regiões mais afastadas ou rurais, onde há menos probabilidade de encontros casuais entre as pessoas. Portanto, esse tipo de propaganda é muito útil em lugares onde os clientes potenciais têm menos chances de interagir com muita gente.

As buscas online geram novos clientes de maneira bem previsível. O número de novos clientes conquistados é proporcional à população local. Quanto maior for o lugar, mais clientes vão chegar dessa forma.

Fugindo dos impostos

Morte. E impostos.

Evitaremos a morte (pelo menos neste livro!), mas dedicaremos um tempo às pesquisas sobre impostos, que é um dos aspectos mais controversos e interessantes da nova topografia. Os impostos sobre as vendas offline não são nenhuma novidade. Em alguns estados norte-americanos, eles chegam a 9%. Até bem pouco tempo atrás, a maioria dos lojistas virtuais dos Estados Unidos conseguia evitar os impostos (conforme observado no Capítulo 2, "Resistência"). A "brecha" era que apenas vendedores virtuais com presença no mundo real precisavam recolher impostos. A propósito, Thomas Stemberg, fundador da Staples, disse numa carta ao Congresso dos Estados Unidos:[34]

> É ilógico e patentemente injusto que o Staples.com seja obrigado a pagar impostos por conta de nosso compromisso local quando grande parte dos nossos concorrentes virtuais não tem semelhante exigência.

Embora essa declaração espelhe a situação desagradável enfrentada pelos vendedores do mundo real nos Estados Unidos, o efeito dos impostos sobre o comportamento de consumo também é muito grande. Segundo os cálculos de Austan Goolsbee, ex-consultor financeiro do presidente Barack Obama, se os impostos sobre as vendas passassem a incidir sobre os produtos do mundo virtual com base na mesma alíquota do mundo real (cerca de 8%), a demanda online diminuiria até 20%.[35]

Um efeito considerável! Então, mesmo que a paisagem esteja mudando para exigir que todos os vendedores do mundo virtual recolham impostos sobre vendas, ainda é vitalmente importante entender como sua presença ou ausência ali afeta o comportamento do comprador e a concorrência com outros vendedores.

Um brilhante estudo realizado por pesquisadores do MIT e da Northwestern University revelou como os impostos cobrados no mundo real, mas não no virtual, influenciam o comportamento de compradores e vendedores. De modo específico, os pesquisadores aproveitaram um "experimento natural", no qual um varejista majoritariamente do mundo virtual decidiu abrir sua primeira loja física em um estado que cobrava impostos (ele já tinha outras lojas, mas todas em locais com isenção).

Imagine que determinado vendedor não tenha nenhuma loja na Califórnia e decida abrir uma em San Francisco. Em julho de 2013, a alíquota de imposto era de 8,75%. Como o vendedor está fisicamente presente em San Francisco, ele terá de recolher 8,75% de impostos sobre todos os pedidos feitos em sua loja virtual e entregues no estado da Califórnia.

O efeito dessa mudança é muito profundo, tanto para os vendedores quanto para os compradores.

No Capítulo 2 ("Resistência"), vimos um problema inverso: empresas online enfrentando concorrência de lojas físicas que ocupavam seu território. Observamos que o número de vendas de uma empresa online em determinada localização diminui depois que surge um concorrente no mundo real (o exemplo apresentado foi o da Amazon. com diante da inauguração de uma livraria física). Essa diminuição nas vendas ocorre porque a loja do mundo real invade a área de atuação do vendedor virtual, mesmo de maneira relativamente limitada e localizada.

Ainda na Califórnia, se uma livraria física abrir uma loja no código postal CA 94105 de San Francisco, as vendas da Amazon.com diminuem nesse lugar. Os aficionados por livros que moram ali agora podem comprar diretamente na loja perto de casa, e isso afeta as vendas da Amazon.com. Evidentemente, a inauguração de uma loja física em CA 94105 (San Francisco) não afeta as vendas da Amazon.com em outras partes do estado, como em CA 90210 (Los Angeles).

No entanto, os efeitos de impor o recolhimento de impostos sobre vendas a uma empresa do mundo virtual são muito maiores e mais disseminados. Quando uma loja virtual abre uma loja física e passa a ter a obrigação de recolher impostos em todo o estado, segundo os pesquisadores, as vendas do site caem 11% no estado. Ou seja, os consumidores que não têm como ir até a loja física de San Francisco (clientes que aumentariam as vendas online), se abstêm de comprar no site por causa do aumento de 8,75% no preço (em razão do imposto).

Os compradores, evidentemente, são repelidos pelos impostos.

E o que acontece com os vendedores?

Bem, os pesquisadores verificaram que os vendedores que têm lojas e sites com muita movimentação na internet, dificilmente desejarão abrir lojas físicas em estados que cobram impostos muito altos.

Conclusão: tanto os compradores quanto os vendedores fogem dos impostos como o diabo da cruz!

Produtos e informações, marcas e commodities

Todos os exemplos que observamos reforçam essa ideia. Com a evolução da topografia de interação entre o mundo real e o virtual, é natural que os vendedores que começaram a vida em um deles precisem atuar também no outro. Essa expansão de um mundo para o outro tem profundas implicações no comportamento do consumidor.

Toni Moreno, da Kellogg School of Management, Santiago Gallino, da Tuck School of Business, e eu decidimos examinar o que acontece quando um vendedor virtual, nesse caso a varejista WarbyParker.com, expande seus negócios para o mundo real e inaugura showrooms.[36] O mercado de óculos faz parte daquela categoria de produtos que as pessoas desejam experimentar antes de comprar. Verificamos que a introdução de um "showroom de estoque" em determinada localização, isto é, um mostruário com todos os produtos da empresa em uma loja, exerce três efeitos interessantes sobre a demanda nessa localização.

Primeiro, o número total de vendas sobe. Isso talvez não seja nenhuma surpresa, já que agora há um showroom onde antes não havia nada. O curioso é que essa expansão para o mundo real gerou um aumento nas vendas virtuais relacionadas àquela localização. A presença de uma loja física criou visibilidade e credibilidade para a marca, tanto é que mais pessoas passaram a comprar no site.

Segundo, a taxa de conversão do programa "Experimente em Casa", no qual o cliente recebe cinco armações de graça para prová-las por cinco dias, aumentou nos lugares próximos ao showroom. A presença de um showroom representa uma alternativa para os clientes "avessos a riscos", que desejam experimentar o produto antes de comprá-lo. No passado, eles provavelmente teriam solicitado a opção de experimentar em casa, mas agora foram encaminhados a um novo canal, e a probabilidade de compra entre os clientes restantes aumentou. Outro ponto que dá respaldo a essa teoria (de que os clientes avessos a riscos migram para a nova opção) foi a redução das taxas de retorno nas vendas online.

Terceiro, as visitas ao site por parte de potenciais clientes que moram nos arredores do showroom também aumentaram.

Ou seja, a nova topografia propicia o desenvolvimento de novos modelos de negócio em que o mundo real e o virtual se beneficiam mutuamente. Sabe-se, por exemplo, que os lojistas virtuais têm significativas vantagens de custo pela gestão centralizada e agilidade no atendimento de pedidos. Por outro lado, eles ficam em desvantagem no que se refere à possibilidade de os clientes experimentarem seus produtos. Portanto, um vendedor virtual (como o WarbyParker.com) pode ganhar muito se combinar as duas coisas.

Existe, porém, uma grande diferença entre os vendedores virtuais que controlam a fabricação, a distribuição e o *branding* de seus próprios produtos – como o Bonobos.com e o WarbyParker.com – e aqueles, como a Amazon.com, que vendem commodities (marcas de outros fabricantes). Quando o primeiro tipo de vendedor avança para o mundo real, ele deve priorizar a dimensão informativa de seu negócio, dando aos clientes a oportunidade de experimentar seus produtos. Já o segundo tipo de vendedor deve priorizar o atendimento, agilizando a entrega. Iniciativas como a Amazon Locker e a Amazon Drone foram criadas justamente para isso.[37]

EM SÍNTESE

"Se não pode vencê-los, junte-se a eles" ensina o dito popular. Uma vez que os mundos real e virtual concorrem entre si e ao mesmo tempo se complementam, o próximo passo lógico é entrelaçá-los. Ao entregarem produtos e também informação, onde um for mais fraco, o outro será mais forte. Se você é um vendedor de produtos físicos no mundo virtual, vai precisar de pontos de contato com seus clientes no mundo real.

O envolvimento no mundo real e o alcance no mundo virtual andam de mãos dadas. Vendedores inteligentes criam experiências locais ricas e deixam seus clientes amplificá-las e compartilhá-las online. Vendedores que obtêm sucesso têm os melhores produtos e as narrativas mais interessantes.

Se seus produtos são ótimos, seus clientes frequentemente os indicam (e clientes que receberam indicações geralmente são mais valiosos). Se suas narrativas são atraentes, a história evolui e continua a ser contada. Menções na mídia convencional proporcionam "saltos" e citações nas redes sociais mantêm as informações circulando. Esses sites com vocação local e bem organizados contribuem mais para o crescimento geral dos vendedores do mundo virtual. As conversas são mais frequentes e focadas, e esses sites às vezes dão origem a histórias na mídia tradicional também.

As buscas de hoje são as compras de amanhã, porque quando consumidores atuam no mundo virtual, eles revelam intenção. Quando se aproximam uns dos outros, suas conversas são mais poderosas quando compartilham circunstâncias locais e extraem os mesmos benefícios dos vendedores. Quando os vendedores os atingem, a maioria dos compradores quer ser conhecida, dentro de limites. A publicidade no mundo virtual é mais efetiva quando se intromete ou é focada no contexto, mas não em ambos os casos.

Por fim, a internet fixa reduz dramaticamente o atrito de buscas e o geográfico, mas a internet móvel os traz de volta. No celular queremos mais informações sem restrições (ou seja, somos menos tolerantes ao atrito de busca) e somos mais atraídos por opções próximas localmente (ou seja, temos menos disposição para nos deslocar).

Então, estamos nos tornando simultaneamente mais espontâneos e mais locais em nossos comportamentos. E isso criará enormes oportunidades e melhorias para o comércio local. Sua vida no mundo real ficará melhor graças ao mundo virtual.

Não é mais "ou/ou", e sim apenas uma simples topografia em transformação – você terá sucesso quando usar um mundo para melhorar o que faz no outro.

Figura 6.1

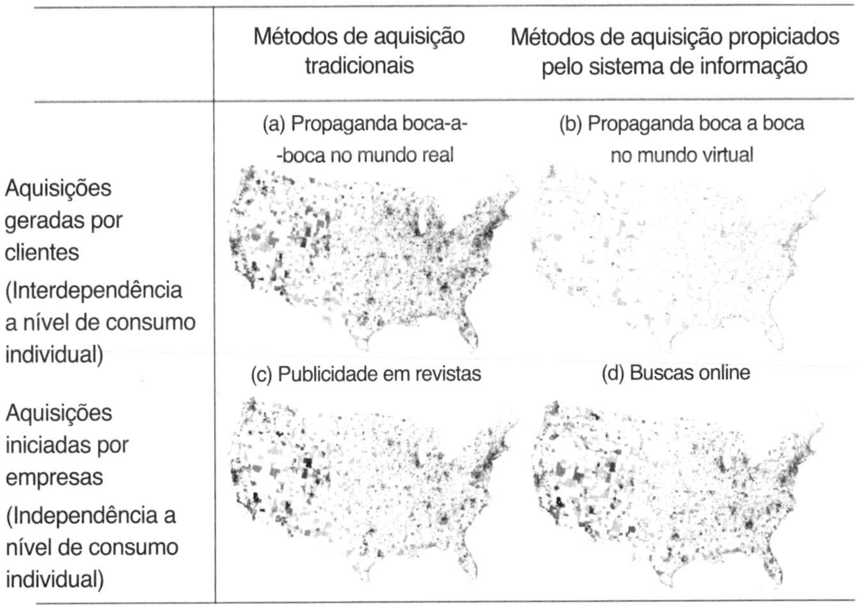
Métodos de aquisição tradicionais
Métodos de aquisição propiciados pelo sistema de informação
Aquisições geradas por clientes
(Interdependência a nível de consumo individual)
Aquisições iniciadas por empresas
(Independência a nível de consumo individual)
(a) Propaganda boca-a--boca no mundo real
(b) Propaganda boca a boca no mundo virtual
(c) Publicidade em revistas
(d) Buscas online

EPÍLOGO

VOCÊ

Fazendo o GRAVITY trabalhar para você

Lima, no Peru, é uma cidade onde quase não chove – registra um índice pluviométrico anual de 25 milímetros no litoral e outro não muito maior nas demais áreas. Essa situação faz com que exista uma grande pressão sobre o abastecimento de água. Embora chova pouco, a umidade pode chegar a quase 100% de manhã, em razão da proximidade do oceano Pacífico.

Por isso, com o propósito de exibir seus talentos técnicos na Universidad de Ingeniería y Tecnología (UTEC), do Peru, alguns professores desenvolveram um outdoor capaz de transformar ar em água.[1] (Infelizmente, eles não criaram um mecanismo para transformar essa água em vinho). Um pequeno vídeo no YouTube explica como funciona o outdoor. Mais de 750 mil pessoas do mundo inteiro já assistiram ao vídeo.

Nos EUA, na Ohio State University, o dr. Christopher Kaeding utilizou o Google Glass para transmitir ao vivo a cirurgia que estava realizando e se consultar colegas médicos de outros lugares[2]. Isso lhe permitiu obter mais informações sobre o seu trabalho e gerou enormes benefícios para o paciente.

No início de 2012, o fotógrafo John Butterill fundou a Virtual Photo Walks[3] e em fevereiro daquele ano levou a paciente Corey Fisk (com esclerose múltipla há 10 anos) para um passeio virtual pela floresta. A ideia inspirou fotógrafos amadores e profissionais do mundo inteiro a seguir o mesmo caminho. No momento em que as fotos são tiradas, as pessoas podem se conectar e participar através do Google Hangout.[4]

Como essas iniciativas sugerem, estamos cada vez mais "sedentos de experiências que unam o mundo real com o mundo digital" (palavras de Kim Snow, diretora de criação do Google em Nova York).[5] E isso corrobora a tese deste livro: os dois mundos estão fortemente interligados, e nosso comportamento em ambos os contextos tem o poder de reforçá-los mutuamente.

Enquanto vivermos no mundo real (pelo menos a maior parte do tempo), parece-me lógico considerá-lo como a base. Podemos pensar o mundo virtual como o elemento amplificador. Toda situação que vivemos no mundo real pode ser compartilhada e aperfeiçoada no virtual.

Sua pergunta, leitor, agora deve ser: como utilizar todo esse conhecimento em sua própria vida?

Embarcamos numa jornada que começou com alguns fatos básicos e surpreendentes sobre a configuração do mundo real (Capítulo 1, "Geografia") e terminou com o novo cenário de interconexão entre o mundo real e o virtual (Capítulo 6, "Topografia"). De um ponto a outro, percorremos um longo caminho, aprendendo muita coisa. E agora, para onde vamos?

Espero que as pesquisas acadêmicas que embasam este livro o ajudem a compreender e projetar as formas de interação entre o mundo real e o virtual. Assim, espero que você se sinta motivado a fazer algo com esse novo conhecimento, seja investir tempo e energia na ideia de um amigo ou familiar, seja criar algo sozinho.

A notícia boa é que nunca foi tão fácil iniciar um projeto. Como o famoso alpinista neozelandês Edmund Hillary disse: "Você não precisa ser um herói para realizar grandes façanhas. Basta ser um sujeito comum com entusiasmo suficiente para atingir grandes metas".[6]

Uma forma de ver esse conhecimento na prática é pelas lentes de um bom exemplo. Existem muitas lentes, muitos exemplos, mas queria contar uma história que conheço bem e que me parece muito motivadora.

Novamente, essa história mostra que a localização, de fato, (e ainda) é tudo.

UMA HISTÓRIA SOBRE AMIZADE E VISÃO – NO MUNDO REAL E NO VIRTUAL

Quatro amigos se encontram no mundo real

Em 2008, nos meses do verão no hemisfério norte, quatro futuros grandes amigos, Neil Blumenthal, Dave Gilboa, Andy Hunt e Jeff Raider, chegaram à Wharton School para dar início a suas carreiras de administradores de empresas. Dave Gilboa, que voltava de férias, havia esquecido seus óculos da grife Olivier Peoples no avião. E, se quisesse comprar outro, teria de desembolsar mais de US$ 500.

Blumenthal e Gilboa conversaram a respeito, chegando à seguinte pergunta: "Como é que um par de óculos pode custar mais caro do que um iPhone (nos EUA)?". A resposta é bem complexa e não entraremos em detalhes a esse respeito, mas ela está relacionada com o fato de que grandes monopólios controlam a produção, a comercialização e a distribuição de óculos nos Estados Unidos, gerando uma situação bastante hostil para os consumidores. Como concluíram os amigos, esse sistema se mostrava quebrado e eles iam usar o mundo virtual para consertá-lo.

Blumenthal, particularmente, sabia bem o que estava acontecendo. Ele já era diretor de uma organização sem fins lucrativos que distribuía óculos em países em desenvolvimento e se inteirou da enorme lacuna que havia entre os custos de fabricação e os preços de varejo no mundo desenvolvido.[7] Ele, Gilboa, Hunt e Raider traçaram, então, um plano para vender óculos online.

Isso mesmo: eles decidiram vender óculos de grau pela internet.

Se você nunca tinha ouvido falar da Warby Parker antes, talvez tenha tido uma reação parecida com a minha quando os quatro amigos vieram ao meu escritório e me explicaram o que estavam planejando. Mesmo não usando óculos, eu sabia que aquele era um tipo de produto que as pessoas gostam de experimentar antes de comprar. Por isso, fiquei um pouco cético quanto ao sucesso daquele plano.

Isso foi naquela época.

O presente é outra história.

Muita coisa aconteceu desde aquele início de fevereiro de 2010, quando a empresa foi fundada. A equipe vendeu mais de meio milhão de pares de óculos, abriu uma loja conceito no Soho, em Manhattan, fez parcerias com outras lojas físicas. Os membros da equipe percorreram os Estados Unidos inteiros em um ônibus escolar retrô (mas modernizado) para divulgar seus produtos.

Então, vamos ver o que os rapazes da Warby Parker fizeram à luz do nosso modelo GRAVITY.

Os ensinamentos na prática

GEOGRAFIA

As circunstâncias físicas dos clientes variam bastante de cidade para cidade em um país grande como os Estados Unidos, e na maioria dos outros países do mundo. Ao inaugurar seu negócio, a equipe da Warby Parker chegou à conclusão de que era melhor começar em grandes mercados (do mundo real) – lugares como a região nordeste dos Estados Unidos –, que provavelmente seriam receptivos. Alguns clientes teriam opções físicas "decentes"; outros não. (Digo "decentes", porque, na maior parte dos casos, os consumidores norte-americanos encontram opções bastante precárias nessa categoria de produto). Alguns lugares necessitariam de showrooms no futuro; outros não.

Vimos no Capítulo 1 que existe uma correlação entre as compras online de determinada localidade e o número de vendedores virtuais presentes ali. Faz sentido. Em lugares onde as pessoas são receptivas a soluções virtuais para suas necessidades de consumo, provavelmente vai haver mais empresas online.

Portanto, se você quiser que sua empresa virtual tenha sucesso, escolha com cuidado sua localização no mundo real. Dê preferência a lugares em que coexistam clientes e colaboradores. Muitas empresas de e-commerce inovadoras, como a Warby Parker e a Bonobos, entre outras, resolvem essa questão transformando seu escritório central em um espaço aberto à visitação.

O primeiro passo para aplicar os ensinamentos deste livro, portanto, é fazer como a Warby Parker e entender as implicações da geografia, sobretudo, em termos de acesso aos primeiros clientes e colaboradores de um local.

RESISTÊNCIA

A equipe da Warby Parker, então, precisava descobrir como eliminar ou, ao menos, mitigar os dois principais atritos – o de busca e o geográfico – que os clientes encontram no mundo real. A resposta da empresa foi a opção "Experimente em casa" (Home Try-On): o cliente recebe cinco armações (sem as lentes) para experimentar de graça por cinco dias.[8] Isso significa que os clientes não precisam ir até a loja para vencer a insegurança relacionada ao produto. O produto é que vai até eles.

Essa opção reduziu consideravelmente o "atrito geográfico". Os clientes podiam receber os óculos em qualquer lugar. Além disso, o programa eliminou um importante atrito comum a muitos vendedores virtuais: quando os clientes não têm como toctar o produto, muitos deles deixam de efetuar a compra online. "Experimente em casa". Problema resolvido!

A transparência da precificação e a redução do atrito de busca por preços baixos foram alcançadas com um ponto de preço padrão de US$ 95, comunicado também em termos de margem de lucro – isto é, o site mostra aos atuais clientes e aos potenciais o preço e a margem de lucro dos principais concorrentes, assim como da própria Warby Parker.

Portanto, o segundo passo é saber como diminuir a resistência em relação à busca de informações e à compra, dando aos clientes os meios para vencer suas inseguranças. Especificamente, tem a ver com dar aos consumidores acesso à informação que for necessária para capacitá-los a fazer boas escolhas – e para deixá-los confortáveis com isso.

ADJACÊNCIA

Ser o primeiro a chegar a um mercado promissor e eliminar atritos são condições necessárias para qualquer empreendimento, mas só esses dois elementos não garantem o sucesso.

Agir de acordo com as implicações da geografia e da resistência em cada caso é um bom começo, mas não o leva para onde você precisa estar.

A concorrência virtual é muito grande e existe em qualquer lugar. Portanto, para uma nova empresa ou ideia ultrapassar a fase inicial de inauguração, é fundamental recorrer ao poder da adjacência.

Como é que a Warby Parker fez isso?

O programa "Experimente em casa" é uma importante ferramenta para esse propósito. O produto chega às mãos dos consumidores que expressaram interesse em pelo menos experimentá-lo. Clientes receptivos à marca (mas ainda não comprometidos com a compra) podem experimentar cinco pares de óculos no conforto de seu lar.

Além disso, e o que é mais importante: o programa também serve como divulgação do produto, porque outras pessoas também ficam sabendo dele. Pesquisas de mercado revelam que os clientes que solicitam a opção de experimentar em casa acabam compartilhando o produto com mais três ou quatro pessoas, em média. Isso significa que, mesmo quando esses clientes não efetuam a compra, a marca é divulgada para indivíduos adjacentes (amigos, colegas de trabalho, familiares etc.).

Minha própria análise econométrica confirma essa ideia de que a amostra de não compradores tem um significativo efeito estatístico na quantidade de informação disseminada para pessoas próximas. Ainda preciso testar formalmente a hipótese, mas acho que o efeito é maior quando os produtos são entregues no escritório e não em casa.

Por quê?

Você se lembra do exemplo do site Soap.com (aquele com caixas coloridas que eu recebia no meu escritório)? Como eu, você provavelmente tem mais colegas no trabalho do que familiares em casa. Por isso, uma entrega no trabalho chama atenção de mais gente.

A Warby Parker também aproveita esse efeito de influência indireta no mundo real, situando showrooms em lugares onde os potenciais clientes, além de serem receptivos à marca, também têm mais chances de divulgá-la.

O terceiro passo, então, é saber como atingir aquela segunda camada vital de clientes por trás dos clientes diretos. E lembrar que nos lugares onde há alguém interessado no seu produto, há também, graças à homofilia, muitos outros que também vão se interessar!

Ou seja, você deve fazer com que seus potenciais clientes tenham a oportunidade de compartilhar seu produto ou serviço, garantindo acesso a um grupo próximo que provavelmente gere mais clientes.

VIZINHANÇA

E o quarto passo?

A Warby Parker fez e faz uso do importante conceito de vizinhança compreendendo que os lugares, por mais afastados que sejam no mundo físico, geralmente têm tipos similares de clientes.

De acordo com os princípios da geografia e da resistência, a empresa, primeiro, abriu escritórios e showrooms em Nova York (os escritórios também serviam como showrooms). A estratégia de showrooms da startup cobriu lugares como Oklahoma City, Nashville e Richmond, além de Chicago e Los Angeles, e demonstra o reconhecimento pelos empreendedores de dois pontos fundamentais.

Em primeiro lugar, eles reconheceram que, apesar dos dois lugares pequenos serem distantes um do outro, eles têm características em comum que os tornam igualmente atraentes. Os moradores de lugares semelhantes em termos demográficos e acesso a lojas também têm tendências de consumo semelhantes.

Em segundo lugar, a estratégia reconhece que, embora a demanda dos grandes centros urbanos seja inestimável para o crescimento inicial e para semear clientes – a propósito, a empresa concentra suas atividades em Nova York, Boston e Los Angeles –, um negócio não tem como crescer sem a demanda de lugares pequenos, os quais, em conjunto, compõem a Cauda Longa Espacial, apresentada no Capítulo 4.

Em suma, para ser a força dominante do mercado como os fundadores da Warby Parker querem que ela seja, a empresa tem de aproveitar a demanda de pequenos locais espalhados pelos Estados Unidos (e pelo mundo) que tenham as mesmas características, isto é, que sejam da mesma vizinhança (do ponto de vista mercadológico).

Portanto, o aprendizado nessa etapa é o seguinte: como princípio geral, você precisa ter uma estratégia que lhe permita conectar e acessar grupos de clientes distantes entre si, mas que pertençam ao mesmo mercado – o seu!

ISOLAMENTO

Todas as empresas virtuais que eu estudei, desde a Diapers.com e a Bonobos até a Warby Parker, se beneficiam enormemente da compreensão do significado de isolamento.

Lembre-se: seus clientes isolados são os maiores defensores de sua marca por três bons motivos.

O número um é que o mundo real não os tratou bem, ignorando suas necessidades e preferências. Eles foram excluídos por não fazerem parte da maioria dos vizinhos, em termos de gostos.

O número dois, debitado na conta desse afastamento, é que eles têm mais chances de recorrer ao mundo virtual da internet para encontrar aquilo de que precisam.

E o terceiro ponto: eles são os que mais elogiam as marcas de que gostam (dê uma olhada na página da Warby Parker no Facebook!) e costumam ser praticamente insensíveis a preço.

Por isso, como quinto passo, identifique os lugares que podem lhe oferecer acesso aos clientes mais receptivos: aqueles que mais carecem de opções locais relevantes.

TOPOGRAFIA

Qual é o sexto passo?

Embora certamente haja outras empresas que entendem esse ponto, é difícil pensar em uma empresa que faça tão bem o trabalho de navegar pelo cenário real e virtual, concebendo-o como uma única topografia integrada, quanto a Warby Parker.

Ela atende os consumidores dos dois mundos, realizando coisas no mundo real que são amplificadas no virtual. Aqui vão meus dois exemplos favoritos (entre muitos) em relação a esse atributo.

Em setembro de 2011, quando a Warby Parker ainda dava seus primeiros passos, aconteceu a *Fashion Week* de Nova York, como acontece todos os anos. A empresa queria causar sensação, mas, sendo uma nova startup na área, não tinha muito dinheiro em caixa para o furor que desejava fazer. De qualquer maneira, a equipe planejava apresentar algo que (1) fosse coerente com a identidade da marca, (2) tivesse impacto e visibilidade e (3) fosse barato de executar.

Uma combinação complexa, mesmo nas melhores circunstâncias!

A identidade de marca da Warby Parker está vinculada ao nome de dois personagens fictícios, Warby Pepper e Zagg Parker, que aparecem em um texto não publicado de Jack Kerouac.[9] O emblemático escritor norte-americano, que foi uma espécie de ícone da contracultura, era a inspiração perfeita para uma marca voltada para o público jovem e descolado. Além disso, o fato de ele ser escritor remetia à ideia de livros e livrarias, o que, com um pouco de boa vontade, pode nos fazer lembrar de óculos.

Seja como for, durante a Fashion Week daquele ano (a semana de moda nova-iorquina), a Biblioteca Pública de Nova York estava exibindo alguns trabalhos não editados de Kerouac, entre eles o que inspirou o nome Warby Parker. A equipe chegou à conclusão de que seria coerente com a identidade da marca, impactante e barato (além de divertido!), solicitar a amigos e modelos que ocupassem, lentamente, todo um andar da biblioteca enquanto acontecia a Fashion Week.

Resultado: uma multidão de amigos e modelos tomaram a biblioteca, lendo livros que exibiam na capa palavras como "Jensen" e "Begley", ou seja, nomes de armações da Warby Parker que os "eruditos leitores" usavam. Como você pode imaginar, a ação fez muito sucesso com o público-alvo, recebendo uma boa cobertura da mídia.[10]

Esse acontecimento do mundo real foi relatado, compartilhado, amplificado e comentado em diversos lugares do mundo virtual.

O segundo exemplo aconteceu poucos meses depois. No início de 2012, a equipe resolveu colocar para funcionar um velho ônibus escolar amarelo, uma espécie de ícone familiar, e sair pelos Estados Unidos divulgando a marca. Foi assim que começou a Warby Parker Class Trip.[11]

O ônibus servia basicamente como um showroom itinerante. A equipe percorreu todo o país, chegando, inclusive, a lugares onde não havia lojas da empresa nem parceiros. Além de curtir a viagem quando o ônibus passava pela cidade, os clientes podiam compartilhar a notícia no Twitter, Instagram e diversas outras redes online. Outra atração era uma competição envolvendo o compartilhamento virtual dessas atividades do mundo real.[12]

Meus colegas Toni e Santiago e eu coletamos e analisamos dados dos lugares onde o ônibus parou. Em todos eles, verificamos um significativo aumento das vendas online, além das vendas realizadas no próprio ônibus.[13]

Qual a lição desse modelo para você e suas apostas empreendedoras? Certifique-se de que seus clientes terão acesso a sua empresa numa interação perfeita entre os dois mundos.

VOCÊ E SEU TIME

Se você parar para pensar na Warby Parker, verá que seus fundadores partiram de uma ideia com a qual eles se identificavam, algo que fazia parte do dia a dia deles. Então, faça o mesmo. Observe sua rotina cotidiana de pesquisa, compras e vendas, e pergunte-se: "O que há de errado nas coisas como elas são?"

Parafraseando minha amiga Kirsten Green, sócia-diretora da Forerunner Ventures (e também uma investidora da Warby Parker), existem três elementos absolutamente imprescindíveis para começar um novo empreendimento.

Primeiro, você deve focar um problema comum, que afete muita, muita gente.

Segundo, os fundadores da sua equipe – e, de acordo com as pesquisas, dois (ou mais) é melhor do que um – devem ter uma personalidade magnética e uma paixão contagiante pela empresa. Essas qualidades vão inspirar outras pessoas a se juntarem ao grupo, vendo a missão se tornar realidade.

Terceiro, e isso é indiscutível, a equipe deve ser capaz de realizar coisas. Ideias, todo mundo tem. Implementação bem-sucedida, com eficiência e eficácia, é outra história.

DE VOLTA AO COMEÇO

"Oh, me leve de volta ao começo", canta Chris Martin na música "The Scientist", sobre um amor distante. Embora o que eu tenha a dizer aqui não seja muito romântico, valorizo esse sentimento. Por isso, vamos lá, de volta ao início do livro no nosso caso, para reafirmar os três princípios básicos tratados neste livro, fundamentais para o êxito na implementação do modelo GRAVITY:

- Sempre tenha em mente que os benefícios de comprar, vender e pesquisar na internet não podem ser desvinculados dos lugares onde os clientes moram. Isso significa que você deve levar em consideração a cidade de seus clientes potenciais, o tipo de vizinhança em que eles escolheram viver e as opções físicas presentes no local.
- Sua empresa virtual, seja ela de produtos, serviços ou informação, deve se apressar em criar densidade suficiente, conectando e agregando indivíduos de lugares distantes. A densidade gera envolvimento, e é um fator fundamental para atrair mais gente.
- Lembre-se de que as táticas e estratégias necessárias para conseguir seguidores, disseminar conteúdo ou vender produtos online precisam ser adaptadas às diferentes localizações.

Em direção ao futuro

Só você poderá decidir como utilizar o mundo virtual para melhorar o que acontece no mundo real. No entanto, provavelmente será algo pertencente a um dos quatro domínios a seguir. Cada um deles merecia um livro inteiro. Mas isso é assunto para outro dia. Aqui, mantive o foco nas ideias principais.

1. *Ruptura de uma cadeia de valor existente*. O problema que você identificou pode ser um mercado "quebrado" (como o mercado de óculos nos Estados Unidos), em que os clientes são explorados por um ecossistema empresarial que aufere altas margens de lucro para os vendedores.
2. *Democratização do acesso a produtos e serviços*. Em muitos mercados (educação e entretenimento, por exemplo), o acesso a conteúdo é restrito. Nem todo mundo consegue fazer MBA na Wharton School, por exemplo, e poucas pessoas têm a possibilidade de ir a um show, em um dia e lugar específicos. O uso inteligente da tecnologia – como no caso do ensino a distância Coursera – está mudando o jogo.
3. *Junção de recursos e aperfeiçoamento da utilização*. A maioria dos carros particulares fica à toa na garagem por 22 horas ou mais por

dia, e, em muitas casas, há quartos que não são utilizados nunca. Empresas como a Zipcar, a Relay Rides e a Airbnb atacam esses problemas, mas existem muitos mais problemas a serem atacados por meio do compartilhamento. Muitos ativos são duplicados quando utilizados de maneira eficiente.

4. *Equilíbrio entre oferta e procura.* Em muitos casos, o excesso de capacidade não atende à demanda, sobretudo no âmbito dos serviços. E é por isso que negócios como o Uber.com ("o motorista particular de todo mundo") e o TaskRabbit.com ("o que você precisa fazer feito por nós") deslancharam.

CONSIDERAÇÃO FINAL

Sinto-me abençoado por viver numa época em que o mundo real está mais rico e colorido do que nunca, sendo ampliado diariamente pelo mundo virtual. A você, leitor, agradeço do fundo do coração. Espero que este livro o tenha ajudado a entender e avaliar melhor como os mundos real e virtual interagem. Desejo-lhe sucesso em sua jornada, agora de posse do conhecimento do modelo GRAVITY. Quem sabe você não vai criar sua própria "Warby Parker"?

AGRADECIMENTOS

Sou extremamente grato a todos os amigos e colegas que me ajudaram com este livro. Muito obrigado pelas ideias, inspiração, críticas e, acima de tudo, pelo incentivo.

Algumas pessoas merecem um agradecimento especial.

Primeiro, meu grande amigo Olivier Ledoit, pesquisador excepcional da University of Zurich e da AlphaCrest Capital, que me deu força para escrever este livro.

Dave Moldawer (antes da Amazon, agora da LIVE), que apostou na ideia e me fez fechar com a Amazon. Carly Hoffmann e Katie Salisbury, da Amazon, que me orientaram no processo de publicação e sempre foram compreensivas quanto aos prazos, mesmo quando eu atrasava. Polly Rosenwaike, que trabalhou incansavelmente no original, relendo-o do início ao fim diversas vezes.

Toni Moreno, da Northwestern University, que ofereceu feedback detalhado. Daniel Corsten, da IE Business School, e Tom Forte, do TAG Advisory Group de Nova York, que melhoraram o texto, e Dave Heckman, da Wharton School, responsável pelo marketing.

Quase tudo o que sei sobre pesquisa e literatura devo ao meu consultor, Jim Lattin, da Stanford University, e ao meu amigo Christophe Van den Bulte, da Wharton School. Agradeço também aos pesquisadores que trabalharam comigo nos temas centrais deste livro: Jeonghye

Choi (Yonsei University), Sam Hui (New York University), Jae Young Lee (Yonsei University), Len Lodish (Wharton School) e Sangyoung Song (Ewha University).

Minha pesquisa pessoal só foi possível graças à incrível generosidade de fundadores e executivos de startups, que me cederam seus dados, tempo e conhecimentos. Eis indivíduos que realmente fazem acontecer: Ari Sabah (Netgrocer.com); Marc Lore, Vinnie Bharara e Scott Hilton (Quidsi.com); Neil Blumenthal, Dave Gilboa, Andy Hunt, Jeff Raider e Erin Collins (WarbyParker.com); e Andy Dunn e Craig Elbert (Bonobos.com).

Sou muito grato também aos meus amigos que participaram das minhas primeiras aulas de marketing e e-commerce na Wharton School | Filadélfia e Wharton | San Francisco, em 2012 e 2013. Aprendi muito com vocês: Pooja Batra (@iampoojabatra), Joe Cohen (@josephcohen), Mike Cohen (Birchbox.com), Rob Coneybeer (Shasta Ventures), Kirsten Green (Forerunner Ventures), dr. John Johnston (Jon M. Huntsman School of Business, Utah State), David Hauslaib (@davidhauslaib) e Tom Balamaci (@tbalamaci), Andy Katz- Mayfield (Harrys.com), Aileen Lee (Cowboy Ventures), Phil Migliarese (@JiuJitsumatrix) e Jennifer Yen (Purlisse.com).

No caso da edição brasileira deste livro, eu gostaria de agradecer a Richard Trinder (Google, México), que fez uma cuidadosa leitura de meu manuscrito e contribuiu com vários insights, e também a Daniel Cunha da Initial VC, que compartilhou comigo seus estudos de caso e seu profundo conhecimento do Brasil. Agradeço ainda a Jose Salibi Neto, por seu apoio e por ter me dado a primeira oportunidade de compartilhar minhas ideias no Brasil.

Por fim, sou profundamente grato pelo privilégio de ser membro do corpo docente da Wharton School. Meus colegas do departamento de marketing formam um grupo realmente especial, e aprendo muito com eles todos os dias. Além disso, tem sido maravilhoso conhecer tantos alunos de MBA ao longo dos anos. A Joe Cohen, Chloe Heckman e, sobretudo, Maggie Lee, agradeço pelas inestimáveis críticas.

BIBLIOGRAFIA

AGRAWAL, Ajay & GOLDFARB, Avi. "Restructuring Research: Communication Costs and the Democratization of University Innovation". *American Economic Review* 98 (4), 2008, pp. 1578-90.

ALBUQUERQUE, Paulo; BRONNENBERG, Bart J. & CORBETT, Charles. "A Spatio-Temporal Analysis of Global Diffusion of ISO 9000 and ISO 14000 Certification". *Management Science* 53 (3), 2007, pp. 451-68.

ALLISON, Ralph I & UHL, Kenneth P. "Influence of Beer Brand Identification on Taste Perception". *Journal of Marketing Research,* 1 ago. 1964, pp. 36-39.

ANDERSON, Chris. *A Cauda Longa: do mercado de massa para o mercado de nicho.* Ed. Campus, 2008.

ANDERSON, Eric T.; FONG, Nathan M.; SIMESTER, Duncan I. & TUCKER, Catherine E. "How Sales Taxes Affect Customer and Firm Behavior: The Role of Search on the Internet". *Journal of Marketing* Research 47 (2), 2010, pp. 229-39.

ARAL, Sinal & WALKER, D. "Creating Social Contagion Through Viral Product Design: A Randomized Trial of Peer Influence in Networks". *Management Science* 57 (9), 2011, pp. 1623-39.

BARR, Alistair. "Feature: From the Ashes of Webvan, Amazon Builds a Grocery Business". *Reuters,* 16 jun. 2013. <http://in.reuters.com/article/2013/06/16/amazon-webvan-idINDEE95F04H20130616>

BELL, David R. & BUCKLIN, Randolph E. "The Role of Internal Reference Points in the Category Purchase Decision". *Journal of Consumer Research,* 26 set. 1999, pp. 128-143.

BELL, David R. & SONG, Sangyoung. "Neighborhood Effects and Trial on the Internet: Evidence from Online Grocery Retailing". *Quantitative Marketing and Economics* 5, 2007, pp. 361-400.

BELL, David R.; GALLINO, Santiago & MORENO, Toni. "Theory and Empirical Analysis of Omni-Channel Retailing". Wharton School, University of Pennsylvania, Filadélfia, 2013.

BLUM, Bernado & GOLDFARB, Avi. "Does the Internet Defy the Law of Gravity?". *Journal of International Economics* 70, 2006, pp. 384-405.

BOORSTIN, Julia. "Why and How the 'Breaking Bad' Finale Broke Records". *CNBC,* 30 set. 2013. <www.cnbc.com/id/101074132>

BOX, George E. P. & DRAPER, N. R. *Empirical Model Building and Response Surfaces.* John Wiley & Sons, 1987.

BRONNENBERG, Bart; DHAR, Sanjay & DUBE, Jean-Pierre. "Brand History, Geography, and the Persistence of Brand Shares". *Journal of Political Economy,* 117 (1), fev. 2009, pp. 87-115.

BRONNENBERG, Bart; DUBE, Jean-Piere & GENTZKOW, Matt. "The Evolution of Brand Preferences: Evidence from Consumer Migration". *American Economic Review* 102 (6), 2012, pp. 2472-2508.

BRONNENBERG, Bart & MELA, Carl F. "Market Roll-Out and Retailer Adoption of New Brands". *Marketing Science* 23 (4), 2004, pp. 500-18.

BRYNJOLFSSON, Erik; HU, Jeffrey & SMITH, Michael. "Consumer Surplus in the Digital Economy: Estimating the Value of Increased Product Variety at Online Booksellers". *Management Science* 49 (1), 2003, pp. 1580–96.

BRYNJOLFSSON, Erik; HU, Jeffrey & RAHMAN, Mohammed S. "Battle of the Retail Channels: How Product Selection and Geography Drive Cross-Channel Competition". *Management Science* 55 (11), 2009, pp. 1755-65.

CAIN MILLER, Claire & CLIFFORD, Stephanie. "To Catch Up, Walmart Moves to Amazon Turf", *The New York Times,* 19 out. 2013. <www.nytimes.com/2013/10/20/technology/to-catch-up-almartmoves-to-amazon-turf.html?_r=0>

CAIRNCROSS, Frances C. *O Fim das Distâncias.* Ed. Nobel, 1997.

CARLSON, Nicholas. "The Man Made $28,000 A Month Writing Fake Book Reviews Online". *Business Insider,* 27 ago. 2012. <www.businessinsider.com/this-guy-made-28000-a-month-writingfake-book-reviews-online-2012-8>

CHA, M.; HADDADI, H.; BENEVENUTO, F. & GUMMADI, K. "Measuring User Influence in Twitter: The Million Follower Fallacy", Association for the Advancement of Artificial Intelligence, 2010. <www.aaai.org/home.html>

CHEN, Yuxin; HESS, James; WILCOX, Ronald & ZHANG, John. "Accounting Profits Versus Marketing Profits: A Relevant Metric for Category Management". *Marketing Science* 18 (3), 1999, pp. 208-29.

CHEVALIER, Judith & MAYZLIN, Dina. "The Effect of Word of Mouth on Sales: Online Book Reviews". *Journal of Marketing Research* 43, 2006, pp. 345-54.

CHOI, Jeonghye & BELL, David R. "Preference Minorities and the Internet", *Journal of Marketing Research* 58, ago. 2011, pp. 670-82.

CHOI, Jeonghye; BELL, David R. & LODISH, Leonard L. "Traditional and IS-Enabled Customer Acquisition on the Internet". *Management Science* 58 (4), 2012, pp. 754-69.

CHOI, Jeonghye; HUI, Sam. K. & BELL, David R. "Spatiotemporal Analysis of Imitation Behavior Across New Buyers at an Online Grocery Retailer". *Journal of Marketing Research* 47, fev. 2012, pp. 75-89.

DEWAN, Shaila. "As Renters Move In, Some Homeowners Fret". *The New York Times,* 28 ago. 2013. <www.nytimes.com/2013/08/29/business/economy/as-renters-move-in-and-neighborhoodschange- homeowners-grumble.html>

DICKSON, E. J. "The New York Times Can't Stop Trolling Philadelphia". *Salon,* 13 jun. 2013. <www.salon.com/2013/06/13/the_new_york_times_cant_stop_trolling_philadelphia>

DISHMAN, Lydia. "Three Reasons Why Mickey Drexler Can Help Scale Warby Parker". *Forbes,* 18 set. 2013. <www.forbes.com/sites/lydia-dishman/2013/09/18/three-reasons-why-mickeydrexler-can-help-scale--warby-parker>

"Indiana's Peculiar Liquor Laws May Drive You To Drink". *Indiana Star,* editorial, 18 maio 2013. <www.indystar.com/article/20130518/OPINION08/305180019>

FARBER, Dan. "Google Search Scratches Its Brain 500 Million Times a Day". *CNet,* 13 maio 2013. <http://news.cnet.com/8301-1023_3-57584305-93/google-search-scratches-its-brain-500-million-times-a-day>

FLORIDA, Richard. "The World is Spiky: Globalization Has Changed the Economic Playing Field But Hasn't Leveled It". *Atlantic Monthly,* out. 2005, pp. 48-51.

FORMAN, Chris; GHOSE, Anindya & GOLDFARB, Avi. "Examining the Relationship Between Reviews and Sales: The Role of Reviewer Identity Disclosure in Electronic Markets". *Information Systems Research* 19 (3), 2008, pp. 291-313.

FORMAN, Chris; GHOSE Anindya & GOLDFARB Avi. "Competition between Local and Electronic Markets: How the Benefit of Buying Online Depends on Where You Live". *Management Science* 55 (1), 2009, pp. 47-57.

GARCIA, Patricia. "Warby Parker Takes Over the New York Public Library". *Vogue,* 2011. <www.vogue.com/vogue-daily/article/warbyparker-takes-over-the-new-york-public-library/#1>

GEORGE, Lisa & WALDFOGEL, Joel. "Who Affects Whom in Daily Newspaper Markets". *Journal of Political Economy* 111 (4), 2003, pp. 765-84.

GHOSE, Anindya; GOLDFARB, Avi & HAN, Sang Pil. "How Is the Mobile Internet Different? Search Costs and Local Activities". *Information Systems Research,* 2013.

GLAESER, Edward L. "A Tale of Many Cities". *The New York Times,* Economix, 20 abr. 2010. <http://economix.blogs.nytimes.com/2010/04/20/a-tale-of-many-cities>

GODES, David & MAYZLIN, Dina. "Using Online Conversations to Study Word-of-Mouth Communications". *Marketing Science* 23 (4), 2004, pp. 545-60.

GOLDFARB, Avi & TUCKER, Catherine. "Online Display Advertising: Targeting and Obtrusiveness". *Marketing Science* 30 (3), 2011, pp. 389- 404.

_____________. "Search Engine Advertising: Channel Substitution When Pricing Ads to Context". *Management Science* 57 (3), 2012, pp. 458-70.

GOOLSBEE, Austan. "In a World Without Borders: The Impact of Taxes on Internet Commerce". *Quarterly Journal of Economics* 115 (2), 2000, pp. 561-76.

GOOLSBEE, Austan & KLENOW, Peter C. "Evidence of Learning and Network Externalities in the Diffusion of Home Computers". *Journal of Law and Economics* 45 (2), 2002, pp. 317-43.

HARRIS, Jessica. "From Scratch: Marc Lore and Vinnie Bharara, Founders of Diapers.com". entrevista, *National Public Radio,* 19 set. 2013. <www.npr.org/2013/09/18/223785364/marc-loreand-vinnie-bharara-founders-of-diapers-com>

HILBER, Christian A. L. "New Housing Supply and the Dilution of Social Capital". *Journal of Urban Economics* 67 (3), 2010, pp. 419-37.

HILLARY, Edmund. *High Adventure: The True Story of the First Ascent of Everest.* Oxford University Press. 1955.

HITSCH, Gunter; HORTACSU, Ali & ARIELY, Dan. "What Makes You Click? — Mate Preferences in Online Dating". University of Chicago, 2010.

HORTACSU, Ali; MARTINEZ-JEREZ, Asis & DOUGLAS, Jason. "The Geography of Trade in Online Transactions: Evidence from eBay and MercadoLibre". *American Economics Journal: Microeconomics* 1 (1), 2009, pp. 53-74.

IYENGAR, Raghu; VAN DEN BULTE, Christophe & LEE, Jae Young. "Social Contagion in New Product Trial and Repeat". Wharton School, University of Pennsylvania, Filadélfia.

JEFFERIES, Duncan. "Is Technology and the Internet Reducing Pupils' Attention Spans?". *Guardian,* 11 mar. 2013. <www.theguardian.com/teacher-network/teacher-blog/2013/mar/11/technology-internet-pupil-attention-teaching>

KATZ, E. & LAZARSFELD, P. *Personal Influence.* Free Press, 1955.

LEE, Jae Young & BELL, David R. "Neighborhood Social Capital and Social Learning for Experience Attributes of Products". *Marketing Science,* 2013.

LIBAI, Barak; MULLER, Eitan & PERES, Renna. "The Role of Seeding in Multi-Market Entry". *International Journal of Research in Marketing* 22 (4), 2005, pp. 375-93.

LIEBER, Ethan & SYVERSON, Chad. "Online Versus Offline Competition". In: *The Oxford Handbook of the Digital Economy*. Ed. Martin Peitz e Joel Waldfogel, Oxford University Press, 2011, pp. 189-223.

LOEWENSTEIN, George F. "Frames of Mind in Intertemporal Choice". *Management Science,* 30 fev. 1988, pp. 200-14.

LUM, Jessica. "Virtual Photo Walks Make Photography Accessible to People with Disabilities". *PetaPixel,* 5 mar. 2012. <http://petapixel.com/2012/03/05/virtual-photo-walks-make-photography-accessible-to-people-with-disabilities>

MACKLE, Robert. "Ohio State Doctor Shows Promise of Google Glass in Live Surgery". Ohio State University Wexner Medical Center, 27 ago. 2013. <www.medicalcenter.osu.edu/mediaroom/releases/Pages/Ohio-State-Doctor-Shows-Promise-of-Google-Glass-in-Live-Surgery.aspx>

MARQUIS, Christopher & VILLA, Laura Velez. "Warby Parker: Vision of a 'Good' Fashion Brand". Harvard Business School Press, 2012, case 413-051.

MARTOKSO, David. "Barack Obama is Political King of Fake Twitter Followers, With More Than 19.5 MILLION Online Fan Who Don't Really Exist". *Daily Mail,* 24 set. 2013. <www.dailymail.co.uk/news/article-2430875/Barack-Obama-19-5m-fake-Twitter-followers.html>

MAYZLIN, Dina; DOVER, Yaniv & CHEVALIER, Judith. "Promotional Reviews: An Empirical Investigation of Online Review Manipulation". Marshall School of Business, University of Southern California, Los Angeles, 2012.

MOLLOY, Raven; SMITH, Christopher L. & WOZNIAK, Abigail. "Internal Migration in the United States". *Journal of Economic Perspectives* 25 (3), 2011, pp. 173-96.

OBERHOLZER GEE, Felix & WALDFOGEL, Joel. "Media Markets and Localism: Does Local News En Espanol Boost Hispanic Voter Turnout?". *American Economic Review* 99 (5), 2009, pp. 2120-28.

OYEN, O. & DE FLEUR, M. L. "The Spatial Diffusion of an Airborne Leaflet Message". *American Journal of Sociology* 59 (2), 1953, pp. 144-49.

PECKMAN, Matt. "Finally a Billboard That Creates Drinkable Water Out of Thin Air". *Time,* 5 mar. 2013. <http://techland.time.com/2013/03/05/finally-a-billboard-that-creates-drinkablewater- out-of-thin-air>

PELISSIE DU RAUSAS, Matthieu; MANYIKA, James; HAZAN, Eric. BUGHIN, Jacques; CHUI, Michael & SAID, Remi. "Internet Matters: The Net's Sweeping Impact on Growth, Jobs, and Prosperity". McKinsey Global Institute, 2011.

PUTMAN, Robert D. *Bowling Alone: The Collapse and Revival of American Community.* Simon & Schuster, 2000.

SCHMITT, Philipp; SKIERA, Bernd & VAN DEN BULTE, Christophe. "Why Customer Referrals Can Drive Stunning Profits". *Harvard Business Review* 89, 2011, p. 30.

___________. "Referral Programs and Customer Value", *Journal of Marketing* 75 (1), 2011, pp. 46-59.

SHRIVER, S.; NAIR, Harikesh & HOFSTETTER, R. "Social Ties and User-Generated Content: Evidence from an Online Social Network". *Management Science* 59 (6), 2013, pp. 1425-43.

SINAI, Todd & WALDFOGEL, Joel. "Geography and the Internet: Is the Internet a Substitute or Complement for Cities?". *Journal of Urban Economics* 56, (1), 2004, pp. 56-74.

SKIERA, Bernd & NABOU, Nadia Abou. "PROSAD: A Bidding Decision Support System for Profit Optimizing Search Engine Advertising". *Marketing Science,* 32 (2), 2013, pp. 213–20.

STEMBERG, Tom. "Staples Letter of Support for S. 2152". 2005.

STIGLER, George J. "The Economics of Information". *The Journal of Political Economy* 69 (3), 1961, pp. 213-25.

STREIFELD, David. "Giving Mom's Book Five Stars? Amazon May Cull Your Review". *The New York Times,* 22 dez. 2012. <www.nytimes.com/2012/12/23/technology/amazon-book-reviews-deletedin-a-purge-aimed-at-manipulation.html>

STROGATZ, Steven. "Math and the City", *The New York Times,* Opinionator, 2009. <http://opinionator.blogs.nytimes.com/2009/05/19/mathand-the-city>

SUN, Monic; ZHANG, Xiaoquan & ZHU, Feng. "To Belong or Be Different? Evidence from a Large-Scale Field Experiment in China". Marshall School of Business, University of Southern California, Los Angeles, 2013.

TANG, Christopher; BELL, David & HO, Teck-Hua. "Store Choice and Shopping Behavior: How Price Format Works". *California Management Review* 43 (2), 2011, pp. 56-74.

TIEBOUT, Charles. "A Pure Theory of Local Expenditures". *Journal of Political Economy* 64 (5), 1956, pp. 416-24.

"The Philly Legal Eagles, Rizio, Hamilton & Kane, P.C., Debuting New Billboard Location On I-95 May 13th", *press release*, PRWeb, 9 maio 2013. <http://www.prweb.com/releases/prweb2013/5/prweb10716174.htm>

TOUBIA, Olivier & STEPHEN, Andrew T. "Intrinsic vs. Image- Related Utility in Social Media: Why Do People Contribute Content to Twitter?". *Marketing Science* 32 (3), 2013, pp. 368-92.

TRUSOV, Michael; BODAPATI, Anand V. & BUCKLIN, Randolph E. "Determining Influential Users in Internet Social Networks". *Journal of Marketing Research* 47 (4), 2010, pp. 643-58.

TUCKER, Catherine E. "Social Advertising". Sloan School of Management, Massachussetts Institute of Technology, Cambridge, 2011.

United States Census Bureau. "E-Stats". United States Department of Commerce, Economics and Statistics Administration, 27 maio 2010. <www.census.gov//econ/estats/2008/2008reportfinal.pdf>

VAN ALSTYNE, Marshall & BRYNJOLFSSON, Erik. "Global Village or Cyber-Balkans? Modeling and Measuring the Integration of Electronic Communities". *Management Science* 51 (6), 2005, pp. 851-68.

VAN DER LAAN, Joost W. "Online Grocery Retailing is a Tricky Business". *RetailEconomics*. <http://retaileconomics.com/online-groceryretailing>

VOLPE, Mike. "10 Horrific Stats About Display Advertising". *Hubspot*, 29 abr. 2013. <http://blog.hubspot.com/marketing/horrifying-display-advertising-stats>

WALDFOGEL, Joel. "Preference Externalities: An Empirical Study of Who Benefits Whom in Differentiated-Product Markets". *RAND Journal of Economics* 34 (3), 2003, pp. 557-68.

______________. *The Tyranny of the Market: Why You Can't Always Get What You Want.* Harvard University Press, 2007.

WASSERMAN, Todd. "10 Insanely Clickable Banner Ads". *Mashable,* 28 maio 2012. <http://mashable.com/2012/05/28/10-insanelyclickable- banner-ads>

WAUTERS, Robin. "Confirmed: Amazon Spends $545m on Diapers. com Parent Quidsi". *TechCrunch,* 8 nov. 2010. <http://techcrunch.com/2010/11/08/confirmed-amazon-spends-545-million-on-diapers-com-parent-quidsi>

WHYTE, William H. Jr. "The Web of Word of Mouth". *Fortune,* nov. 1954, p. 140.

WU, Lynn & BRYNJOLFSSON, Eric. "The Future of Prediction: How Google Searches Foreshadow Housing Prices and Sales". Wharton School, University of Pennsylvania, Filadélfia, 2013.

YANG, Sha & ALLENBY, Greg M. "Modeling Interdependent Consumer Preferences". *Journal of Marketing Research* 40 (3), 2003, pp. 282-94.

YILDIRIM, Pinar; GAL-OR, Esther & GEYLANI, T. "User Generated Content and Bias in News Media". *Management Science,* 2013.

ZETTELMEYER, Florian; MORTON, Fiona Scott & SILVA-RISSO, Jorge. "Consumer Information and Discrimination: Does the Internet Affect the Pricing of New Cars to Women and Minorities?". *Quantitative Marketing and Economics* 1(1), 2003, pp. 65-92.

NOTAS

PREFÁCIO À EDIÇÃO BRASILEIRA

1. "Brazil Ranks No. 10 for Retail e-Commerce Sales Worldwide," eMarketer, Acesso em: 7 jan 2015. http://www.emarketer.com/Article/Brazil-Ranks-No-10-Retail-Ecommerce-Sales-Worldwide/1011804.
2. Veja "Webshoppers 2016" (33ª edição), publicado em www.buscapecompany.com e www.ebit.com.br, p. 15-16.
3. Minha amiga Aileen Lee (fundadora da Cowboy VC, ex-sócia da empresa de investimento de risco Kleiner Perkins Caufield & Byers) criou o termo "unicórnio" para a comunidade startup em seu famoso artigo "Welcome to the Unicorn Club: Learning from Billion Dollar Startups", publicado na TechCrunch em 2 de novembro de 2013. https://techcrunch.com/2013/11/02/welcome-to-the-unicorn-club/. Diapers.com fazia parte da Quidsi.com, vendida para a Amazon em 2011 por US$ 545 milhões.
4. Gostaria de reconhecer e agradecer meu amigo Daniel Cunha da Initial VC por seu expertise e compartilhar seus insights sobre essas companhias, e o ecossistema brasileiro de e-commerce.
5. Veja "Webshoppers 2016" (33rd edição), publicada em www.buscapecompany.com e www.ebit.com.br, p. 17-25.
6. No Capítulo 2, Resistência, forneço uma definição precisa dos atributos "digitais" e "não digitais" de produtos, assim como vários exemplos.
7. "E-Commerce in Brazil Growing Despite Economic Crisis", Practical Commerce, 14 ago 2016. http://www.practicalecommerce.com/articles/124708-Ecommerce-in-Brazil-Growing-Despite-Economic-Crisis.

8. "Visão geral do e-commerce brasileiro", Fung Global and Retail Technology, 8 mar 2015. http://www.lifung.com/wp-content/uploads/2016/03/Overview-of-Brazil-Ecom-by-Fung-Global-Retail-Tech-Mar.-8-2016.pdf.
9. "Unlocking Brazil's e-Commerce Potential", Americas Market Intelligence, http://americasmi.com/resources//unlocking-brazils-e-commerce-potential.
10. "Baidu Brasil Establishes Brazilian O2O Association to Represent $1 Trillion BRL Online-to-Offline Market", Market Wired, 28 out 2015. http://www.marketwired.com/press-release/baidu-brasil-establishes-brazilian-o2o-association-represent-1-trillion-brl-online-offline-nasdaq-bidu-2068066.htm. https://www.emarketer.com/Article/Understanding-Chinas-O2O-Commerce-Marketplace/1014374. Veja também "Latin America's Chronic Inefficiency Could Drive More O2O Commerce Growth", Tech Crunch, 25 jun 2016. https://techcrunch.com/2016/06/25/latin-americas-chronic-inefficiency-could-drive-more-o2o-commerce-growth/.
11. "E-Commerce Comes of Age as a Growth Strategy: The World is Not Flat", Finance Magnates, 18 set 2016. http://www.financemagnates.com/fintech/bloggers/e-commerce-comes-age-economic-growth-strategy-world-not-flat/.
12. "Unilever Acquires Dollar Shave Club for $1 Billion", Fortune, 19 jul 2016. http://fortune.com/2016/07/19/unilever-buys-dollar-shave-club-for-1-billion/.
13. Em 2015, a Fast Company considerou a Warby Parker sua marca favorita por "Construir a primeira grande marca criada-na-Internet". https://www.fastcompany.com/3039573/most-innovative-companies-2015/warby-parker.
14. "What's a Digitally-Native Vertical Brand? Only the Future", blog Medium de Andy Dunn, CEO da Bonobos.com, 9 mai 2016. https://medium.com/@dunn/digitally-native-vertical-brands-b26a26f2cf83#.hobhy5qw5.
15. Veja, por exemplo, "From Shops to Showrooms: Why Some Firms Are Opening Shops with no Stock," The Economist, 12 mai 2016. http://www.economist.com/news/business/21694545-why-some-firms-are-opening-shops-no-stock-shops-showrooms.
16. www.brainyquote.com/quotes/authors/p/pele.html.

INTRODUÇÃO

1. David Martosko, "Barack Obama Is Political King of the Fake Twitter Followers, with More Than 19.5 Million Online Fans Who Don't Really Exist", *Daily Mail*, 24 de setembro de 2013, www.dailymail.co.uk/news/article-2430875/Barack-Obama-19-5m-fake-Twitter-followers .html.
2. Julia Boorstin, "Why and How the 'Breaking Bad' Finale Broke Records", Media Money, CNBC, 30 de setembro de 2013, www.cnbc.com/id/101074132. Ver também Sara Morrison "'Breaking Bad' Finale . . . By the Tweets (Updated)" tv.yahoo.com/news/breaking-bad-finaletweets-170345402.html.
3. Claire Cain Miller e Stephanie Clifford, "To Catch Up, Walmart Moves to Amazon Turf", *New York Times*, 19 de outubro de 2013, www.nytimes.com/2013/10/20/technology/to-catch-upwalmart-moves-to-amazon-turf.html?_r=0&adxnnl=1&adxnnlx=1382332994-0owfCOeqN2362ZziCu9DvA.
4. United States Census Bureau, "E-Stats", United States Department of Commerce, Economics and Statistics Administration, 23 de maio de 2013, www.census.gov//econ/estats/2011reportfinal.pdf.
5. Embora haja pessoas que não gostam da cidade em que moram. O irreverente site phillysucks.com é um testemunho da insatisfação dos moradores da Filadélfia com o lugar em que vivem. Se você estiver curioso em relação a sua própria cidade, vá ao Google e digite: "Por que [sua cidade] é tão...". Os resultados podem surpreendê-lo.
6. "Fricção" é uma boa palavra. Os economistas gostam muito dessa palavra porque ela transmite a ideia de que o movimento de busca requer esforço e envolve "resistência". Portanto, é uma boa forma de pensar no que acontece quando temos dificuldade de conseguir os produtos e informações que queremos nos mercados reais.
7. Um trabalho fascinante de Richard Florida, da George Mason University, demonstra esse ponto de outro ângulo. Vemos, num mapa, "picos" de criatividade e talento em determinadas cidades do mundo (utilizando-se como critério, por exemplo, o número de patentes e citações científicas de cada local). Ver "The World Is Spiky", *Atlantic Monthly*, outubro de 2005, 48–51, <www.theatlantic.com/past/docs/images/issues/200510/world-is-spiky.pdf>.

8. Se quiser saber mais detalhes, leia *O Fim das Distâncias*, de Frances Cairncross (ed. Nobel).
9. Sendo mais específico, o modelo de gravitação do varejo consiste numa maneira simples de calcular o ponto no qual o comprador é indiferente à escolha entre o local A e o B. (Jean-Paul Rodrigue, PhD, da Hofstra University, oferece um ótimo exemplo gráfico em: <http://people.hofstra.edu/geotrans/eng/methods/reillylaw.html>. Se a cidade A e a cidade B estão a 75 km de distância uma da outra, diríamos, num primeiro momento, que para uma pessoa que mora num ponto intermediário (a 37,5 km das duas cidades), tanto faz comprar num lugar ou no outro. No entanto, como as cidades mais populosas oferecem mais opções de compra, devemos levar isso em consideração, o que nos leva à seguinte fórmula: Ponto de indiferença entre a cidade 1 e a cidade 2 =

$$\frac{D}{1+\sqrt{P_1/P_2}}$$

onde D é a distância entre as cidades (75 km no exemplo) e P1 e P2 são a população de cada cidade. Se a cidade 1 tiver 250.000 habitantes e a cidade 2, 100.000, uma pessoa localizada a 45,9 km da cidade 1 e 29,1 km da cidade 2 não teria uma preferência específica entre as duas.
10. Falaremos mais a respeito depois, mas quem estiver interessado, aqui vai uma prévia: "10 Big Dot.Com Flops", CNN Money: <http://money.cnn.com/galleries/2010/technology/1003/gallery.dot_com_busts/index.html>. Por enquanto, basta saber que o Pets.com, o Webvan.com e o Kozmo.com qualificaram-se, ocupando o primeiro, o segundo e o nono lugar, respectivamente, dessa lista nada dignificante.
11. O que é legal dessa empresa (e de muitas outras) é que, mesmo ao desafiar as leis da gravidade atraindo clientes de todas as partes, uma compreensão mais profunda do significado de gravidade local explica quase que perfeitamente seus padrões de venda.
12. Se você quiser ouvir uma excelente entrevista de Jessica Harris com Marc e Vinnie no programa *From Scratch*, da NPR, e saber mais sobre a amizade e a relação profissional deles, visite: <www.npr.org/2013/09/18/223785364/marc-lore-and-vinnie-bharara-founders-of-diapers-com>. Uma história incrível, não só do ponto de vista profissional, mas também pessoal.

13. Alistair Barr, "From the Ashes of Webvan, Amazon Builds a Grocery Business", Reuters, 16 de junho de 2013, <http://in.reuters.com/article/2013/06/16/amazon-webvan-idINDEE95F04H20130616>.
14. Se você estiver pensando em seguir o mesmo modelo num país diferente, não é uma má ideia. Foi exatamente o que fizeram Davis Smith, da Wharton, e Kimball Thomas, da HBS, fundando o Baby.com.br no Brasil.
15. Se você já leu o excelente livro de Chris Anderson, *A Cauda Longa: Do Mercado de Massa para o Mercado de Nicho*, já conhece a ideia de "cauda longa", baseada na quantidade de vendas de produtos. Embora os produtos da "cabeça" vendam mais unidades, os produtos da "cauda", que vendem menos, contribuem bastante para o lucro geral da empresa, se contabilizados em conjunto. Explico melhor o conceito no Capítulo 4, apresentando uma ideia paralela de quantidade de vendas por região.
16. Além das excelentes séries disponíveis em <www.tapoutxt.com>, amo os comentários do Mike. Meus favoritos são: "Pausa para água, não para descansar!" e "Desistir? Não sei o que é isso".
17. O Vegemite é feito a partir do extrato de levedura que existe como sobra da indústria cervejeira. Fica delicioso na torrada, com queijo e abacate, e é muito popular na Austrália e na Nova Zelândia.
18. Este livro baseia-se em dados de capital social de mais de trinta mil norte-americanos, numa pesquisa realizada por Robert Putnam, da Kennedy School, Harvard University, e apresentada no livro *Bowling Alone: The Collapse and Revival of American Community* (ed. Simon & Schuster).
19. Numa recente entrevista para o programa de televisão *60 Minutes*, Jeff Bezos anunciou que a Amazon poderá usar drones ou "octópteros" para fazer suas entregas. Ver Lily Hay Newman, "Amazon PrimeAir Could Deliver Your Stuff on Drones", *GizModo*, 1 de dezembro de 2013.

CAPÍTULO 1 – GEOGRAFIA

1. Robin Wauters, "Confirmed: Amazon Spends $545 Million on Diapers.com Parent Quidsi", *TechCrunch*, 8 de novembro de 2010, <http://techcrunch.com/2010/11/08/confirmed-amazonspends-545-million-on-diapers-com-parent-quidsi/>.
2. Uma observação: Nos Estados Unidos, um aspecto "não plano" do mun-

do virtual são as discrepâncias no valor do frete de algumas lojas a diferentes localidades. Essas diferenças estão desaparecendo na maioria dos lugares devido à grande oferta de fretes grátis e iniciativas como a Amazon Prime. Falaremos mais a respeito no decorrer do livro.

3. Isso está mudando. Durante muito tempo, os consumidores norte-americanos conseguiram "driblar" os impostos em compras online quando a loja não é obrigada a recolhê-los. Como em muitos casos a loja virtual não existe fisicamente (o fator determinante para a incisão de impostos), os consumidores conseguem evitar esse gasto. Evidentemente, os lojistas deveriam recolher impostos e remetê-los ao governo, o que, como o leitor há de imaginar, raramente acontece.
4. Para o leitor interessado, uma explicação mais detalhadas dos "custos de compra" pode ser encontrada em Christopher Tang, David Bell e Teck-Hua Ho, "Store Choice and Shopping Behavior: How Price Format Works", *California Management Review* 43, nº 2 (primeiro semestre de 2001): 56–74.
5. Ver Bart Bronnenberg, Sanjay Dhar e J. P. Dube, "Brand History, Geography, and the Persistence of Brand Shares", *Journal of Political Economy* 117, nº 1 (fevereiro de 2009), e Bart Bronnenberg, J. P. Dube e Matt Gentzkow, "The Evolution of Brand Preferences: Evidence from Consumer Migration", *American Economic Review* 102, nº 6, 2472–2508
6. Não vou negar que existam clientes fidelíssimos à marca que realmente sentem, por exemplo, que "o melhor de acordar de manhã é tomar um Folgers" (slogan da empresa). Mas sejamos realistas: não há muita diferença entre essas duas marcas. Tenho certeza de que mesmo os consumidores que expressam grande preferência por uma delas seriam incapazes de discernir qual é qual num teste cego. Nesse sentido, eu poderia apostar quanto fosse que os consumidores de café não diferem muito dos consumidores de refrigerante ou cerveja — os consumidores que mais participam de testes cegos. Note-se que o aroma tampouco ajuda muito. Para mais detalhes, ver o clássico artigo de Ralph I. Allison e Kenneth P. Uhl, "Influence of Beer Brand Identification on Taste Perception", *Journal of Marketing Research* 1 (agosto de 1964), 36–39.
7. Os autores do estudo observam na página 99: "De moro geral, a Folgers domina o mercado de café nas regiões oeste, central e norte, mas a Maxwell House domina a costa leste".

8. Você pode fazer o teste ou simplesmente ler artigos como este, da empresa de branding Stealing Share: "It's Not the Taste, Stupid", <www.stealingshare.com/pages/Beer:%20Its%20Not%20The%20Taste,%20Stupid.htm>.
9. Bart J. Bronnenberg, Jean-Pierre Dube e Matthew Gentzkow, "The Evolution of Brand Preferences: Evidence from Consumer Migration", *American Economic Review* 102, nº 6 (2012), 2472–2508
10. Note que a diferença de "market share" é de 30% (50% de San Francisco menos 20% de Boston). 60% (60% × 30% = 18%) é a porcentagem de adaptação "imediata", o que significa que uma pessoa que acabou de se mudar de Boston, onde gastava 20% com café da Folgers, passará a gastar 38% na nova localidade. Esse cálculo baseia-se numa análise de regressão estatística do artigo da *American Economic Review* mencionado anteriormente.
11. Raven Molloy, Christopher L. Smith e Abigail Wozniak, "Internal Migration in the United States", *Journal of Economic Perspectives* 25, nº 3 (2011), 173
12. A psicografia é o estudo do comportamento, atividades e maneira de ser dos consumidores, constituindo um excelente complemento aos aspectos mais tangíveis da demografia.
13. A empresa ESRI, de Redlands, Califórnia, executa e comercializa um banco de dados chamado "Tapestry Segmentation", classificando os bairros residenciais dos Estados Unidos em sessenta e cinco segmentos de mercado com base em características socioeconômicas e demográficas (ver: <www.esri.com/data/esri_data/tapestry>). Meu segmento de mercado favorito é o grupo 9 "Luzes da Cidade", composto de indivíduos que moram nos "principais centros urbanos", em "casas antigas que refletem a diversidade da cultura das cidades", e "praticam ioga". Um segmento do qual eu gostaria de fazer parte (se eles me aceitassem).
14. Ethan Lieber e Chad Syverson, "Online Versus Offline Competition", em *The Oxford Handbook of the Digital Economy*, ed. Martin Peitz e Joel Waldfogel (2011), 189–223.
15. Charles Tiebout, "A Pure Theory of Local Expenditures", *Journal of Political Economy* 64, nº (1956), 416–24.
16. Todd Sinai e Joel Waldfogel, "Geography and the Internet: Is the Internet a Substitute or Complement for Cities?", *Journal of Urban Economics* 56, nº 1 (2004), 56–74.
17. Um assunto, por si só, interessantíssimo. Robert Putnam, professor da

Harvard University e ex-conselheiro do presidente Barack Obama, escreveu um livro fascinante sobre as oscilações do capital social local ao longo do tempo em diferentes regiões dos Estados Unidos. Ver *Bowling Alone: The Collapse and Revival of American Community* (ed. Simon & Schuster, 2000); <http://bowlingalone.com>.

18. Um artigo do *New York Times* explica por quê: Shaila Dewan, "As Renters Move In, Some Homeowners Fret", *New York Times*, 28 de agosto de 2013, <www.nytimes.com/2013/08/29/business/economy/as-renters-move-in-and-neighborhoods-change-homeowners-grumble.html?pagewanted=all>.
19. Para mais informações, ver: <www.hks.harvard.edu/programs/saguaro/>.
20. Para mais detalhes, ver Christian A. L. Hilber, "New Housing Supply and the Dilution of Social Capital", *Journal of Urban Economics* 67, nº 3 (2010), 419–37.
21. Por agora, restringiremos nosso estudo do "mundo offline" a um único país. Como resido nos Estados Unidos, um país grande e com muitas informações relevantes para nosso propósito documentadas, nosso foco será este.
22. George Kingsley Zipf (1902–1950) foi um linguista que descobriu, em 1949, que a segunda palavra mais comum em determinada obra aparece cerca de metade das vezes da primeira, a terceira, cerca de um terço das vezes e assim por diante, praticamente em qualquer contexto.
23. Há um motivo técnico para explicar por que esse valor facilita o exemplo, mas não precisa se preocupar em entender!
24. Para mais informações, ver Edward L. Glaeser, "A Tale of Many Cities", *New York Times*, Economix, 20 de abril de 2010, <http://economix.blogs.nytimes.com/2010/04/20/a-tale-of-manycities/>.
25. Steven Strogatz, "Math and the City", *New York Times*, Opinionator, 19 de maio de 2009, <http://opinionator.blogs.nytimes.com/2009/05/19/math-and-the-city/>.
26. Teoria atribuída ao geógrafo alemão Walter Christaller.

CAPÍTULO 2 – RESISTÊNCIA

1. Um pouco de cultura inútil: os finalistas desse jogo foram França e Nova Zelândia, e os mesmos times enfrentaram-se vinte e quatro anos depois,

na final de 2011, com o mesmo resultado.

2. Pensando bem , em 1987 talvez nem existissem TVs de tela grande, mas continuemos com nosso exemplo.
3. A palavra "esperado" é muito importante aqui. Significa que você não sabe ao certo o que encontrará e decide continuar procurando. Suas expectativas vêm de experiências do passado, propagandas etc. (Conforme ilustrado no Capítulo 3).
4. George J. Stigler, "The Economics of Information", *The Journal of Political Economy* 69, nº 3 (1961), pp. 213–25.
5. Para mais exemplos de envolvimento governamental (e os motivos desse envolvimento), recomendo o excelente livro de Joel Waldfogel *The Tyranny of the Market: Why You Can't Always Get What You Want* (Harvard University Press, 2007).
6. Todd Sinai e Joel Waldfogel, "Geography and the Internet: Is the Internet a Substitute or Complement for Cities?", Journal of Urban Economics 56, nº 1 (2004), 56–74.
7. Se você não tiver lido o Capítulo 1 ou tiver esquecido o que leu, a seleção de Tiebout refere-se ao fato de que costumamos escolher lugares de acordo com o custo-benefício de morar ali. Por exemplo, um lugar com IPTU alto, mas excelentes escolas públicas.
8. Sinai e Waldfogel, "Geography and the Internet".
9. Para mais detalhes, ver George F. Loewenstein, "Frames of Mind in Intertemporal Choice", *Management Science* 30 (fevereiro de 1988), 200–214. Alguns compradores também comparam o preço que veem nas lojas com o preço que lembram da última vez que compraram. Se o preço estiver bom, eles costumam comprar logo. Se não, adiam a compra. Para mais detalhes, ver David Bell e Randolph Bucklin, "The Role of Internal Reference Points in the Category Purchase Decision", *Journal of Consumer Research* 26 (setembro de 1999), 128–43.
10. Ao longo do livro, utilizo o termo "fricção geográfica" referindo-me a uma localização que "aprisiona" os clientes por não lhes oferecer variedade.
11. Santiago Gallino e Toni Moreno, "Integration of Online and Offline Channels in Retail: The Impact of Sharing Reliable Inventory Information", (1 de junho de 2013), disponível em: <http://papers.ssrn.com/sol3/papers.cfm?abstract_id=2149095>.
12. Uma espécie de "experiência natural", na medida em que um grupo tinha

acesso a uma opção que o outro não tinha. Ou seja, o cenário ideal para testar como uma determinada intervenção influencia nosso comportamento. Veremos mais alguns exemplos ainda neste capítulo.

13. Não quero confundir a cabeça do leitor, mas devo introduzir mais alguns termos de marketing. Essa terminologia é útil para nossa discussão neste livro e para a vida em geral, por isso, tenha um pouco de paciência. Os acadêmicos referem-se a três tipos de produtos e atributos relacionados a eles: *busca*, *experiência* e *crença*. O primeiro termo é um pouco confuso, porque já o utilizamos em outros contextos, mas aqui vai: um produto de *busca* é aquele que já sabemos como será, antes mesmo de comprá-lo. Pense num café da Dunkin' Donuts, por exemplo (claro, se você já tomou um café da Dunkin' Donuts). Você já sabe o gosto que tem *antes* de comprar. Não há espaço para surpresa. Produtos de *experiência*, em contrapartida, são aqueles que não sabemos exatamente como serão, até experimentá-los. Exemplo: ternos e títulos de MBA, inclusive. No caso dos produtos de *crença*, não sabemos avaliar o produto mesmo *depois* de experimentá-lo. Cirurgia e consultoria de gestão são alguns exemplos. Pagamos por uma cirurgia ou uma sessão de gestão, e não sabemos se a cirurgia deu certo (mesmo nos sentindo bem) ou se nos deram um bom conselho (mesmo que os consultores sejam especialistas na área e estivessem vestidos de maneira impecável).
14. Chris Forman, Anindya Ghose e Avi Goldfarb, "Competition Between Local and Electronic Markets: How the Benefit of Buying Online Depends on Where You Live", *Management Science* 55, nº 1 (janeiro de 2009), 47–57.
15. Como você há de imaginar, a Amazon evidentemente tem muito mais títulos em estoque. Segundo pesquisadores do MIT, a entrada da Amazon no mercado de livros gerou consideráveis ganhos para os consumidores em termos de acesso a variedade. Ver Erik Brynjolfsson, Jeffrey Hu e Michael Smith, "Consumer Surplus in the Digital Economy: Estimating the Value of Increased Product Variety at Online Booksellers", *Management Science* 49, nº 1 (2003), 1580–96.
16. De qualquer maneira, fico feliz de informar que a Nova Zelândia, de acordo com a revista britânica *The Economist*, lidera a lista de corrupção (ou seja, é o país com menor índice de corrupção no mundo, passando à frente da Austrália, nossos vizinhos).
17. Ethan Lieber e Chad Syverson, "Online Versus Offline Competition", em

The Oxford Handbook for the Digital Economy, ed. Martin Peitz e Joel Waldfogel (Oxford University Press, 2011), 189–223.

18. Bernado Blum e Avi Goldfarb, "Does the Internet Defy the Law of Gravity?", *Journal of International Economics* 70 (2006), 384–405.
19. "Indiana's Peculiar Liquor Laws May Drive You to Drink", editorial, *Indiana Star*, 18 de maio de 2013, <www.indystar.com/article/20130518/OPINION08/305180019/Editorial-Indiana-speculiar-liquor-laws-may-drive-you-drink>.
20. Jeonghye Choi, David Bell e Leonard Lodish (2012), "Traditional and IS-Enabled Customer Acquisition on the Internet", *Management Science*, 58 (4), pp. 754–769.
21. "The Philly Legal Eagles, Rizio, Hamilton & Kane, P.C., Debuting New Billboard Location On I-95 May 13th", press release, PRWeb, 9 de maio de 2013, <http://www.prweb.com/releases/prweb2013/5/prweb10716174.htm>.
22. Avi Goldfarb e Catherine Tucker, "Search Engine Advertising: Channel Substitution When Pricing Ads to Context", *Management Science* 57, nº 3 (março de 2011), 458–70.
23. Uma das palavras-chave mais caras, chegando a custar mais de US$ 140 por clique em alguns casos.
24. Scott Shriver, Harikesh Nair e Reto Hofstetter, "Social Ties and User-Generated Content: Evidence from an Online Social Network", *Management Science* 59, nº 6 (junho de 2013), 1425–43.
25. Como ex-morador da Nova Zelândia, um lugar com grandes praias, imortalizado no filme *Alegrias de Verão*, tenho certa dificuldade de aceitar a ideia de "surfe europeu". De qualquer maneira, o estudo revelou resultados que vale a pena conferir!

CAPÍTULO 3 – Adjacência

1. Para uma referência clássica, ver Elihu Katz e Paul Lazarsfeld, *Personal Influence* (Free Press, 1955).
2. Conheci o Roland no bar do Craig, que é amigo de um grande amigo meu, o Ziv. Essa espécie de cadeia social pode ser bastante longa (tenho certeza de que você tem um monte de exemplos na sua própria vida).
3. Um pouco como a disseminação da gripe (embora normalmente mais

agradável).

4. O contágio entre pessoas distantes acontece ou por causa da tecnologia (meu amigo Jeonghye em Seul me envia um link do YouTube por e-mail), ou pelo encontro esporádico de duas pessoas que moram longe uma da outra (Jeonghye vem participar de um congresso na Filadélfia e assistimos ao vídeo juntos).
5. David Streitfeld, "Giving Mom's Book Five Stars? Amazon May Cull Your Review", *New York Times*, 22 de dezembro de 2012, <www.nytimes.com/2012/12/23/technology/amazon-bookreviews-deleted-in-a-purge-aimed-at-manipulation.html?pagewanted=all&_r=2&>.
6. Ver Lynn Wu e Erik Brynjolfsson, "The Future of Prediction: How Google Searches Foreshadow Housing Prices and Sales" (Wharton School, University of Pennsylvania, Filadélfia, 2013).
7. Naturalmente, esse tipo de site pode inflamar algumas paixões. Se quiser ver mais, entre em: <http://reportyourex.com/featured-video-archives/dont-date-him-girl/>.
8. Judith Chevalier e Dina Mayzlin, "The Effect of Word of Mouth on Sales: Online Book Reviews", *Journal of Marketing Research* 43 nº 3 (agosto de 2006), 345–54.
9. Ibid.
10. Chris Forman, Anindya Ghose e Batia Wiesenfeld, "Examining the Relationship Between Reviews and Sales: The Role of Reviewer Identity Disclosure in Electronic Markets", *Information Systems Research* 19, nº 3 (setembro de 2008), 291–313.
11. Ali Hortacsu, Asis Martinez-Jerez e Jason Douglas, "The Geography of Trade in Online Transactions: Evidence from eBay and MercadoLibre", *American Economics Journal: Microeconomics* 1, nº 1, (fevereiro de 2009) 53–74.
12. David Streitfeld, "The Best Book Reviews Money Can Buy", *New York Times*, 25 de agosto de 2012, <www.nytimes.com/2012/08/26/business/book-reviewers-for-hire-meet-a-demand-foronline-raves.html>.
13. Dina Mayzlin, Yaniv Dover e Judith Chevalier, "Promotional Reviews: An Empirical Investigation of Online Review Manipulation" (Marshall School of Business University of Southern California, Los Angeles, 2013), <https://msbfile03.usc.edu/digitalmeasures/mayzlin/intellcont/promoreview_05_08_13_final-1.pdf>.

14. Eis o que está escrito no site: "Certifico que esta avaliação baseia-se em minha própria experiência e que é minha opinião verdadeira sobre este hotel. Não tenho nenhuma relação pessoal ou comercial com este estabelecimento e não recebi nenhum tipo de pagamento ou incentivo deles para escrever esta avaliação. Estou ciente de que o TripAdvisor tem uma política de tolerância zero em relação a avaliações falsas".
15. Mayzlin, Dover e Chevalier, "Promotional Reviews", resumo, página 2.
16. Para detalhes, ver David Bell e Sangyoung Song, "Neighborhood Effects and Trial on the Internet: Evidence from Online Grocery Retailing", *Quantitative Marketing and Economics* 5, nº 4 (2007), 361–400. Essa descoberta é bastante sólida. Outros amigos meus depararam com resultados semelhantes ao estudar a prescrição de remédios pelos médicos. Ver Raghuram Iyengar, Christophe Van den Bulte e Jae Young Lee, "Social Contagion in New Product Trial and Repeat", (Wharton School, University of Pennsylvania, Filadélfia, 2013). O contágio acontece antes da primeira compra, mas tende a dissipar-se depois que a pessoa tem informações pela própria experiência.
17. Sha Yang e Greg Allenby, "Modeling Interdependent Consumer Preferences", *Journal of Marketing Research* 40, nº 3 (agosto de 2003), 282–94.
18. Você pode tentar fazer a seguinte experiência: compre uma calça na Bonobos.com e veja se alguém repara no detalhe do bolso (e comenta)!
19. Ver Ørjar Øyen e Melvin De Fleur, "The Spatial Diffusion of an Airborne Leaflet Message", *American Journal of Sociology* 59, nº 2 (setembro de 1953), 144–49.
20. George Box e Norman Draper, *Empirical Model Building and Response Surfaces* (John Wiley & Sons, 1987).
21. Tecnicamente, isso se chama influência por "contiguidade de primeira ordem". Por "contiguidade de segunda ordem", o código postal 4 exerce influência sobre o código postal 3, que, por sua vez, exerce influência sobre o código postal 1.
22. Quem estiver interessado nos detalhes técnicos, dê uma olhada em "Neighborhood Effects and Trial on the Internet", Bell e Song.
23. Ver Robert Putnam, *Bowling Alone: The Collapse and Revival of American Community* (Simon & Schuster, 2000); <http://bowlingalone.com/>.
24. Os códigos postais (e os sistemas correspondentes em outros países) têm sua origem no sistema postal. Eles começaram como uma forma de me-

lhorar a eficácia da triagem e envio de correspondência.

25. <http://www.census.gov/geo/education/pdfs/CensusTracts.pdf>.
26. Joost W. van der Laan, "Online Grocery Retailing is a Tricky Business", RetailEconomics, <http://retaileconomics.com/online-grocery-retailing/>.
27. O Netgrocer.com também faz entregas internacionais, corroborando o fato de que sua área de atuação comercial é limitada somente pela possibilidade de entrega (geralmente feita por um parceiro terceirizado, como a UPS ou FedEx).
28. Mais uma vez, se você quiser ler a história completa, recomento "Neighborhood Effects and Trial on the Internet", de Bell e Song.
29. E ele ainda adverte: "É melhor esgotar-se do que enferrujar". Pois é. A música se chama "Hey, hey, my, my".
30. A adjacência é responsável pelo principal efeito de contágio, o efeito de "primeira ordem", e os fatores de vizinhança e isolamento criam mais algumas nuances. Discutiremos esses assuntos nos Capítulos 4 e 5, respectivamente.
31. William H. Whyte, 1954.

CAPÍTULO 4 – Vizinhança

1. Austan Goolsbee e Peter Klenow, "Evidence of Learning and Network Externalities in the Diffusion of Home Computers", *Journal of Law and Economics* 45, nº 2 (outubro de 2002), 317–43.
2. Bart Bronnenberg e Carl Mela, "Market Roll-Out and Retailer Adoption of New Brands", *Marketing Science* 23, nº 4 (2004), 500–518.
3. Claude Fischer, "Urban-to-Rural Diffusion of Opinions in Contemporary America", *American Journal of Sociology* 84, nº 1 (julho de 1978), 151–59.
4. Sha Yang and Greg Allenby, "Modeling Interdependent Consumer Preferences", *Journal of Marketing Research* 40, nº 3 (agosto de 2003), 282–94.
5. Paulo Albuquerque, Bart J. Bronnenberg e Charles Corbett, "A Spatio-Temporal Analysis of Global Diffusion of ISO 9000 and ISO 14000 Certification", *Management Science* 53, nº 3 (março de 2007), 451–68.
6. *Wikipedia*, s.v. "ISO 9000", última modificação 27 de outubro de 2013, <http://en.wikipedia.org/wiki/ISO_9000>.
7. Ver Craig Smith "By the Numbers: 36 Amazing Pinterest Stats", <http://expandedramblings.com/index.php/pinterest-stats/#.UqUNTmRDtD8>.
8. Alguns de vocês talvez conheçam a famosa citação atribuída, em 1972, ao

ex-jogador de rúgbi Henry Blaha: "O rúgbi é um jogo de animais jogado por cavalheiros; o futebol é um jogo de cavalheiros jogado por animais; o futebol americano é um jogo de animais jogado por animais".

9. Marshall Van Alstyne e Erik Brynjolfsson, "Global Village or Cyber--Balkans? Modeling and Measuring the Integration of Electronic Communities", *Management Science* 51, nº 6 (junho de 2005), 851–68.
10. Tecnicamente, o artigo aborda o efeito da adoção da Bitnet, uma versão anterior da internet. Para mais detalhes, ver Ajay Agrawal e Avi Goldfarb, "Restructuring Research: Communication Costs and the Democratization of University Innovation", *American Economic* Review 98, nº 4 (setembro de 2008), 1578–90.
11. A página do dr. Wolf na University of Zurich é <www.econ.uzh.ch/faculty/wolf.html>.
12. Esta descrição vem do site da Citrus Lane, <www.citruslane.com/about-us>.
13. David Godes e Dina Mayzlin, "Using Online Conversations to Study Word-of-Mouth Communications", *Marketing Science* 23, nº 4 (segundo semestre de 2004), 545–60.
14. Um dado interessante para aqueles preocupados com privacidade: de acordo com o *The Straits Times* de Cingapura, em 2012 o governo norte-americano solicitou ao Facebook informações sobre mais de 21.000 usuários. Ver Derrick Ho, "Singapore Among World Governments That Requested Facebook Details About Users", *Straits Times*, 28 de agosto de 2013, <www.straitstimes.com/breaking-news/singapore/story/singapore-among-world-governments-requested-facebook-details-about-use>.
15. "Best Global Brands 2012", Interbrand, 2013, <www.interbrand.com/en/best-global-brands/2012/Best-Global-Brands-2012.aspx>.
16. Catherine Tucker, "Social Advertising" (Sloan School of Management, Massachusetts Institute of Technology, Cambridge, 2012). Neste estudo, a "marca" é uma instituição beneficente para alunas do ensino média da África Oriental. A taxa de *click-through* de amigos de indivíduos que são "amigos" da instituição no Facebook é muito maior do que a de pessoas que expressam um interesse geral por educação ou caridade.
17. Michael Trusov, Anand. Bodapati e Randolph Bucklin, "Determining Influential Users in Internet Social Networks", *Journal of Marketing Research* 47, nº 4 (agosto de 2010), 643–58.
18. Günter Hitsch, Ali Hortacsu e Dan Ariely, "What Makes You Click? —

Mate Preferences in Online Dating" (University of Chicago, 2010).

19. Eis um dos resultados: <http://scholarsandrogues.com/2013/01/08/meet-the-men-of-match-comreally-guys-are-you-serious/>.
20. Se você for como mais de 130.000 outras pessoas (número de usuários registrados em agosto de 2013) e quiser encontrar seu sósia entre as celebridades, visite: <www.findmydoppelganger.com>.
21. Um número monstruoso, uma vez que o total de pares possíveis é dado pela fórmula $n \times (n - 1) \div 2$, onde $n > 1.500$ neste caso. Graças a Deus que existe computador!
22. Se você estiver interessado nos detalhes, por favor, visite: < http://www.marketingpower.com/jmrfeb10>, onde está o artigo de Jeonghye Choi, Sam K. Hui e David Bell, "Spatiotemporal Analysis of Imitation Behavior Across New Buyers at an Online Grocery Retailer", *Journal of Marketing Research* 47, nº 1 (fevereiro de 2010), 75–89.
23. A pesquisa acadêmica costuma ser assim. Examinamos uma teoria, dados, e chegamos a algumas conclusões sobre determinado fenômeno. Nesse momento, percebemos que é preciso aprofundar o conhecimento, e então seguimos para a próxima camada de descoberta. Essa é a essência da pesquisa programática.
24. Conceito que criei com base na ideia estatística de "cauda longa".
25. Além do ótimo título, *A Cauda Longa: Do Mercado de Massa para o Mercado de Nicho* (ed. Campus), o livro tem um monte de ideias interessantes e provocativas. Não tenho como reproduzir todas aqui, mas focarei a ideia central, que tem a ver com nossas descobertas.
26. Se você gosta de analogias, lembre-se de nossas discussões sobre gravidade. Para uma loja tradicional, não existe muito essa história de "cauda". Sua área de atuação se restringe aos códigos postais imediatos, ou seja, os lugares próximos da loja. Portanto, um diagrama de "cauda longa" exibiria apenas uma cabeça, seguida de um declínio abrupto e um monte de zeros.
27. Outros pesquisadores relataram resultados complementares. Ver, por exemplo, Barak Libai, Eitan Muller e Renna Peres, "The Role of Seeding in Multi-Market Entry", *International Journal of Research in Marketing* 22, nº 4 (dezembro de 2005), 375–93.

CAPÍTULO 5 – ISOLAMENTO

1. Joel Waldfogel, "Preference Externalities: An Empirical Study of Who Benefits Whom in Differentiated-Product Markets", *RAND Journal of Economics* 34, nº 3 (segundo semestre de 2003), 557–68.
2. O número exato depende do subformato. Por exemplo, "música negra atual" (85%), "música negra gospel" (94%).
3. Lisa George e Joel Waldfogel, "Who Affects Whom in Daily Newspaper Markets?", *Journal of Political Economy* 111, nº 4 (agosto de 2003), 765–84.
4. Pinar Yildirim, Esther Gal-Or e Tansev Geylani, "User-Generated Content and Bias in News Media", *Management Science*, (2013).
5. Felix Oberholzer-Gee e Joel Waldfogel, "Media Markets and Localism: Does Local News en Espanol Boost Hispanic Voter Turnout?", *American Economic Review* 99, nº 5 (dezembro de 2009), 2120–28.
6. Monic Sun, Xiaoquan Zhang e Feng Zhu, "To Belong or Be Different? Evidence from a Large-Scale Field Experiment in China" (Marshall School of Business, University of Southern California, Los Angeles, 2013).
7. Todd Sinai e Joel Waldfogel, "Geography and the Internet: Is the Internet a Substitute or Complement for Cities?", *Journal of Urban Economics* 56, nº 1 (julho de 2004), 1–24.
8. Florian Zettelmeyer, Fiona Scott Morton e Jorge Silva-Risso, "Consumer Information and Discrimination: Does the Internet Affect the Pricing of New Cars to Women and Minorities?", *Quantitative Marketing and Economics* 1, nº 1 (março de 2003), 65–92.
9. Se você estiver interessado em ver outros nomes, não deixe de conferir este site: <http://www.babynames1000.com/gender-neutral/>.
10. Ver Erik Brynjolfsson, Jeffrey Hu e Mohammed S. Rahman, "Battle of the Retail Channels: How Product Selection and Geography Drive Cross-Channel Competition", *Management Science* 55, nº 11 (novembro de 2009), 1755–65.
11. Brynjolfsson, Hu e Rahman, "Battle of the Retail Channels", 1755.
12. Ibid.
13. Para revisar o conceito, volte ao Capítulo 4.
14. Para mais informações, ver: <http://www.esri.com/data/find-data>.
15. Num mundo ideal, saberíamos exatamente a porcentagem de crianças que ainda usavam fraldas, mas, para o nosso propósito, saber a porcentagem de crianças com menos de seis anos era suficiente, porque teríamos diferenças relativas *entre* códigos postais. Se o total de crianças com

menos de seis anos em determinado código postal equivaler a 15% da população e, em outro, a 10%, o primeiro código postal certamente terá mais crianças com menos de dois anos também. Outro ponto interessante da nossa ideia é que ela pode ser implementada com dados "decentes" – mesmo prescindindo de exatidão.

16. Ver, por exemplo, Yuxin Chen, James Hess, Ronald Wilcox e Z. John Zhang, "Accounting Profits Versus Marketing Profits: A Relevant Metric for Category Management", *Marketing Science* 18, nº 3 (agosto de 1999), 208–29.
17. Não acredita? Aqui vai a prova documentada: E. J. Dickson, "The *New York Times* Can't Stop Trolling Philadelphia", *Salon*, 13 de junho de 2013, <www.salon.com/2013/06/13/the_new_york_times_cant_stop_trolling_philadelphia/>.
18. Se ele vai ou não *realmente* utilizar metade do espaço da loja para fraldas não é importante. O que importa aqui é que o espaço reservado para esse tipo de produto seja (1) proporcional ao tamanho do público-alvo e (2) maior na sua vizinhança do que na minha. Jeonghye e eu verificamos que essas duas coisas acontecem nas lojas físicas da Filadélfia.
19. Para quem gosta de detalhes, os mercados onde 20% das famílias tinham filhos pequenos estavam localizados bem abaixo na "escala de isolamento", mais ou menos no décimo percentil. Famílias com filhos eram muito comuns nesses mercados e, portanto, elas não ficavam nem um pouco isoladas. Em contrapartida, os mercados onde somente 10% das famílias tinham filhos pequenos estavam localizados no nonagésimo percentil da "escala de isolamento". Em outras palavras, pessoas com bebês eram relativamente raras nesses mercados.
20. Fomos capazes de testar isso com base no fato de que a discrepância entre os impostos que incidem sobre as vendas online (geralmente nulo) e os que incidem sobre as vendas offline variava de um lugar para o outro. Quanto maior a discrepância, mais favorável é o *preço online*. Verificamos que os clientes isolados pelas preferências não respondiam tanto a preços online favoráveis (ou seja, eles comprariam na internet de qualquer maneira).

CAPÍTULO 6 - TOPOGRAFIA

1. Para mais detalhes, ver os dados disponíveis no site do Pew Research

Center: <http://pewinternet.org/Commentary/2012/February/Pew-Internet-Mobile.aspx>.

2. O relógio pode ser visto em: <www.census.gov/popclock>.
3. Essa conclusão vem do site <http://internetworldstats.com/>. Para quem gosta de fatos e números, há muitas informações neste site também: <http://www.census.gov/popclock/>. Até onde eu sei, a Austrália e a Nova Zelândia têm as maiores taxas de penetração da internet do mundo, 88%, o que, obviamente, não contribui muito para a população mundial de internautas (menos de 0,5 % do total).
4. Internet World Stats, Usage and Population Stats, Miniwatts Marketing Group, 2012, <http://internetworldstats.com/top20.htm>.
5. <http://www.popsci.com/technology/article/2013-06/google-wants-carry-connectivityaround-world-balloons>.
6. Um relatório recente da firma de consultoria McKinsey & Company esclarece muitos detalhes sobre essa interessante questão. Ver Matthieu Pélissié du Rausas, James Manyika, Eric Hazan, Jacques Bughin, Michael Chui e Rémi Said, "Internet Matters: The Net's Sweeping Impact on Growth, Jobs, and Prosperity", McKinsey Global Institute, maio de 2011.
7. Ethan Lieber e Chad Syverson, "Online Versus Offline Competition", em *The Oxford Handbook of the Digital Economy*, ed. Martin Peitz e Joel Waldfogel (Oxford University Press, 2011), 189–223.
8. Anindya Ghose, Avi Goldfarb e Sang Pil Han, "How Is the Mobile Internet Different? Search Costs and Local Activities", *Information Systems Research* (2013).
9. Não vou entrar em todos os detalhes aqui, mas se você quiser assistir a um vídeo muito legal do economista-chefe do Google, Hal Varian, em que ele explica como funciona o leilão de anúncios e o que determina a posição de cada anúncio nos resultados, visite: <www.youtube.com/watch?v=a8qQXLby4PY>.
10. Para informações realmente fascinantes sobre como disputar palavras-chave em leilões do Google, recomendo que você dê uma olhada em Bernd Skiera e Nadia Abou Nabout, "PROSAD: A Bidding Decision Support System for Profit Optimizing Search Engine Advertising", *Marketing Science* 32, nº 2 (março–abril 2013), 213–220. Você também pode assistir aos autores apresentando suas ideias no site do MIT: <http://techtv.mit.edu/videos/18315-prosad>. Eles defendem a incrível tese de que a

maioria dos anunciantes paga caro demais por palavras-chave e que suas campanhas publicitárias seriam mais lucrativas se eles adotassem termos menos concorridos.

11. Para saber mais sobre o trabalho de Rob, dê uma olhada em: <www.shastaventures.com/team/rob_coneybeer ou siga-o em @280vc>. As observações apresentadas aqui se baseiam no seminário de Rob, "Marketing Móvel", que ele deu na Wharton School, em março de 2013.
12. Para mais informações, leia este excelente artigo publicado no *The Guardian*: Duncan Jefferies, "Is Technology and the Internet Reducing Pupils' Attention Spans?", 11 de março de 2013, <www.theguardian.com/teacher-network/teacher-blog/2013/mar/11/technology-internet-pupil-attentionteaching>.
13. Meeyoung Cha, Hamed, Haddadi, Fabrício Benevenuto e Krishna Gummadi, "Measuring User Influence in Twitter: The Million Follower Fallacy", Proceedings of the Fourth International AAAI Conference on Weblogs and Social Media (Association for the Advancement of Artificial Intelligence, 2010), <www.aaai.org/ocs/index.php/ICWSM/ICWSM10/paper/view/1538>.
14. A correlação entre retuítes e menções é superior a 0,6 no grupo de 1% a 10% dos principais usuários do Twitter. Então, no caso dessas subpopulações, há uma forte associação. Em contrapartida, a correlação entre uma dessas duas medidas e o número de seguidores está entre 0,1 e 0,3, o que significa uma associação muito inferior, quase inexistente. Há também uma razão técnica para focar o grupo de 10% dos principais usuários. Quando os pesquisadores analisam *todos* os usuários do Twitter, muitos de nós temos números muito baixos de retuítes, seguidores e menções. Se todos os nossos dados fossem incluídos, isso inflaria artificialmente as correlações, porque a correlação entre uma longa lista de zeros (número de menções da maioria dos usuários do Twitter) e outra longa lista de zeros (número de retuítes da maioria dos usuários do Twitter) seria igual a um.
15. Para mais detalhes sobre o estudo e o procedimento, ver Oliver Toubia e Andrew Stephen, "Intrinsic vs. Image-Related Utility in Social Media: Why Do People Contribute Content to Twitter?", *Marketing Science* 32, nº 3 (maio-junho de 2013), 368–92. Se quiser experimentar, visite: <http://www.fakenamegenerator.com/>.
16. Avi Goldfarb e Catherine Tucker, "Online Display Advertising: Targe-

ting and Obtrusiveness", *Marketing Science* 30, nº3 (maio-junho de 2011), 389–404.

17. Para saber mais, ver: <http://en.wikipedia.org/wiki/HotWired>.
18. Mike Volpe, "10 Horrifying Stats About Display Advertising", HubSpot, 29 de abril de 2013, <http://blog.hubspot.com/marketing/horrifying-display-advertising-stats>. Por outro lado, alguns anúncios são muito legais e merecem atenção. Ver Todd Wasserman, "10 Insanely Clickable Banner Ads" Mashable, 28 de maio de 2012, <http://mashable.com/2012/05/28/10-insanely-clickable-banner-ads/>.
19. Goldfarb e Tucker, "Online Display Advertising".
20. Para mais detalhes, ver Jae Young Lee e David Bell, "Neighborhood Social Capital and Social Learning for Experience Attributes of Products", *Marketing Science,* 32 (6), (novembro-dezembro de 2013), 960–976.
21. As perguntas da pesquisa e a abordagem adotada estão em p. 974–975 de Jae Young Lee e David Bell, "Neighborhood Social Capital and Social Learning for Experience Attributes of Products", *Marketing Science,* 32 (6), (novembro-dezembro de 2013), 960–976.
22. Ibid.
23. Evidentemente, não é uma medida tão boa quanto o capital social em si (comentamos a respeito em nosso artigo), mas, como diz o ditado, "quem não tem cão caça com lebre".
24. Andrew T. Stephen e Jeff Galak, "The Effects of Traditional and Earned Social Media on Sales: A Study of a Microlending Marketplace", (outubro de 2012), 69 (5), 624–639.
25. <http://www.kiva.org/lend/615391>.
26. Sinan Aral e Dylan Walker, "Creating Social Contagion Through Viral Product Design: A Randomized Trial of Peer Influence in Networks", *Management Science* 57, nº 9 (setembro de 2011), 1623–39.
27. Mais jargão, mas jargão útil!
28. Muito já se escreveu sobre isso. Um bom exemplo recente é Philipp Schmitt, Bernd Skiera e Christophe Van den Bulte, "Why Customer Referrals Can Drive Stunning Profits", *Harvard Business Review* 89, nº 30 (junho de 2011). Nesse artigo, os autores mostram que o valor do tempo de vida de clientes que abriram uma conta no Banco Europeu por recomendação de alguém é maior do que o valor de tempo de vida de pessoas que se tornaram clientes por outros motivos.

29. Ver também Philipp Schmitt, Bernd Skiera, e Christophe Van den Bulte, "Referral Programs and Customer Value", *Journal of Marketing* 75, nº 1 (janeiro de 2011), 46–59.
30. Lynn Wu e Erik Brynjolfsson, "The Future of Prediction: How Google Searches Foreshadow Housing Prices and Sales" (The Wharton School, University of Pennsylvania, Filadélfia, 2013).
31. Dan Farber, "Google Search Scratches Its Brain 500 Million Times a Day", CNet, 13 de maio de 2013, <http://news.cnet.com/8301-1023_3-57584305-93/google-search-scratches-its-brain-500-million-times-a-day/>.
32. Por exemplo, ver: <www.google.org/flutrends/about/how.html>.
33. Jeonghye Choi, David Bell e Leonard Lodish, "Traditional and IS-Enabled Customer Acquisition on the Internet", *Management Science* 58, nº 4 (abril de 2012), 754–69.
34. Thomas Stemberg (2005), "Staples Letter of Support for S. 2152".
35. Austan Goolsbee, "In a World Without Borders: The Impact of Taxes on Internet Commerce", *Quarterly Journal of Economics* 115, nº 2 (maio de 2000), 561–76.
36. David R. Bell, Santiago Gallino e Antonio Moreno, "Inventory Showrooms and Customer Migration in Omni-channel Retail: The Effect of Product Information", (Kellogg School of Management, Northwestern University, Evanston, Illinois, 2013).
37. <http://www.cbsnews.com/news/amazon-unveils-futuristic-plan-delivery-by-drone/>.

EPÍLOGO

1. Matt Peckham, "Finally, a Billboard That Creates Drinkable Water Out of Thin Air", *Time*, Tech, 5 de março de2013, <http://techland.time.com/2013/03/05/finally-a-billboard-that-creates-drinkable-water-out-of-thin-air/>.
2. <http://www.gizmag.com/google-glass-streaming-surgery/28867/>.
3. O site de Butterill é: <www.virtualphotowalks.org>. Para saber mais sobre Corey Fisk, ver Jessica Lum, "Virtual Photo Walks Make Photography Accessible to People with Disabilities", PetaPixel, 5 de março de 2012, <http://petapixel.com/2012/03/05/virtual-photo-walks-make-photography-accessible-to-people-with-disabilities/>.

4. Por exemplo, ver "John Butterill's Virtual Photo Walks", YouTube, 6 de agosto de 2012, <www.youtube.com/watch?v=y1Uv7as5ZmI>.
5. "Seminar on Possibilities", Google Brand Health Summit, 19 de setembro de 2013.
6. Edmund Hillary, *High Adventure: The True Story of the First Ascent of Everest*, (Oxford University Press, 1955).
7. Christopher Marquis e Laura Velez Villa, "Warby Parker: Vision of a 'Good' Fashion Brand", Harvard Business Press, estudo de caso 9-413-051, Harvard Business School, 25 de julho de 2012.
8. Para mais informações, ver: <www.warbyparker.com/home-try-on>.
9. Ver: <https://www.warbyparker.com/culture>.
10. Ver, por exemplo, Patricia Garcia, "Warby Parker Takes Over the New York Public Library", *Vogue Daily*, 7 de setembro de 2011, <http://www.vogue.com/869669/warby-parker-takes-over-the-new-york-public-library/#1>.
11. <http://blog.warbyparker.com/tag/class-trip/>.
12. <https://www.artifactuprising.com/community/collaborations/index/warby-parker>.
13. David R. Bell, Santiago Gallino e Antonio Moreno, "Inventory Showrooms and Customer Migration in Omni-channel Retail: The Effect of Product Information", (Kellogg School of Management, Northwestern University, Evanston, Illinois, 2013).

ÍNDICE REMISSIVO

Os números de páginas em itálico referem-se a gráficos e tabelas

SOBRE O AUTOR

David R. Bell, premiado professor da Wharton School, ligada à University of Pennsylvania, desenvolveu o primeiro curso de marketing digital e comércio eletrônico da Wharton. Com título de PhD pela escola de negócios da Stanford University, Bell é um investidor anjo ativo de diversas startups de marketing e e-commerce. Vive na Filadélfia e em San Francisco, mas continua sendo cidadão de seu país natal, a Nova Zelândia, do qual é fã incondicional.